読書国民の誕生

近代日本の活字メディアと読書文化

永嶺重敏

講談社学術文庫

まえがき

近代日本の活字メディアと読書文化は、明治三〇年代にひとつの重要な転回点を通過する。そして、その転回点を境として、読書文化は近世的読書の世界から近代活字メディアを基盤とする読書世界へと決定的に移行していく。本書は、このような移行期としての明治三〇年代の読書文化の変容過程を、活字メディアの流通、ツーリズム、読書装置の普及という三つの視点から分析し、さらに、この変容過程の帰結として〈読書国民〉の誕生を提示しようとする試みである。

まず本書は、次のような非常に素朴な疑問から出発する。日本の各地方に住むさまざまな人々が、中央都市で発行された同じ新聞や雑誌や書物をほぼ「同時的に」読み始めるようになるのはいったいいつ頃からであろうか。この問題は一言でいえば、中央の活字メディアの流通し得る地理的範囲と流通速度の問題である。また、ベネディクト・アンダーソンの言葉を使えば、中央の出版資本主義が日本全国の読者の頭蓋骨の中に、「同時性の観念」を植えつけていった時期の問題とも言い得る。メディア受容におけるこの同時性の観念こそが、想像の共同体の形成にとって決定的に重要な観念であるとアンダーソンは指摘している(1)。

もちろん、最近の近世書物史研究によれば、前近代においても出版の広域流通の進展がみられ、地方の人々も書肆や貸本屋を通じて、あるいは参勤交代や西国巡礼の際に知人に頼んで、京・大坂・江戸で出版されたさまざまな版本を入手することが可能になっていた。(2)

しかし、江戸時代の読書状況と近代の読書状況とが根本的かつ構造的にまったく異質のものであることをも我々は知っている。何が異なっているか、その最も大きな差異は出版物流通の〈速度〉と〈量〉にある。新聞と雑誌という新しいメディアの出現も重要ではあるが、それ以上に出版物流通の速度と量が前近代と近代とでは比較にならないほど大きく異なっている。そして、このような差異を引き起こした最も重要な要因は大量輸送手段としての鉄道の出現であった。鉄道幹線網の全国拡大によって、出版物の物流はそれまでに想像もできなかったほどのスピード化と大量化が可能になり、明治二〇年代後半から三〇年代にかけて活字メディアの流通には地滑り的な構造変化が起きてくる。(3)そして、この構造変化の中から姿を現してくるのは、中央集権国家体制の相似形としての活字メディアの中央集中体制であった。以下、本書の構成を説明すると、第一部で、この活字メディアの全国流通網の形成とそれを基盤とする全国読書圏の形成をあとづける。

まず第一章では、明治三〇年代における活字メディア流通の構造変化を、雑誌『文庫』の地方読者の投稿と、活字メディア郵送量の年次推移という二つの資料から分析する。そこから浮かび上がってくるのは、明治三〇年前後から激化する新聞・雑誌・書籍の全領域にわたる中央活字メディアの地方進出攻勢である。この攻勢過程を経て、それまでの三都・地方出版流通体制は、東京をガリバー的な中心とする一極集中的な流通体制へと再編されていく。ただし、大阪は新聞と書籍におけるもうひとつの二次的な中心としての位置をなお保持している。

鉄道とともに、活字メディア全国流通網形成のもうひとつの原動力となったのは、新聞販売業者や書籍雑誌取次業者といった新聞・出版の流通に関わる企業家的要因である。新しく目の前に開けた新聞・出版の全国市場というビジネスチャンスに、彼等は果敢に参入し、同業者との激しい競争を戦いながら、貪欲に全国市場の読者の開拓を追求していった。こうして、鉄道というハードと、出版流通業というソフトが車の両輪となって、中央活字メディアの全国流通網が明治二〇―三〇年代に形成されてくる。

さらに、中央活字メディアの地方進出攻勢は、地方読者を伝統的な地域読書圏から引き離し、近代出版資本の受け手としての〈読書国民〉へと再形成する作用をおよぼした。こうして、明治三〇年代に活字メディア全国流通網とその受容基盤としての読書国民が形成されてくる。この新しい全国読書圏の特徴は、メディア受容における均質性と同時性の増大にあった。

第二章では、新聞社・出版社によって明治三〇―四〇年代に推進された読書過疎地域に住む地方読者支援のための読書会活動を取り上げる。このような地方読者支援活動の持つ意味は、周縁部に疎外された地方読者をも郵便網を通じて全国読書圏へ包摂しようとする中央新聞・出版資本による統合化作用とみることができる。

続く第二部の主役となるのは、移動する読者としてのツーリストである。明治三〇年代の拡大する鉄道網は年間一億人規模での鉄道旅行者を生み出し、その中から車中読者という近代の新たな読者類型と旅行読書市場が生み出されてくる。

まず第三章で、車中読者の誕生を取り上げる。明治に入って導入された人力車・乗合馬車・汽船中において、人々は早くも車中読書の習慣を誕生させたが、車中読書の本格的な発展は明治二〇―三〇年代の鉄道網の拡大とともに始まる。鉄道車中で新聞・滑稽漫画雑誌・時刻表・旅行案内等の読み物を読む習慣が広く普及するようになった。しかし、このような車中読書の発達は、当時広く一般的に行なわれていた公共空間での音読習慣の弊害を表面化させ、黙読に基づく近代読書への移行を促す結果となった。明治社会に登場した車中で読書する読者の姿は、国民の読書レベルを表す文明国民の象徴、可視化された読書国民としての意味を付与されるようになっていく。

続く第四章では、旅行者の増大にともなって形成されてきた旅行読書市場を、読書装置の形成という視点から分析する。年間一億人に達する全国を移動する旅行者の誕生は、駅や宿泊施設といった旅行の結節点においてさまざまな読書のための接触窓口の形成を促した。駅売店・駅待合室・鉄道貸本会社・列車図書室・ホテル図書室や旅館・避暑地での読書施設の展開をあとづけた。

以上の第一部と二部を、〈民〉における自生的な読書国民の形成過程とするなら、続く第三部は〈官〉による上からの読書国民創出の試みである。

まず第五章では、明治国家の読書政策の道具としての機能を担わされた新聞縦覧所と図書館という二つの公的読書装置を取り上げる。成立したばかりの維新政府がまず着目したのは、新聞という新しいメディアであった。〈新聞を読む国民〉の創出を目指して、明治初年代に新聞縦覧所や新聞解話会の設立が推進されていくが、目立った効果は上がらなかった。その後明治一〇—二〇年代の停滞期を経て、再び明治政府によって読書の有用性が発見されるのは日清戦後の明治三〇年代である。帝国図書館の設立や図書館令の公布を経て、図書館という読書装置が国家的・社会的認知を獲得し始める。さらに、明治四〇年前後から内務省によって推進された地方改良運動においては、民衆教化の中心としての図書館の役割が重視され、全国の町村に小図書館が設置され、〈本を読む国民〉の形成が目指されていった。

最後の第六章では、こうして全国的に普及し始めた図書館という読書装置が生み出した利用者公衆という存在に焦点を当てる。明治一〇—二〇年代に図書館利用者公衆が他に先がけて形成されてきたのは、まず東京においてであった。この時期の利用者公衆は、都市部の中産知識人層とその子弟たる学生を中心としていた。しかし、明治三〇年代後半から利用者公衆は都市下層へ、さらに地方郡部へと拡大し始める。図書館での読書体験を通じて、利用者公衆は近代的な読書習慣を身につけた自立した読者として成長し、読書国民の中核を形成するようになる。

〈活字メディアの全国流通〉と〈旅行読者の全国移動〉と〈読書装置の全国普及〉。明治三〇年代にほぼ同時的に生じてきた、読書文化におけるこの三つの新たな全国的要素の融合の中から、読書国民が徐々にその姿を現してくる。「読書国民」とは“reading nation”の意味である。内田魯庵は大正元年の女性向け随筆の冒頭でこの言葉を次のような文脈で用いている。

> 近ごろは一般に大分本を読むやうになつた。が、女は相変らず読まんナ、若い女どもは無暗と新らしがつてるが、小説を少しばかり読むものは読書家がつてる。尤も新聞さへ碌々読まんのが多いのだから、新らしい小説の一冊も読むものは読者家然としてゐられるが、未だ〱読書国民とは云はれない。[4]

魯庵は日本の女性達が本を読む習慣をなかなか身につけないことを嘆いて、「未だ〱読書国民とは云はれない」と表現している。すなわち、魯庵のいう読書国民とは「本を読む習慣を身につけた国民」を意味している。本書では、より一般化して、新聞や雑誌や小説等の活字メディアを日常的に読む習慣を身につけた国民と定義する。
読書国民という語によって意図されているのは、もはや識字率や読み書き能力の普及といった問題ではない。むしろ、それに続く次の段階として読書習慣（reading habits）の国民的普及が目指されている。当時の言葉では「読書趣味の涵養」と表現されるこの読書習慣の国民各層への普及を通じて現れてくるべきもの、それが〈読書によって形成された国民〉としての読書国民である。

このようなあまり馴染みのない語を本書で採用したのは、明治三〇年代に生じた新しい読書史上の変化を表現する上で、この語が最もふさわしいと判断したからである。これまで広く用いられてきた前田愛の「近代読者」という概念では、明治の読書変容の社会的次元を充分にとらえ切れていなかった。というのも、明治の読書変容は近代的性格の形成という特徴とならんで、むしろそれ以上に、国民的性格の形成という特徴が強かったからである。近代日本においては、活字メディアの受容者としての読者公衆（reading public）の形成が、国民国家の形成と同時的に進行している。その結果、読者公衆は形成途上の国民国家の影響をきわめて強く受け、かつ、国民国家の側でも読者公衆へ強く働きかけ、国民的性格を有する読者公衆の形成を目指した。その結果、日本における読者公衆の形成は、自生的成長を遂げる側面のみならず、国民国家からの育成策によって上から創出される側面をも持つことになる。このような国民国家という単位において、国民国家のさまざまな社会的装置を基盤として、国民国家の形成と不可分の関係で形成されてきた読者公衆が読書国民である。

このような意味において、現在の日本や欧米先進国はすでに読書国民化が完了した国である。しかし、現在でも第三世界のように、識字が国民の一部にしか普及していない国においては、識字教育の到達目標である国民全体の読書国民化へ向けていまなお懸命の努力が続けられている。そして、実は明治前期の日本も現在の第三世界と同じような発展段階にあった。

読書国民形成の第一の要件は読み書き能力と読書習慣の普及であるが、明治期においては、国民の大多数を占めた小学校卒業者の多くは卒業後の読み書き能力の低下が著しく、その多くは継続的な読書習慣の獲得にまでは到達し得なかった。この時期に読書国民の自生的な成長の中心となったのは、主として中等学校以上の教育を受け、中産層を形成していた人々であり、それ以下の層からは一部のものが加わり得たにすぎなかった。

読書国民形成に欠かせない第二の要件は、こうして読書習慣を獲得した人々に対して読むべき読書材を継続的に提供していくことである。しかも、その読み物はもはや近世的な四書五経や草双紙等の版本ではなく、中央の出版資本によって発行され、近代国語によって書かれ、近代的国民性を刻印された新しい活字メディアである新聞・雑誌・書籍でなければならなかった。さらに、その均質な活字メディアは全国的に均一に流通し得るものでなければならなかった。読書習慣の普及と均質な近代活字メディアの全国流通という二つの要件の結合によって、読書国民がその姿を現してくるのが明治三〇年代である。

読書国民の形成は、まず中産知識人と都市部を中心に自生的に進行する。そして、そこから取り残された都市下層・地方郡部の人々を読書国民化する努力は、明治四〇年前後から地方改良運動によって試みられていくが、労働者・農民層の本格的な読書国民化は大正・昭和以降の大衆読者層の成長と大衆化メディアの普及によって達成されていく。と同時に、明治期に誕生した読書国民は、大正・昭和以降の大衆化状況の中で〈読書階級〉と〈大衆読者〉へと分化を遂げていくことになる。

明治三〇年代の活字メディアと読書文化の構造変動の中から読書国民が誕生してくる過程を、これからの各章においてみていくことにしよう。

目次

第二章　「中央帝都の新知識」を地方読者へ
——新聞社・出版社による地方読者支援活動の展開……75

第二部　移動する読者

凡例

一　史料の引用に際しては、漢字の字体は通行の字体に改め、また、明らかに誤りと思われる誤字・脱字は訂正した。原文にあるルビは難読のものだけを残し、圏点はすべて省略した。

二　新聞記事の引用に際しては、新聞名を以下のように省略した。
『朝日新聞』↓『朝日』、『東京朝日新聞』↓『東京朝日』、『大阪朝日新聞』↓『大阪朝日』、『読売新聞』↓『読売』、『東京日日新聞』↓『東京日日』または『東日』、『大阪毎日新聞』↓『大阪毎日』、『大阪新聞』↓『大阪』、『国民新聞』↓『国民』、『朝野新聞』↓『朝野』、『東京絵入新聞』↓『東京絵入』、『郵便報知新聞』↓『郵便報知』、『報知新聞』↓『報知』、『時事新報』↓『時事』、『仮名読新聞』↓『仮名読』、『かなよみ新聞』↓『かなよみ』、『東京曙新聞』↓『東京曙』、『東京二六新聞』↓『東京二六』、『やまと新聞』↓『やまと』、『うきよ新聞』↓『うきよ』、『安都満新聞』↓『安都満』、『中央新聞』↓『中央』、『中外商業新報』↓『中外商業』、『都新聞』↓『都』、『花の都女新聞』↓『花の都女』、『秋田日日新聞』↓『秋田日日』、『秋田魁新報』↓『秋田魁』、『愛知新聞』↓『愛知』、『京都日出新聞』↓『京都日出』、『日出新聞』↓『日出』、『福岡日日新聞』↓『福岡日日』、『鹿児島新聞』↓『鹿児島』。

読書国民の誕生

近代日本の活字メディアと読書文化

第一部　流通する活字メディア

第一章　全国読書圏の誕生

一　「地方の読書界」の動揺

明治三一年から三三年にかけて文学投稿雑誌『文庫』誌上に「地方の読書界」と題する読者投稿シリーズが十数回にわたって連載されている。この投稿シリーズにおいては全国各地のさまざまな都市（地域を含む）の読書状況が、その都市に住む読者自身の手によってきわめて詳細に書き記されており、この時期の読書に関わる記述資料として非常に豊かな示唆を我々に与えてくれる。取り上げられている都市も、北は野辺地から南は琉球まで、また人口規模においても数千人の小都市から数十万人の大都市まで多岐にわたっている(1)。記述の内容面では、とりわけ新聞雑誌のタイトル別の購読部数調査が詳細に報告されているために、地方都市における読書調査資料として従来から利用されてきた(2)。

しかし、ここで問題にしたいのはそうした購読部数調査でもなければ、個々の都市ごとの差異でもない。むしろ、そのような現象の背後にあってどの都市にも強弱はあれ通奏低音のように共通して流れている、大きなうねりのような新しい動きを問題にしたい。それは一言で表現すれば、東京・大阪という二大中央都市からの活字メディアの怒濤のような地方への流入現象である。明治二〇年代後半から三〇年代は、新聞・雑誌・書籍といった活字メディア流通の全領域にわたって大きな構造的変化が進行した時期であり、「地方の読書界」という投稿シリーズは、まさにこのような中央メディアと地場メディアとの熾烈なせめぎ合いへの生々しい臨場感に満ちた証言となっている。

以下、これらの証言を新聞・雑誌・書籍に分けて検討していくが、その際に注目されるのは、東京に次いで大阪が活字メディアの世界における第二の〈中央〉としてその重要性を増し始めている点である。この傾向は特に新聞において顕著である。なお、以下の「地方の読書界」からの引用に際しては投稿者の在住都市名・投稿内容の順に引用していく。

1　新聞

大牟田「新聞では、大坂ものが一番で『朝日』百『毎日』七十、東京ものは赤新聞が一番で二十五、次は『読売』で十、『時事』も七八枚は来るさうで」

富山「他所の新聞では、汽車の便があるものですから大阪の『毎日』と『朝日』が一番ですよ、『毎日』百五六十に『朝日』が百三四十です、東京のでは『万朝』が一番です、其他『毎日』『時事』『読売』『国民』を初めとして、大抵の新聞は郵送か取次で、一葉二葉乃至五葉位ヅ、は、或一部の人に愛読されて居るです[3]」

九州と北陸の読者が期せずして証言しているように、東京紙・大阪紙の地方進出が各都市で注目されている。大阪紙に関しては『大阪朝日』『大阪毎日』の二紙が代表的で、特に『大阪朝日』の進出が際立っており、その勢いを柏原の読者は「たゞ単に新聞とのみ云へば『大阪朝日』のことで、その勢力のすばらしさは、実に譬ふるにものなき有様であります」とまで表現している。[4]他方、東京紙の中では、赤新聞と呼ばれた『万朝報』の購読者数の増加が各地で指摘されている。新聞史研究の教えるところによると、[5]ちょうどこの明治三〇年代前半に東京紙は関東から甲信越・東北方面へ、大阪紙は近畿一円から中国・四国地方へ、さらには北九州へとその購読圏を拡大しつつあった。北陸・東海地方はちょうど両者のぶつかり合う前線地帯を形成していた。東京紙・大阪紙の地方進出がさらに本格化してくるのは日露戦争以後のことになるが、このように新聞の領域においてはすでに明治三〇年代前半から、東京・大阪を二つの〈中央〉とする楕円的構図が徐々に形成されつつあった。

なお、中央紙進出の牽引力として「地方の読書界」の投稿者達が一様に指摘しているのは、中央紙に連載された新聞小説の読者吸引力の強さである。『大阪朝日』の購読者数の増加に関して、長崎「あれは専ら霞亭とやらの陳腐小説が目的だらうと思ひます」
松阪「これは重に小説を見るため、婦人に好まるる」
長府「霞亭、桃水等の小説と其挿画が、読者の多い原因だとは、『朝日』万歳万歳」

と各都市で新聞小説の人気の高さが指摘されている。(6)このことは、講談筆記の連載が主流であった地元の新聞と対照的に、人気作家を起用した中央紙の連載小説が、地方読者を獲得する上できわめて強力な武器となっていたことを示している。と同時に、中央紙の連載小説の読者層が全国的拡がりを獲得し始めている点も注目される。

2　雑誌

次に雑誌に関しては、東京による地方雑誌市場の独占化がすでに完了していたようである。東京発行の諸雑誌は地方への浸透度がきわめて高く、都市の大小を問わず一定の読者数を獲得していた。対照的に大阪発行の雑誌はまったく振るわない。

一関「東京にて発兌の何雑誌でも、二三冊乃至四五冊づゝは売れて居ます」
富山「大抵の雑誌の東京で発刊するものは、多少来ない者はないです(7)」

なかでも特に博文館発行の諸雑誌の進出が著しく、どの都市においても投稿者が共通して指摘するところである。

福岡「雑誌では矢張り博文館物が沢山来ます」
岡山「雑誌では博文館物が一等だ」
大牟田「雑誌は博文館で占めて居る様なもので」
飛騨高山「先づ以て悲い哉博文館発行の雑誌が第一に売れる(8)」

雑誌というメディアが地方にまで広く流通し始めるようになったのは、博文館の登場した明治二〇年代以降であるといわれている。(9)博文館の地方進出の要因として、馬関の投稿者が「書店は五軒ありますが皆『博文館図書……』の看板が懸つて居ます(10)」と報告しているように、全国各地の地方書店を特約店として組織化していった販売網の構築によるところが大きかった。雑誌の大取次店がまだ登場していない早い時期から、博文館は全国の主要書店に直接配給・直接集金の方法で雑誌の配給網を築いていった。(11)

博文館の全国進出はさらに明治二七年の『日清戦争実記』の成功と、それに続く翌二八年の三大雑誌『太陽』『少年世界』『文芸倶楽部』創刊によって本格化していく。これらの諸雑誌はいずれも空前の驚異的な発行部数を記録したが、『警視庁統計書』によるとその六割か

表1-1　博文館雑誌の配布先（明治27年，29年）

（単位：部）（%）

雑誌名	東京府下へ配布	他府県へ配布	合計
日清戦争実記	365,569（28.3）	924,330（71.7）	1,289,899
太陽	640,777（29.6）	1,521,363（70.4）	2,162,140
少年世界	557,871（35.2）	1,024,899（64.8）	1,582,770
文芸倶楽部	201,520（37.6）	334,734（62.4）	536,254

（1）『警視庁統計書』による．

（2）『日清戦争実記』は明治27年，他は29年の数値である．

（3）なお，「東京府下へ配布」分には，その後他府県へ流通する分も含まれている．

（4）『警視庁統計書』の数値が実際の発行部数より若干水増しされている点については，浅岡邦雄「明治期博文館の主要雑誌発行部数」『明治の出版文化』臨川書店，2002年参照．

ら七割が地方へ配布されていた（表1-1）。すなわち、博文館の諸雑誌の成功は、全国にわたる地方読者の開拓によってはじめて可能になったのである。

博文館の雑誌以外にも、政治雑誌や文芸雑誌、少年雑誌等のさまざまなジャンルの東京発行の諸雑誌が地方に広く進出していた。ここではひとつの例として、婦人雑誌の地方進出状況を見てみよう。松阪の投稿者によれば、「『文芸倶楽部』『女子の友』『女鑑』などは官吏教員の妻君や令嬢に愛読されて」いたという。すなわち、この時期の婦人雑誌は地方都市においては中産知識人層の家庭にその主たる支持基盤を見出していた。したがって、そうした階層の形成が弱い小都市、例えば横川においては、「『女鑑』『女子の友』、こんな物を見る頼母しい女は憚りながら無いのだ」という状態であり、長府においても『女鑑』『女子之友』が一、二部程度にすぎない[12]。しかし、人口三万人程度の中規模以上の都市になると、高岡「女学物では『女学雑誌』『女子の友』『日本の家庭』が各々二部、『女鑑』『婦人雑誌』が各々十部」

高知「女子の雑誌は『女子の友』だ、是れは各書店合計七八十冊は来るさうだ、其次は『女鑑』だ、『家庭教育』は僅少だ[13]」

と、その購読者数が目立って増加してくる。しかし、ここでより重要なことは、都市規模による濃淡はあっても、その支持基盤の存在する地方にはどこにでも、東京発行の中央婦人雑誌の着実な地方進出現象が全国各地で指摘されている点である。松阪にも、高岡にも高知にも、長府にも『女子之友』『女鑑』の購読者が存在していたという事実、地域を越えて女性達が中央発のさまざまな婦人雑誌を読み始めたというこの現象が、明治末期以降の商業的婦人雑誌の隆盛に先立ってすでに明治三〇年前後に生じていたことは注目すべきである。

3　書籍

書籍の分野についても新聞の場合と同様に、東京・大阪という二大中心都市の地方進出攻勢を各都市の投稿者が等しく指摘している。ただ、東京と大阪とではその出版物の種類がきわめて対照的である。まず大阪は、青木嵩山堂や駸々堂等の講談小説・赤本類および実用書を中心とする大衆向け書籍の全国的な一大供給地として台頭してきている。これらを地方読者たちは「大阪本」と総称している。

出石「小説では大阪駸々堂あたりから出版する講談物の売れるは、素破らしゐものです」
姫路「講談物とか大阪で出版する赤表紙類は相応に捌ける」
津山「年中変りなく捌けるのは、大阪本の祝文一千題、珠算促成、婦女用文などで、これは多く近在の田舎から買ひに来るのだ」
長府「露伴、紅葉などのは貸本屋にない、多いのは、大阪嵩山堂の一冊七八銭の安本探偵小説です」(14)

ちなみに、青木嵩山堂は通信販売の方法を使って地方の顧客へ大々的に売り捌いた通信販売の元祖とされている(15)。

これに対し、東京は博文館の『帝国文庫』や全集物あるいは春陽堂の小説を中心とする、大阪本より上のクラスの書籍の発行地としての位置を占めている。

富山「博文館の帝国文庫もなか〳〵売れるですよ。大阪本も一時沢山捌けたですけれど、今は少し下火ですすよ」
津山「雑著でよく売れるのは博文館物で、就中日用百科全書などが最もだといふ事である」

彦根「春陽堂物は、貸本屋などでは中々貸り手も多い[16]」

このように、東京・大阪という二大出版都市発行の書籍は全国各地の地方市場に広く深く流入し、この両者が地方購買層をその読書水準や趣味に応じて相補的に分け合う形で寡占的に支配する構図が形成されつつあった。また直接の購買層に加えて、貸本屋を通じての読者層も相当規模で存在していたから、その実際の浸透力はさらに大きかった。

4 小説の流行

なかでも特に地方の書籍市場の中心的商品となっていたのは、明治二〇年前後から本格的に流行し始めた「小説」であった。

松本「小説は近来、どんな寒村僻邑に迄も侵入するやうですな。此地方辺は一体に、尋中の学生とか、芸妓とか乃至は、財産家や官吏の奥様、嬢さん達が一番の読者です」

松阪「小説は随分流行で、市中に二三の貸本屋があつて、常に五十や六十の借り人が絶えない様子である[17]」

と報告されているように、どの都市においても小説の浸透度は高く、さまざまなジャンルの小説が熱心な読者を獲得していた。作家別にみた場合、どの都市でも共通して最も人気のあったのは村井弦斎と村上浪六で、前者の『日の出島』や『朝日桜』、後者の『当世五人男』『三日月』は各地方で幅広い読者を獲得していた。この両者に次いで、幸田露伴や尾崎紅葉、広津柳浪、黒岩涙香、渡辺霞亭以下、次のようなさまざまな小説家の名前があげられている。

和歌山「小説類では両書店で尤もよく売れるのは、弦斎、浪六、紅葉、露伴、鏡花、柳浪等であると云ふことだ」
福岡「弦斎浪六が第一、第二は紅葉です、其の次が露伴。柳浪、宙外、天外、風葉などのも能く売れます。鏡花のは人が好みません」
柏原「小説家の受ける順序は、弦斎、涙香、桜痴、霞亭、水蔭、漣、笠園、南翠、仰天子、麗水と、かうです。悲しいこと（？）には、紅葉、露伴などは、如何もからいけませんですな[18]」

しかし、ここでさらに注目されるのは、これらの多種多様な小説の大部分が東京・大阪で発行されたものであった点である。ここでひとつの試みとして、上記の投稿中で言及されて

表1-2　明治期の人気作家の著作の発行地

（単位：点）（％）

作家名	全	東京	大阪	その他
江見水蔭	108	91（84.3）	17（15.7）	0
巌谷小波	106	96（90.6）	8（7.5）	2
村上浪六	86	64（74.4）	21（24.4）	1
福地桜痴	86	84（97.7）	1（1.2）	1
渡辺霞亭	82	43（52.4）	34（41.5）	5
尾崎紅葉	81	75（92.6）	5（6.2）	1
幸田露伴	81	78（96.3）	2（2.5）	1
黒岩涙香	64	63（98.4）	1（1.6）	0
小栗風葉	62	48（77.4）	14（22.6）	0
村井弦斎	52	49（94.2）	0	3
須藤南翠	50	46（92.0）	4（8.0）	0
広津柳浪	49	48（98.0）	1（2.0）	0
泉鏡花	46	45（97.8）	1（2.2）	0
武田仰天子	40	26（65.0）	14（35.0）	0
遅塚麗水	33	32（97.0）	1（3.0）	0
後藤宙外	23	23（100）	0	0
小杉天外	23	22（95.7）	1（4.3）	0
井上笠園	13	2（15.4）	8（61.5）	3
斎藤緑雨	10	10（100）	0	0
計	1,095	945（86.3）	133（12.1）	17（1.6）

（1）国立国会図書館の目録データベースによる．
（2）対象期間は明治年間である．
（3）単位は目録書誌の件数である．

いる個々の作家について、明治期に刊行された著作の発行地を国立国会図書館のデータベースで検索してみた結果が**表1-2**である。大部分の作家の発行地は圧倒的に東京によって占められており、井上笠園や渡辺霞亭等大阪発行の割合が比較的高い作家がごく一部存在する程度である。全体でみても、計一〇九五点中一〇七八点（九八％）までが東京・大阪発行のものであり、それ以外の地域での発行はわずか一七点にすぎない。地方出版物の残存率の低さを考慮しても、明治期において、東京・大阪がいかに人気作家の小説を中心とする文学作品の排他的出版地となっていたかを、このデータは雄弁に物語っている。このことを、すでに同時代において『早稲田文学』の彙報子は次のように表現している。

あらゆる方面に於て中央集権の余勢が地方と東京との間に一種の関係を造れる如く、文学も地方の需要は概して東京に於て充たされ、随つて東京の文学は半ば地方の読者によりて成立する。(19)

「地方の読書界」における小説人気の高さは、東京・大阪の小説出版資本が全国各地にその販路を求めて拡大していった結果として見ることができよう。

その他、新聞・雑誌・書籍以外にも、例えば講義録といったメディアについても東京の地方進出が顕著である。(20)明治二〇年前後から東京で盛んに出版され始めた講義録は明確に地方の青少年層にターゲットを定めて、地方への浸透を拡大しつつあった。富山と横川からの読者通信によると、私立専門学校講義録・中学講義録・検定試験受験講義録をはじめとする東京発の多種多様な講義録が実際にも多くの読者を獲得している。

富山「講義録では専門学校の講義が一番多く、富山ばかりでも二百もあるそうです、此外

哲学館講義（漢文の方が多いです）、師範学校中学校の講義録、受験用の講義録が、甚
沢山ですな、それに独習部の講義も少々あるですよ」
横川「英語学会の講義録是れは内地雑居から二十七八来る[21]」

以上、「地方の読書界」で各地の読者通信が共通して証言しているように、明治三〇年代前半、地域を問わず、都市の大小を問わず、地方の読書界は東京・大阪の新聞・出版資本の激しい進出攻勢にさらされていた。『大阪朝日』『大阪毎日』『万朝報』に代表される大阪・東京の新聞社、博文館に代表される東京の雑誌出版社、東京の春陽堂や大阪の駸々堂・嵩山堂等の小説出版社が、その代表的なものである。

しかし、ここでさらに重要なことは、東京・大阪出版資本の地方進出が活字メディアの全領域にわたって同時連動的に進行している点である。新聞・雑誌・書籍さらには講義録等およそ考えられる活字メディアすべてを動員する形で、中央の新聞・出版資本の地方進出が大規模に生じてきている。動員されたメディアの全面性とその流通量の膨大さにおいて、また、その影響の及んだ地域の全国性においても、活字メディアの流通と受容においてこの時期地滑り的な地殻変動が生じつつあったことが理解されよう。この地殻変動によって、地方の読者達が準拠していた従来からの文学や読書生活の枠組は大きく変容を迫られていくことになる。「地方の読書界」から聞こえてくるのは、まさにその変容の渦中にある地方読者か

らの生の声である。

それではなぜ、この明治三〇年代前半という時期に、このような中央メディアの地殻変動的な進出と地方の読書界の動揺という現象が大規模に生じてきたのであろうか。その最も重要な要因としてあげられるのは、同時期に進展しつつあった鉄道幹線網の全国的敷設であった。そこで、次に鉄道が活字メディアにどのような影響を与えたかを検討してみよう。

二　鉄道と全国メディアの形成

鉄道の発揮したメディア変革力は、とりわけ新聞において典型的な形で表れている。すなわち、鉄道網の全国的拡大によってはじめて、日本全国に流通網を持つ全国紙の出現が可能になってくる。広域的エリアへの拡張を目指そうとする新聞にとって、最大の課題となったのは流通速度のスピードアップであった。日刊新聞を同日内に全国に配布できる速度、それが全国紙の必要条件であった。

明治二〇年代以前にあっては、仮に全国紙への意欲を持つ新聞があったとしても、そのような流通を可能にする輸送手段がまだ発達していなかった。例えば東海道線開通以前の明治一七年に藤枝で「江河新聞販売店」と称する一新聞取次店が開業しているが、郵送による東京からの新聞配達のあまりの遅さに閉口して、江戸時代以来の宿場の継ぎ立て馬・駕籠・人力車等を乗り継いで神奈川—浜松間の新聞の陸送に挑戦した。しかし、箱根や大井川の難所に阻まれて思ったほどの成果を上げることができなかったという[22]。また、明治二〇年代前半の北陸地方では東京の新聞雑誌の到着に七日間を要するほどであった[23]。鉄道開通以前にあっては新聞の輸送は船便か馬車、人力車等による他なく、その流通網はきわめて狭い範囲に留まらざるを得なかった。

中央紙の地方進出を可能にしたのは鉄道網の全国拡大によるものであった。鉄道幹線網の全国的な整備が進んだのは明治二〇年代で、まず明治二二年に東海道線の新橋—神戸間が全通し、東京と関西がつながった。二四年には日本鉄道の上野—青森間が全通して東京と東北が結びつけられ、二六年の上野—直江津間の全通によって、さらに中部地方と日本海側も東京に近づいてきた。

他方、大阪を中心とする幹線網に関しても、明治二七年には山陽鉄道が広島まで、三四年には馬関（下関）まで開業し、中国地方が大阪の圏内に入ってきた。さらに、三二年の北陸線富山—敦賀間の全通によって北陸も近畿圏とつながった。こうして、明治二〇—三〇年代を通じて姿を現してきたのは、東京・大阪をふたつの中心として東北・東海・中部・北陸・中国を結ぶ交通輸送の一大全国ネットワークであった。海峡を隔てて、北海道・九州にも鉄道網の敷設が進んでいたから、日本の主要部分が東京・大阪と結びついた交通圏内に一体化し始めたのである。

この鉄道幹線網の登場は活字メディア、特に新聞のあり方に劇的な変化をもたらした。鉄道による急速な時間短縮効果は、東京・大阪発行の新聞を同日もしくは翌日に地方に配達することを可能にした。このことは中央紙にとっては広大な全国市場の誕生を意味し、中央紙による地方進出が加速化していくことになる。

鉄道の開通効果を北陸線を例にとって見てみると、明治二九年に北陸線の敦賀―福井間が開通する。『時事新報』はこの開通を期に福井市内への売り込みをはかり、『福井日報』に広告を出稿しているが、その文面には次のように鉄道開通効果がうたわれている。

従来我時事新報の福井県下に入るや敦賀までは鉄道の便あるも是れより福井市に達するの間は徹夜人車を馳するも尚ほ十六時間の長きを要して例へば今朝発兌の新報は早きも翌日の午前九時ならでは福井市中に達するを得ず（中略）今や鉄道開通す我新報の送達、忽ち一変して来る七月十五日以後は其日の新報其日の夕刻福井市に達して直ちに読者の眼前に現はれん（『福井日報』明二九・七・一五付録）

それまで徹夜人車を使って一六時間以上も要していた東京紙の配送が、鉄道の開通によって即日配達が可能になった。そして、そのことが、地方読者勧誘の強力なセールスポイントとしてうたわれている。北陸線はその後明治三二年にはさらに富山―敦賀間が全通し、東京紙のみならず大阪紙による北陸地方への進出を本格化させていく。「地方の読書界」への高岡からの投稿者は北陸線の開通効果を次のように簡潔に表現している。

本年に入つてズツと沢山売れるやうになつたものは大阪の新聞で、大阪新聞は其日の十二時過ぎに着くからだ、『朝日』は百四十、『毎日』は六十、昨年の殆ど倍ほどだ。(24)

もうひとつの例をあげると、東京紙による甲信越地方への進出を本格化させる契機となったのも、明治三六年の中央線の開通であった。山梨県の例でみると、それまで富士川の水運や郵便馬車に頼っていた新聞輸送が、明治三六年の中央線飯田町―甲府間開通によって鉄道輸送に切り替わった。それと同時に、『東京朝日』『東京日日』『報知』をはじめとする東京紙の山梨県内への本格的な進出攻勢が始まっている。(25)中央線が明治三八年にさらに岡谷まで開通すると、翌年には諏訪地方で最初の新聞取次店が開業し、中央紙の購読者数の増加に貢献している。(26)

さらに、鉄道開通効果が及んだのは直接の沿線地域のみばかりでなく、その周辺地域のメディア流通にまで広範囲の影響を及ぼしている。その一例として、明治二三年の高松の新聞取次店である元木新聞舗の雑誌広告を見てみよう。その中で、元木新聞舗は長年の愛顧を感謝して、次のような口上を述べている。

弊舗従来各府県の新聞雑誌類販売致来候処新聞雑誌が世の必要物となるに随ひ弊舗も亦た四方御得意様方の御眷顧厚く近来は千万御注文に預り日を追ふて隆盛に赴き候段此れ偏へに愛顧諸君の御高庇に出て候儀と深く奉鳴謝候今や東海道長線鉄路の竣工と共に東京の新聞雑誌も数十時間にして到達仕候間従前に倍し最も迅速に御配達仕り一層の御便利相資候間倍旧の御眷顧御注文の程伏て奉冀候右御披露に及候也[27]

明治二二年の東海道線の開通によって、海峡を隔てた四国の高松にまで東京の新聞雑誌が「数十時間」で届くようになった。鉄道開通効果の想像以上の拡がりを示す一例である。

運賃制度面においても、明治二〇年代以降新聞雑誌運賃の低減化が図られ、明治三一年には距離にかかわらず重量一斤につき一銭という全国均一運賃制が採用され、中央紙の全国への進出を後押しした[28]。明治二六年の『読売新聞』附録「新聞紙の行衛」には、汽車に積まれた新聞に翼が生えて全国に飛来していく図が描かれているが（図1）、まさに中央紙にとって鉄道はこの翼に匹敵する役割をはたした。

しかし、このような鉄道網の全国拡大に加えて、中央紙進出のもうひとつの重要な要因としてあげなければならないのは、新聞社間の市場競争という資本主義的要因である。東京紙・大阪紙の激しい市場争奪戦は編集面のみならず、販売面でも凄絶をきわめた。特に『大

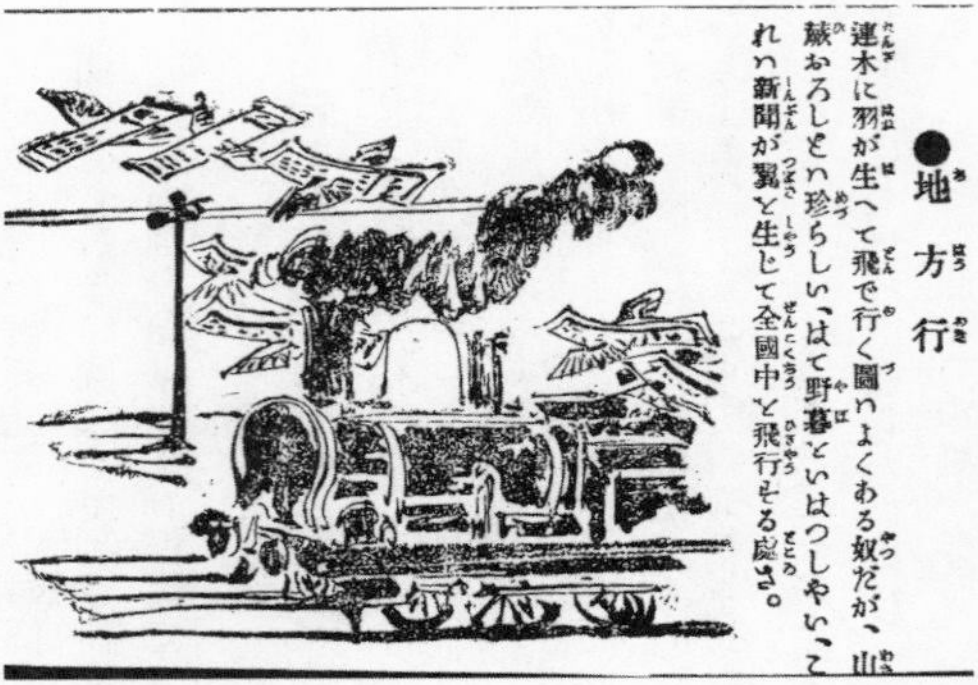

図１　「新聞紙の行衛」中の「地方行（ちほうゆき）」
『読売』明治26年６月１日附録「これは新聞が翼を生じて全国中を飛行する処さ」.

阪朝日』と『大阪毎日』の乱売戦はしばしば暴力事件にまで発展するほどの過熱ぶりであった[29]。このような新聞販売競争が結果として、中央紙の地方進出を加速する効果をもたらした。明治三六年に黒岩涙香は東京紙・大阪紙の地方進出競争について、次のように述べている。

新聞紙の競争は激しいもので、今では東京の諸新聞は東京ばかりで競争して居るのではなく、全国の新聞紙を相手に競争して居る姿である。東京の諸新聞の勢力範囲は東京、東京近県、東北地方並に西は名古屋以東で、名古屋から西並に中国は、大坂の新聞紙が勢力を占めて居る。それから今は東京の諸新聞、東北へ延びる余地がないから、九州に於て同地並に大坂の新聞紙と競争しつつ次第に延びつつある[30]。

他方、雑誌や書籍の全国流通網の形成においても、鉄道網とならんで、出版資本主義的要因としての「取次制度」のはたした役割がきわめて重要である。明治二〇年前後から、東海堂（明治一九年）、上田屋（明治二〇年）、北国組出張所（明治二四年、後の北隆館）と取次業者の創業が相次ぐ。のちに書籍雑誌取次店の最大手に成長していく東京堂の開業（明治二三年）が、東海道線開通（明治二二年）の翌年であったことは示唆的である。明治二〇年代の東京堂の雑誌広告には、全国へその販路を貪欲に拡大しようとする東京・大阪の二大出版資本都市の膨張するエネルギーが満ち溢れている[31]。

東京堂は雑誌図書愛読諸君の為め便益無比なる誠実の商店なり
東京堂は東京大坂府下発兌数百種の雑誌は凡て特約大販売をなせり
東京堂は東京大坂の各書林にて発行する図書類は凡て御注文に応す
東京堂は新版書籍雑誌の委托販売を引受け発売方を尽力すべし
東京堂は逓信省認可の雑誌類は全国一般凡て郵便税を申受ず
東京堂は目下毎月取扱ふ処の各種雑誌の部数非常に増加し府下同業者中第一位を占め居れり故に一層奮励勉強すべし
東京堂は地方雑誌売捌所へは発兌元同様殊に薄利を以て取引すべし（図2）

図2　東京堂の広告
『国民之友』163号（明治25年8月13日）.

明治三〇年代前半に東京堂に入店した店員はその回顧談のなかで、地方発送の雑誌を汽車に積み込む際に北隆館や東海堂等の取次同業者との競争がいかに熾烈なものであったかを語っている。同業者に地方の顧客を奪われないために一刻も早く発送する必要があり、上野駅・新橋駅へ日に六、七回も地方発送雑誌を運ぶのが常であったという。(32) 東京の雑誌が全国に広くその販路を拡大していく上で、取次店というソフトと鉄道というハードが車の両輪としていかに重要な役割をはたしたかを、この談話は端的に物語っている。

このように、鉄道の持つメディア変革力と出版流通業の発達によって、新聞・雑誌・書籍といった活字メディアの流通は明治二〇―三〇年代にその性質を根本的に変え始めた。いまや鉄道幹線網の全国的な敷設という新たな事態によって、活字メディアの流通には全国性という新たな特徴が付与され始めていく。活字メディアが新たに獲得し始めたこの全国性が具体的にどのような性格のものであったかを、次に、郵送データをもとに検証してみる。

三　活字メディアの全国流通網の形成

1　郵送ルートからの接近

前出の富山の読者からの投稿中に、「大抵の新聞は郵送か取次で、一葉二葉乃至五葉位ヅ、は、或一部の人に愛読されて居るです」という箇所があるように、新聞をはじめとする活字メディアは取次店―書店・売捌店を通じた販売ルートか、あるいは郵便による郵送ルートの二系統を通じて読者の手元に届いていた。このうち、前者の販売ルートの形成過程については まとまった統計データが存在しないために、その全容を時系列的に把握することは非常に難しい。後者の郵送ルートについては年度毎の郵便統計が利用できるので、ここでは郵送ルートのデータを中心にして、適宜販売ルートに関する研究も参照するという方法をとりたい。

通常予想されるように、郵送ルートは書店・売捌店網がまだ未発達な地域を主な対象としたのは当然であるが、明治前期にあっては取次制度や売捌店網がまだ確立していなかったこともあって、郵送ルートの占める重要性は相対的に大きかった。以下、新聞雑誌と書籍に分けて検討していく(33)。

2 新聞雑誌

新聞の郵送取り扱いは明治四年の「郵便規則」の施行と同時に開始され、翌五年には新聞一部につき五〇里以内は五厘、それ以上は一銭の低料金で郵送できるようになった(34)。その後、明治一五年の「郵便条例」の制定によって、「毎月一回以上発行スル定時印刷物及其附録」すなわち雑誌が第三種郵便物に、書籍等が第四種郵便物に指定され、前者は一号一個重量一六匁毎に一銭、後者は重量八匁毎に二銭の全国均一料金制となった。

明治一〇年以降の活字メディアの差出数の総数について、『日本帝国統計年鑑』の「内国郵便物府県及北海道別」表からその推移をたどってみよう。郵便統計は「書状」「葉書」「書留」「新聞紙及雑誌」「書籍類」といった細目別に集計されており、ここから郵送ルートによる新聞雑誌・書籍の流通量の概略がわかる。なお、この郵便統計は郵便物の差出数を集計したものである。

表1-3の左が明治一〇年から明治末年までの新聞雑誌差出数の推移である。一貫して右肩上がりの上昇を続けているが、さらに注意してみると、二〇年代から三〇年代前半にかけての上昇率が際立って高い。明治二〇年の約一八〇〇〇万通が明治三一年には九〇〇〇〇万通を突破し、明治三五年には一億五〇〇〇〇万通に達している。一五年間で八倍以上の伸びを示している。郵送による新聞雑誌の流通量は明治二〇―三〇年代に急激な成長過程を経験したことがわかる。これは前述した鉄道幹線網の拡大とともに、新聞雑誌に対する社会的需要の増大によるものであった。その象徴的な例が明治二三年、二七年、三七年の急増ぶりで、これは国会開設あるいは日清・日露戦争という国家的大事件によって新聞雑誌への需要が急激に高まったことを示している。このような需要増に応えるために、東京朝日新聞社は明治二三年に日本最初のマリノニ輪転印刷機を導入している。

さて、ここでまず第一に問題となるのは、新聞雑誌の全流通量の中で郵送ルートが一体どれくらいの比率を占めていたのかという問題である。郵送ルートと販売ルートとの比率に関しては、今日の時点ではもはや全国的なデータを得ることは難しいが、ひとつの指標として、『日本帝国統計年鑑』に明治二二年から三一年までデータが採録されている「新聞雑誌発兌部数」と比較してみる。明治二一年の新聞雑誌総発兌部数は一億一一五九万部である。

表1-3　活字メディアの差出数推移

(単位：通)

年 度	新聞紙及雑誌	書籍類	年 度	新聞紙及雑誌	書籍類
明治10	4,257,461		明治28	78,962,299	5,917,775
11	5,216,886		29	86,801,875	6,617,114
12	7,023,686		30	88,750,347	7,363,932
13	8,962,393		31	91,519,154	7,663,751
14	12,537,591		32	110,068,789	8,079,487
15	15,898,167		33	135,326,547	9,726,431
16	15,226,397		34	141,700,982	9,206,821
17	15,087,091		35	150,553,746	9,982,333
18	15,258,671		36	153,049,320	10,209,533
19	16,015,085		37	185,543,690	11,326,031
20	18,248,305		38	200,845,276	12,426,334
21	21,176,278		39	175,566,958	14,914,868
22	27,066,852	1,986,437	40	170,693,011	23,194,869
23	41,255,492	2,550,540	41	170,892,885	32,956,208
24	49,081,974	2,778,833	42	180,516,338	36,568,253
25	50,829,700	5,087,360	43	178,166,950	40,665,049
26	56,968,379	5,391,852	44	192,585,661	46,084,185
27	80,415,390	5,257,376			

(1)『日本帝国統計年鑑』による.
(2)明治30年から明治42年まで台湾を含む.

これに対し、同年の新聞雑誌の差出数は二一一八万通で、総発兌部数の一九・〇%に当たる。この比率は明治三一年においてもほぼ同様で、総発兌部数四億六四四六万部に対し、差出数は九一五二万通で一九・七%を占めている。ただし、新聞雑誌の差出の場合には、複数部数をまとめて発送する場合や小包で発送されるケースもあり、実際の差出部数はこの数字より多かったものと思われる。したがって、明治二〇年代から三〇年代にかけて、新聞雑誌の総発兌部数のうち最低でも約二割が郵送ルートを通じて流通していたことになる。

第二に指摘されるのは、新聞雑誌の流通量の地域的偏り、端的に言えば東京への集中傾向である。新聞雑誌の差出数を府県別に比較してみた場合（表1-4）、東京の突出した高さが注目される。明治二〇—三〇年代を通じて、全国の新聞雑誌差出数の実に四割から五割が東京によって占められている。郵便物全体の総量に関しても、東京の比重の高さは同様に当てはまる傾向ではあるが、新聞雑誌の場合ほど突出した数値ではない。例えば、明治三〇年の統計では郵便物全体に占める東京の割合は二六%であるのに対し、新聞雑誌に占める東京の割合は四五%と、両者の格差が際立っている。すなわち、郵便物全体の偏り以上にはるかに大きく、新聞雑誌の郵送ルートは極端に東京に偏っていた事実が理解されよう。

東京以外の他の地域に関して注目されるのは、まず大阪の伸張ぶりである。明治二〇年には東京のわずか八%未満であった大阪の比率は、明治四〇年には東京の二二%にまでそのシェアを伸ばしてきている。大阪が明治二〇—三〇年代を通じて東京に次ぐ第二の新聞雑誌郵

表1-4　府県別新聞紙及雑誌差出数推移（上位10府県）（単位：千通）（%）

明治20年			明治25年			明治30年		
東　京	10,695	(58.6)	東　京	27,237	(53.6)	東　京	39,979	(45.0)
神奈川	814	(4.5)	大　阪	2,658	(5.2)	大　阪	7,003	(7.9)
大　阪	756	(4.1)	神奈川	1,981	(3.9)	神奈川	4,226	(4.8)
新　潟	384	(2.1)	宮　城	1,299	(2.6)	宮　城	2,753	(3.1)
茨　城	321	(1.8)	北海道	1,082	(2.1)	北海道	2,030	(2.3)
山　口	281	(1.5)	京　都	1,028	(2.0)	京　都	1,990	(2.2)
福　岡	254	(1.4)	新　潟	923	(1.8)	愛　知	1,845	(2.1)
山　形	245	(1.3)	山　形	707	(1.4)	兵　庫	1,796	(2.0)
熊　本	238	(1.3)	愛　知	707	(1.4)	山　口	1,289	(1.5)
千　葉	225	(1.2)	山　口	694	(1.4)	広　島	1,226	(1.4)
全　国	18,248	(100.0)	全　国	50,830	(100.0)	全　国	88,750	(100.0)

明治35年			明治40年		
東　京	64,510	(42.8)	東　京	61,817	(36.2)
大　阪	8,749	(5.8)	大　阪	13,626	(8.0)
神奈川	4,811	(3.2)	北海道	7,310	(4.3)
京　都	4,424	(2.9)	長　野	4,996	(2.9)
北海道	4,255	(2.8)	神奈川	4,462	(2.6)
兵　庫	3,491	(2.3)	愛　知	3,876	(2.3)
長　野	3,433	(2.3)	兵　庫	3,728	(2.2)
宮　城	3,347	(2.2)	宮　城	3,453	(2.0)
新　潟	3,245	(2.2)	山　口	3,343	(2.0)
山　口	2,663	(1.8)	新　潟	3,108	(1.8)
全　国	150,554	(100.0)	全　国	170,693	(100.0)

『日本帝国統計年鑑』による.

送ルートの中心地へと成長しつつある傾向がうかがわれる。その他の地域では、地方有力新聞を抱えた地域、例えば『信濃毎日』の長野、『新愛知』の愛知、『北海タイムス』の北海道といった地域が少しずつではあるが、伸びてきている。他方、九州や東北地方の諸県は明治三〇年代を通じて順位が低下している。

しかし、ここで気になるのは郵送ルートに占める大阪の予想外の低さである。たしかに雑誌に関しては、「地方の読書界」でも指摘があったように、東京への一極集中傾向が見られたことは事実である。しかし、新聞に関しては、この明治三〇年代には東京紙と大阪紙は全国紙への覇権をかけて熾烈な販売合戦を繰り広げており、両者のシェアの差は実際にはもう少し接近していたはずである。そこで、同じく『日本帝国統計年鑑』の「新聞紙及雑誌」表の府県別発兌部数統計を参照してみる。**表1-5**が明治二五年と三〇年における新聞雑誌の上位府県別発兌部数である。表1-5を表1-4の新聞雑誌差出数と比較して

表1-5　新聞紙及雑誌の府県別発兌部数（上位10府県）
（単位：千部）（%）

明治25年			明治30年		
東　京	121,001	(49.5)	東　京	173,823	(40.3)
大　阪	31,840	(13.0)	大　阪	69,393	(16.1)
愛　知	10,491	(4.3)	愛　知	19,276	(4.5)
京　都	9,405	(3.9)	広　島	15,643	(3.6)
熊　本	5,964	(2.4)	京　都	14,355	(3.3)
岡　山	5,288	(2.2)	福　岡	10,186	(2.4)
新　潟	4,212	(1.7)	岡　山	10,155	(2.4)
三　重	4,085	(1.7)	北海道	9,268	(2.1)
徳　島	3,350	(1.4)	三　重	9,148	(2.1)
兵　庫	3,111	(1.3)	富　山	7,953	(1.8)
全国	244,203	(100.0)	全国	431,814	(100.0)

『日本帝国統計年鑑』による.

みた場合、発発部数においては大阪のシェアはそれぞれ一三％、一六％であるのに対し、差出数においてはその半分以下のシェアしか占めていない。明らかに大阪紙は郵送ルートにおいて占めるシェアが発行部数全体に占めるシェアよりもかなり低く、東京紙はその逆のパターンを示している。これは大阪紙が郵送ルートよりも販売ルートに依存する割合が高かったことを示唆している。事実、大阪紙は売捌店の販売網構築にすぐれており、このことが結果として販売基盤の強化をもたらし、大阪紙の全国紙化の成功へとつながってゆくことになる。他方、郵送ルートに頼り、販売網の構築を怠った東京紙の販売基盤は弱く、結局大阪紙との市場競争に負ける一因となっていく(35)。

第三に、新聞雑誌差出数を時系列的にみた場合、東京の比重の相対的な低下傾向が指摘される。明治二〇年には五八％にまで達していた東京の比率は、明治四〇年の時点では三六％にまで低下してきている。東京・大阪の合計比率でみても同様の低下傾向にある。しかし、このことは決して中央の新聞雑誌の後退を意味しているわけではなく、むしろ、郵送ルート以外の販売網の整備が進んだこととともに、明治二〇―三〇年代を通じて地方の新聞雑誌の着実な発展と発行量の増大によるものであると思われる。問題は地方紙誌の流通網にあった。明治二〇―三〇年代の府県統計書で地方紙誌の頒布先を管内・管外別にみてみると、地方紙誌は八割から九割以上が管内で頒布されており、管外へ頒布される量はきわめて少ない（表1-6）。すなわち、地方紙誌の大部分は文字通りその地域管内でのみ流通していた。し

表1-6　地方紙誌の頒布先　（単位：千部）（%）

石川県		長野県		静岡県	
明治25年		明治28年		明治34年	
管内	1,613 (84.8)	管内	1,588 (96.8)	管内	4,663 (91.7)
管外	289 (15.2)	管外	53 (3.2)	管外	424 (8.3)
合計	1,902 (100.0)	合計	1,641 (100.0)	合計	5,087 (100.0)
明治35年		明治37年			
管内	7,824 (79.8)	管内	13,146 (96.0)		
管外	1,986 (20.2)	管外	549 (4.0)		
合計	9,810 (100.0)	合計	13,695 (100.0)		

各年度の各県統計書による．

かも、山梨県の例にみられるように、鉄道がまだ敷設されていない地域では発行部数の大半がまだ郵送によって届けられていた[36]。このような地域管内を流通する地方紙誌の差出数の増大が、結果として東京の比率の低下を招いている。

したがって、この明治二〇―三〇年代に生じていた事態は、一方において、各地域管内を流通エリアとする地方紙誌が急速に成長すると同時に、他方において、全国へと拡大する鉄道網に乗って地域の壁を超えて貫通する中央紙誌の流通網の整備が、同時平行的に進展していく過程であったということができよう。地方紙誌流通網と中央紙誌流通網とがそれぞれにしのぎを削りながら市場の拡大を目指して激しく競い合っていった時期である。

この時期のある特定の地域において、中央紙と地方紙がどのように市場シェアを競い合っていたのかを知る興味深い調査がある。それは、長野県上田警察署に

表1-7　上田町及びその付近での新聞紙配布数（明治28年）　（単位：部）

新聞名	部数	新聞名	部数
信濃実業新聞	98,004	毎日新聞	8,792
万朝報	64,832	読売新聞	5,187
東京朝日新聞	56,832	東京日日新聞	4,571
信濃毎日新聞	55,804	やまと新聞	4,377
中央	44,256	絵入自由	2,364
国民新聞	26,961	国会	2,226
日本	26,796	自由新聞	1,663
報知新聞	24,692	東京実業新聞	994
めさまし新聞	19,427	二六新報	757
横浜貿易新聞	16,672	絵入日報	343
中外商業新報	13,609	時論	164
時事新報	13,343	物価新報	78
開花	12,689		
都	10,193	合計	515,626

『長野県史』近代史料編第10巻（2），平成2年，178-179頁.

よって調査された明治二八年中に上田町及びその付近で配布された新聞紙配布取調表である（**表1-7**）。この調査は新聞売捌所で扱われたものを対象とし、新聞社からの直接郵送は除かれているが、総計五一万部に達するその内訳は表の通りである。地元紙の『信濃実業』『信濃毎日』の占める割合は約三割と低く、残りは圧倒的に東京紙によって占められている。しかし、それ以上に印象深いのは東京紙のタイトル数の多さである。『万朝報』や『東京朝日』をはじめとするきわめて多種多様の中央紙がこのように地方にそれぞれの購読者を獲得していた。[37]

また、新聞販売店の「新聞配達元帳」を分析した有山輝雄の研究によれば、明治三六年福島県の梁川町において購読されていた新聞二二三部のうち、東京紙の占める割合は一七七部（七九％）に達していた。[38] 地域による濃淡はあっても、郵送ルートと販売ルートの双方を通じて、各地でこのような中央紙の進出攻勢が繰り広げられていった。

これに対し、書籍の流通の場合は新聞雑誌とはきわめて異なった様相を呈している。

3　書籍

郵便による書籍の取り扱いは明治五年から開始された。郵便統計において、書籍の差出データは当初「書籍及見本」としてまとめられていたが、明治二二年から「書籍類」のみの項目が独立してくる。表1-3（五〇頁）の右欄が明治二二年以降の書籍の差出数の推移である。書籍の差出数は明治二二年の約二〇〇万通から、四〇年には二三〇〇万通と一〇倍以上に増えている。しかし、新聞雑誌の場合のように国会開設や戦争といった大事件を直接反映するような増減は見られない。

書籍の差出の場合に特徴的なのは、東京の比率の急激な上昇である。府県別比較でみた場合（**表1-8**）、東京への偏り傾向は新聞雑誌の場合と同様であるが、年次推移では新聞雑誌の場合とはまったく逆の傾向を示している。すなわち、新聞雑誌の場合には年次とともに東京の比率が低下していったのに対し、書籍の場合には逆に東京の比率が急激に上昇してきている。特に明治二〇年代の上昇が著しく、明治二二年の一六％から三〇年には五一％と過半数を占めるまでに東京の比率が急激に高まっている。対照的に京都の比率の低下が著しく、明治二二年の対東京の比率四一％が四〇年にはわずか八％にまで落ち込んでいる。

このデータから浮かび上がってくるのは、明治二〇年代を通じて書籍の出版と流通が東京

表1-8　府県別書籍差出数推移（上位10府県）　　　（単位：通）（%）

明治22年			明治25年			明治30年		
東　京	323,892	(16.3)	東　京	1,804,583	(35.5)	東　京	3,751,946	(51.0)
京　都	132,874	(6.7)	大　阪	531,434	(10.4)	大　阪	504,991	(6.9)
大　阪	127,352	(6.4)	京　都	375,119	(7.4)	京　都	291,109	(4.0)
新　潟	123,509	(6.2)	神奈川	174,407	(3.4)	神奈川	264,497	(3.6)
福　島	96,659	(4.9)	長　野	129,434	(2.5)	兵　庫	180,191	(2.4)
福　岡	88,123	(4.4)	兵　庫	124,862	(2.5)	愛　知	134,028	(1.8)
長　野	71,657	(3.6)	千　葉	123,684	(2.4)	広　島	112,999	(1.5)
兵　庫	69,738	(3.5)	福　岡	116,596	(2.3)	北海道	110,323	(1.5)
和歌山	61,530	(3.1)	和歌山	105,522	(2.1)	和歌山	108,536	(1.5)
神奈川	55,400	(2.8)	茨　城	101,357	(2.0)	静　岡	108,385	(1.5)
全　国	1,986,437	(100.0)	全　国	5,087,360	(100.0)	全　国	7,363,932	(100.0)

明治35年			明治40年		
東　京	4,373,954	(43.8)	東　京	10,712,022	(46.2)
大　阪	1,106,983	(11.1)	大　阪	2,397,610	(10.3)
神奈川	405,756	(4.1)	神奈川	1,267,179	(5.5)
京　都	383,099	(3.8)	京　都	888,369	(3.8)
愛　知	274,012	(2.7)	三　重	721,898	(3.1)
兵　庫	226,013	(2.3)	愛　知	624,005	(2.7)
広　島	203,052	(2.0)	兵　庫	533,307	(2.3)
北海道	191,191	(1.9)	北海道	361,229	(1.6)
新　潟	158,242	(1.6)	長　野	339,998	(1.5)
長　野	151,905	(1.5)	福　岡	335,628	(1.4)
全　国	9,982,333	(100.0)	全　国	23,194,869	(100.0)

『日本帝国統計年鑑』による．

を中心とするシステムへと再編されていく過程である。すなわち、明治二〇年前後にはまだ近世以来の京・大阪・江戸の三都を中心とする出版流通体制の残像が残っており、また三都の占める合計比率が三割程度と低いことからもわかるように、三都以外の地方出版もまだ衰えていなかった。しかし、明治二〇年代を通じてこの三都・地方出版流通体制が急速に崩壊し、代わって東京を中心とするガリバー型の一極体制へと書籍の流通網が急速に再編されていく。東京への一極集中と地方出版の急激な衰退、これが明治二〇―三〇年代に進行した書籍流通の再編過程の特徴である。ただし、大阪は東京に次ぐ第二の地位をなお保っている。大阪の出版物に関しては「地方の読書界」においてもしばしば言及されていたように、講談本や赤本といった大衆向け路線に特化することによってかろうじて生き残り得たということができる。

ところで、書籍の流通には以上のような郵送ルートの他に、書店を通じた販売ルートが存在するが、実は販売ルートにおいても東京の寡占体制が明治二〇年代以降進展していく。それは前述した取次制度の発達によるものであった。

取次制度の持つ中央集中効果を理解するために、取次制度が登場する以前の書籍の流通方法、例えば「本替《ほんがえ》」という制度を取り上げてみよう。この制度は一言でいえば、出版社相互間での自社出版物の物々交換的な方法である。清水文吉は、「江戸、京都、大阪の書林問屋仲間に加入していた出版業者は、それぞれの地で出版された本を、注文しあい現品を交換しあって代金を計算し、不足分は〈足し本〉で埋め合わせる」方法と説明している。[39] 明治一〇年頃まで盛んに行なわれたこの方法によった場合、各都市間の流通は相互依存的な状態に保たれ、東京の出版物だけが一方的に流通市場を独占するというような事態は起きてこない。東京への出版流通の集中を引き起こしたのは、明治二〇年代以降の取次制度の発達によるところが大きかった。こうして、郵送ルートと販売ルートの双方を通じて、東京の寡占体制が進行していくことになる。

以上、郵便統計をもとに郵送ルートによる新聞雑誌・書籍流通の実態を追ってきたが、そこから浮かび上がってくるのは東京をガリバー的な中心とする一極集中的な構図の形成過程である。明治二〇—三〇年代を通じて、新聞雑誌・書籍の差出数の実に四割から五割が東京から発送されたものであった。これに、新聞と書籍におけるもうひとつの二次的中心としての大阪を加えるとき、明治二〇—三〇年代は東京、次いで大阪を中心とする近代流通システムが明確に確立していく時期であったということができる。

さて、このような中央活字メディアの全国流通網の登場は、冒頭で紹介したような地方の読者にも大きな影響を及ぼさずにはいなかった。

四　地方読者の再形成

1　地域読書圏の全国接続

冒頭で紹介した雑誌『文庫』の「地方の読書界」という投稿欄は、地方の読書状況と地方文壇の双方に関する実況報告を含むものであった。いま、読書状況と文壇活動から構成される「地方の読書界」を〈地域読書圏〉と呼ぶとき、日本の各地域には前近代を通じてそれぞれ独自の地域読書圏が長い期間をかけて形成されてきていた。地域読書圏は狭義には地方中心都市とその周辺部を構成単位とし、より広義には旧藩エリアと重なる圏域からなっていた。地域読書圏は基本的にその地域圏内である程度自己完結しており、近世期から発達し始めた広域的流通網を通じて出版文化の流入がみられる場合でも、その影響は比較的少数の知識人の間に限られ、かなりの時間差をともなった緩慢なものにとどまっていた。

しかし、明治二〇―三〇年代に鉄道幹線網の拡大によって、それまで長い間伝統的世界に自足していた地域読書圏の壁を突き破って、中央メディアが大量にかつリアルタイムで流入するようになり、その勢いは加速度的に高まっていった。

中央メディアの地方進出はすなわち、東京・大阪発の同じ均質な活字メディアが全国的に広範囲に流通し始めたことを意味している。「地方の読書界」の証言でみたように、『大阪朝日』『大阪毎日』、博文館の雑誌、弦斎浪六・紅葉露伴の小説、大阪の講談物や赤本、さらには講義録、こういった均質な中央活字メディアが明治二〇年代以降地域の壁を越えて流入し、地域の読者を自らの受け手として次々と獲得し、地域を中央出版資本の市場として新たに開拓していった。明治三〇年に岩手県盛岡中学校で生徒の購読していた雑誌は次のようなものであった。

『帝国文学』『江湖文学』『英学雑誌』『英字新聞研究録』『史学雑誌』『数学報知』等は上級に読者を占め『少年世界』『少国民』『新少年』等は下級に歓迎せられ一般に読者を有するは『兵事雑誌』『太陽』『文武叢誌』『中学新誌』『新声』『新国学』等(40)

見過ごされがちであるが、ここで具体的に誌名が列挙されている雑誌一五誌すべてが東京発行のものであった点は注目されていい。博文館の諸雑誌に限らず、文芸雑誌から少年雑誌、英語雑誌、専門雑誌に至るまで東京発のさまざまなジャンルの雑誌が地方都市の青少年層に広範に読者を獲得していった。

このような中央メディアの大量流入によって地域の読書文化は大きく変容し、伝統的世界に自足していた地域読書圏の自己完結性は崩壊し始める。東京発行の新聞雑誌によっていかに地方都市の人々の読書生活が根底から変革されつつあったかを、「地方の読書界」への東濃付知《つけち》（岐阜県）の一投稿者は次のように表現している。

五六年以前読者の眼孔は実に幼稚なもので、小説なぞを見る目は殆んど無かつたので、僅に軍書、仇討物語類を見て居たものであつたが、今は実に雲泥の相違を来して、愛読する主なる新聞、雑誌は、東京にて発行するものが七部を占めて居る（中略）夫れに青年の団体が三ケ所に迄組織せられて、甲を同窓会と言ひ乙を青年会と言ひ、丙を同盟鑽仰会と言ふて、何れも東都に有名なる新聞雑誌を取り寄せて、会員が順番に之を読で知識を交換するといふ事になつて居る。(41)

戸数わずかに千余戸の東濃付知にも明治三二年頃には東京発の活字メディアが深く浸透し、青年達によって「東都に有名なる新聞雑誌」の回読会がいくつも組織されていた。そのことによって、それまで軍書や仇討物語からなっていた地域読書圏の自足性が崩れて、東京発行の新しい新聞雑誌や新しい小説を中心とする読書世界へと急速な変容を遂げつつあった。

2　読書国民の形成

こうして、地域読書圏の壁を越えて、いまや地方読者は中央メディアとダイレクトに接続されるようになった。それまで全国各地の地域社会の中に埋没し、分断されていた地方読者という存在が、中央メディアによって自らの受容者層として新たに見出された。

さらに、地方読者はただ単に中央メディアの受容者としてばかりでなく、例えば投稿といった形でより積極的に中央メディアの用意した回路に動員され始めた。石井研堂の主宰する少年雑誌『今世少年』が明治三三年末に懸賞文を募集したところ、総数八八三通の投書があった。その府県別分布は**表1-9**の通りである。東京・神奈川・京都・大阪をはじめとしてその応募者は全国にわたっている。東京から発行された少年雑誌が全国各地の読者に発送され、そして今度はそれを愛読する少年読者の投稿が全国各地から東京に回収されてくる。同様のことは少年雑誌のみならず、婦人雑誌や教育雑誌、文芸雑誌、政治雑誌等についても言える。東京発の同じ雑誌を読み、同じ関心を共有し、さらに投稿する少年読者、女性読者、教員読者といった地方読者諸階層が地域読書圏を横断してかつてない規模で全国的に形成されてきた。

しかし、ここでより重要なことは、全国規模で形成されてきたこれらの地方読者が、以前の版本時代の地方読者とはまったく異なった読者であるという点である。というのも、中央

表1-9 『今世少年』懸賞文府県別応募者数

(単位:人)

東京	128	山梨	18	富山	10
神奈川	57	三重	18	栃木	9
京都	43	和歌山	17	長崎	9
大阪	40	愛知	16	岩手	9
北海道	35	岡山	16	広島	7
新潟	33	福島	16	愛媛	7
千葉	32	秋田	15	島根	6
静岡	27	山形	15	佐賀	6
長野	26	群馬	14	大分	5
兵庫	22	鳥取	14	宮崎	5
埼玉	22	石川	14	高知	4
福井	22	滋賀	13	奈良	4
岐阜	21	熊本	11	徳島	2
宮城	20	福岡	11	香川	1
鹿児島	19	茨城	10	台湾	1
山口	19	青森	10	外国	4

『今世少年』2巻2号, 明治34年1月.

発行の活字メディアは、伝統性や地方性を捨象して新たに国民性を刻印され、言語的にも新しく形成されつつあった近代文語文や普通文もしくは言文一致の近代国語によって書かれていた。これらの中央活字メディアを日々愛読することによって、地方読者は自らを取り囲む地域の伝統的な読書文化の相対化とそこからの精神的離脱を迫られ、さらに、伝統的読書文化に代えて、中央発の新しい近代活字メディアによる自己形成へと向かうことを自ら選択するようになる。その結果、彼等の意識は地域共同体を越えて、国レベルの問題関心を共有するようになり、中央活字メディアの受け手としての〈読書国民〉へと変容させられていった。均質な活字メディアの全国流通網を基盤に誕生してきた読書国民は、それまでの郷土意識に埋没した読者ではなく、国レベルでの新たな国民的読者としての意識を共有する読者であった。こうして、中央活字メディアの全国流通網は自らを支えるべき新たな担い手として読書国民を創出したのである。

こうして誕生してきた読書国民の具体的なイメージを、我々は明治四〇年の『滑稽新聞』に掲載された「新聞雑誌の愛読者」と題するユーモラスな挿絵に見ることができる（**図3**）。この挿絵に取り上げられた新聞雑誌すべてが東京・大阪で発行されたものであることはいうまでもない。しかし、それ以上にここで印象的なのは、階層・職業・年齢・性別を問わず、さまざまな人々が新聞雑誌に親しんでいるその姿である。寝ころんで『都新聞』や『文芸倶楽部』を読む芸娼妓、休憩しながら『二六新聞』を読む車夫、仲間同士で『平民新

新聞雑誌の愛読者
大阪朝日新聞……老人
都新聞……娼妓
官報……村長
ホトヽギス……俳諧師
旅行案内……田舎者
パツク……小供
萬朝報……ゴロツキ
時事新報……無職者
國民新聞……俗吏
時好……夫人
女學世界……男學生
文藝倶樂部……藝妓

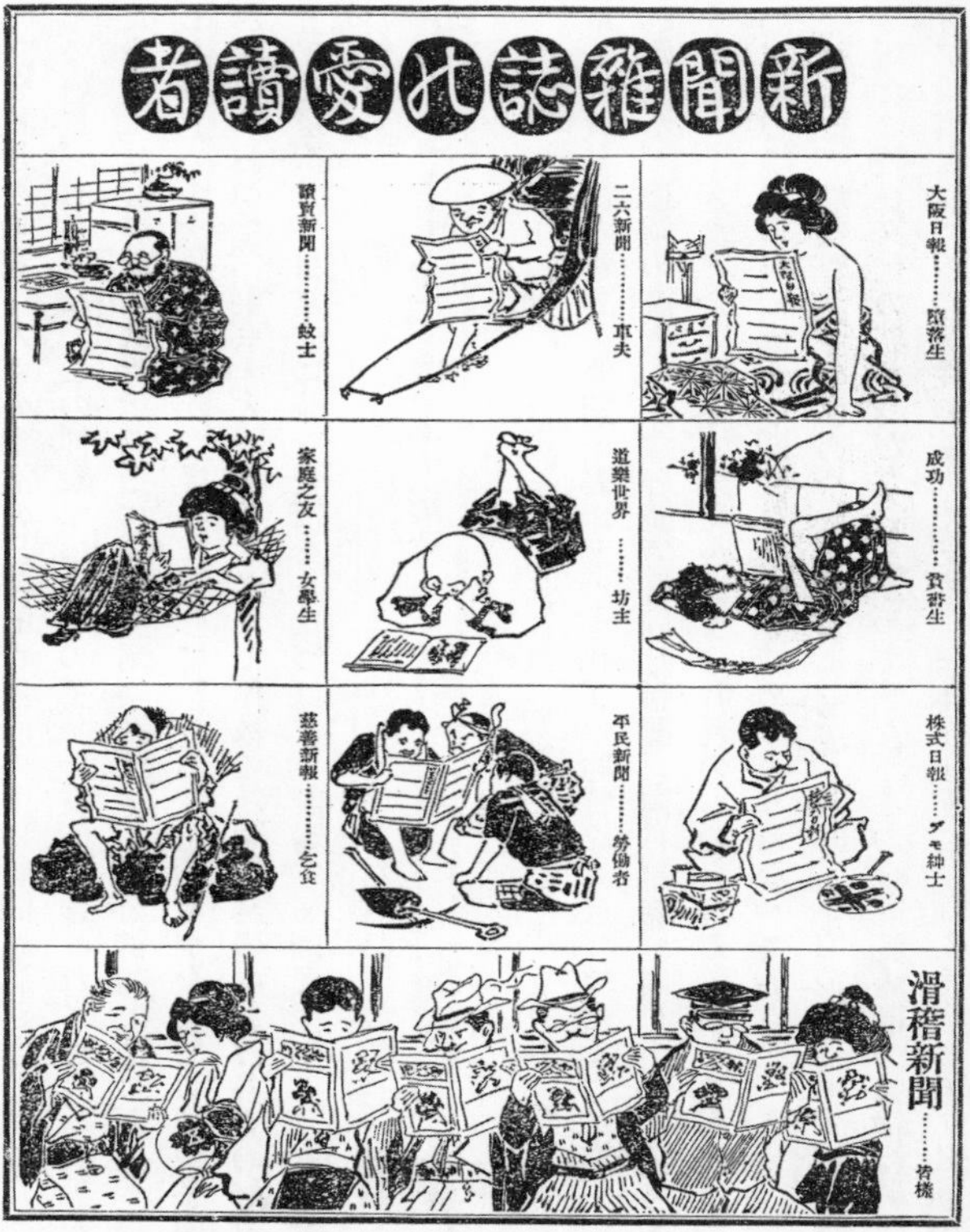

図３　「新聞雑誌の愛読者」『滑稽新聞』143号（明治40年７月）.

聞』を読む労働者、人々の生活の日常的な場面の中に新聞雑誌がきわめて自然な形で溶け込んでいる。もちろん、この挿絵には若干の誇張と皮肉が含まれており、実態をそのまま描いたものではないが、我々はここに、中央活字メディアを日常的に読むという習慣を自ら獲得した読者の姿を見ることができる。そして、こうした読者が全国的に国民各層において形成されつつあった。東京・大阪で発行された無数の新聞雑誌の中から各々の好みに応じたメディアを選択し、日常的に読む習慣を身につけた「読書する国民」がこうして誕生してきた。

五　全国読書圏の形成

こうして、明治二〇—三〇年代を通じて、全国の各都市・各地域の地方読者たちは、東京・大阪発行の新聞・雑誌・書籍という共通の均質なメディアによってひとつに結びつけられ始めた。盛岡の読者も美濃の読者も同じ新聞、同じ雑誌、同じ小説、同じ講義録を読むようになってきた。全国各地の読者がいまや共通のものを読み始めることによって、彼等は互いに結びつけられ、同一の関心を共有し始めるようになっていく。

ここに、均質なメディアの全国流通網の形成とパラレルな形で、〈全国読書圏〉と呼ぶべき新たな読書文化の拡がりが立ち上がってきた。この全国読書圏の特徴は、まず第一にメディア受容における均質性の拡大である。日本全国どこに住んでいても、共通の同じものを同じように読むことができる。そのことによって、人々の読書生活、読書環境は互いに相似た均質なものへと接近し始めてくる。このことは結果として、人々の読書生活における伝統的・地域的要素の後退と、近代出版資本主義的要素の拡大を意味した。

その端的な一例は、活字メディアの受容における流行現象の全国的拡がりである。「地方の読書界」で報告されているように、『日の出島』『金色夜叉』等の小説が全国的に流行するようになった。

熊本「兎に角『日の出島』は、大に奥さま令嬢方に歓迎されて、読まないものは、僅少です」（明治三二年）

京都「弦斎の『日の出島』などは大に歓迎され、何処へ行ても其話が出る様で、紅葉の『金色夜叉』も随分売れました[42]」（明治三二年）

熊本においても、京都においても、最新の流行小説が同じように愛読され始めたことは、人々の読書内容の均質化の全国的拡大を象徴するものである。

第二に、全国読書圏はその存立条件として、〈速度〉という要素を不可欠の構成要素としていた。速度によって実現されるもの、それはメディア受容における〈同時性〉である。前近代においても、版本の広域的流通がある程度可能になってはいたが、流通に要する時間が長期間にわたったために、その読書圏の一体性は大幅に低下せざるを得なかった。明治以降の鉄道を基盤とする流通革新によってはじめて、全国読書圏の一体性が可能になった。その日の新聞や新刊雑誌、新刊小説を次々と全国津々浦々に流通させることを最重要課題とする中央の新聞・出版資本にとっては、流通の速度こそが何よりも重要な要件であった。特に「一日だけのベストセラー」（ベネディクト・アンダーソン）である新聞の場合には、この流通速度は中央紙が地方紙との競争に打ち勝つための死命を制する絶対的条件となっていた。メディアの流通と受容における全国的な〈同時性〉への絶えざる希求が全国読書圏の宿命的特徴をなしている。

第三に、均質性と同時性を要件として成立してきた全国読書圏は、決して各地域が対等な形で接続された読書圏ではなかった。むしろ、それは東京と大阪という楕円の二つの中心と各地域が放射状に結ばれた放射線型の読書圏であった。この放射線を通じて、中央メディアと地方読者の従属的な関係が全国的に張り巡らされていった。メディア受容における中央と地方との役割分化、すなわち〈中央メディア〉とその受け手としての〈地方読者〉という新たな構図が明確にその姿を現してくる。

近代出版資本によって全国読書圏へと組み込まれた福井の一読者の例をみてみよう。明治四〇年の『文章世界』の「読者通信」欄で一種奇妙な次のような問答が記者との間で交わされている。(43)

▲記者さん、僕は今年から武生の坪谷書店より本誌を買て読んで居るのですが、いつでも本誌が武生へ来るのは十八日なので、投書しようと思つても、間がなくつて出せないの、是から来々月の題も出して頂戴い（福井県豊山）

記者　投書の締切は毎月廿日なれば、いつ出しても差支なき筈なり。また、題はかつて定めて出したことなし。投稿規則を御熟読ありたし。

これに対し、その二ヵ月後に、今度は相模の読者からの通信が寄せられている。

▲前号福井の豊山君の問に対して、投稿はいつ出しても差支へなき筈なりとの記者さんのお答へは、ちと無情ぢやありますまいか？　十五日のが二十日に成つても取次所へ来て居ない、実にがつかりしてしまいます、地方の愛読者はどの位待恋がれて居るか、其味は不自由のない都で、気炎を吐いて居られる読者諸君には迚も分りますまい、ほんとうに我々には無二のラバーなんですから、せめて十六日位には、各取次所へ着いて居る様にしていたゞきたいのです、是れは私一人のお願ひではありますまい。（相模、瓦生）

記者曰、そんな出来ない相談を持ち込まれても困ります。郵便や、通運で、日数のかゝるのをこちらでどうすることも出来ません。また締切期日は、発行日とは何等の関係もないのだから、無情呼ばりは少し軽卒でせう。廿日締切といふのは、前月の廿一日からその月の廿日迄に着いたのを、廿一日の朝、開封して、その中で当選したのを、翌月発行の雑誌に載せるのです。だから、投稿はいつ出しても差支へないのです。

一見したところ、このすれ違ったままの問答の焦点は、表面的には投稿の締切日と地方における雑誌の到着日の遅れという問題である。その遅れを理解してもらえない無情さを地方の読者は嘆き、中央の記者は郵便や通運で日数がかかるからそれは出来ない相談であると突き放す。

しかし、ここでより注目されるのは、「せめて十六日位には」とか「二十日に成つても」とか雑誌の到着の数日間の遅れを待ち焦がれるその読者心理のありようである。同一の均質なメディアが日本全国にあまねく流通するようになった時、最後に残された大きな差異はメディア受容における〈距離感〉という問題であった。全国読書圏内に組み込まれた読者はその意識においては、中央のメディアと直結し、一体化していた。そこにおいては何らの距離感も存在しない。しかし、現実には全国読書圏の内部においては、中央との距離や鉄道の整備・未整備によってメディア流通のさまざまな格差が存在していた。意識圏と現実世界とのこの距離感の大きな落差は、雑誌到着のわずか数日間の遅れをも耐えがたいものと感じさせるほど地方読者の焦燥感をかきたて、「不自由のない都」と「地方の愛読者」との間に拡がる現実の距離を否応なく意識化させることになる。それはベネディクト・アンダーソンの言葉を使えば、全国の読書国民が参加するマス・セレモニーとしての「聖餐式」に、毎回必ず遅れて参加せざるを得ない地方読者の焦燥感と表現できるかもしれない。すなわち、全国読書圏は速度の追求への代償として、その構成員である地方読者に中央との無限の〈距離感〉を再生産し続けることになる。

全国読書圏、それは近世以前に緩やかな形で出来上がりつつあった広域的読書圏とはその全国性と均質性と同時性において、また中央集中的性格と国民的性格においても、まったく異なった種類のものである。数十万部の同じ新聞が鉄道を通じて毎日全国の家庭に配達される、数十万部の同じ雑誌が数日のうちに毎月全国の読者に発送される、同じ流行小説が全国の家庭で同時的に愛読される、その速度とその頻度とその量とその地理的拡がりにおいて、全国読書圏は明治三〇年代にはじめて誕生してきた近代の新たな読書文化の拡がりであった。

しかし、この全国読書圏に国民のすべてが参加できたわけではなかった。誕生したばかりの読書圏はまだ地方の末端にまでは及ばず、周縁部には広大な〈読書過疎地域〉が残されていた。そして、そこに住む地方読者を全国読書圏へ包摂しようとする壮大な努力を続けたのが、次章で取り上げる新聞社・出版社による地方読者支援活動である。

さらに、読書能力の点において、この読書圏から排除された人々がいた。それは国民の多くの部分を占める小学校卒業者である。彼等の多くは継続的な読書習慣を身につけるには至らず、その読み書き能力も卒業後は急速に低下する傾向にあった。彼等を全国読書圏に包摂しようとする試みは、第五章で扱う地方改良運動においてなされることになる。

第二章　「中央帝都の新知識」を地方読者へ
――新聞社・出版社による地方読者支援活動の展開

一　〈読書過疎地域〉の地方読者

前章では、均質な中央活字メディアの全国流通網の形成と、それを基盤とする全国読書圏の誕生をみてきた。その際に留意すべきことは、明治三〇年代の地方読者にとっては、これらの活字メディア布置の急激な変化が現在まさに進行中のものとして感じとられていた点である。

明治四〇年代に入ると、この全国化の動きはもはや形成途上の進行中のものではなく、すでに一応の帰結をみた所与のものとして意識されるようになり、むしろ、そこからの疎外が強く地方読者をとらえ始めるようになる。明治四〇年代になって顕在化してきたのは、活字メディアの全国流通網から疎外された〈読書過疎地域〉とそこに住む地方読者という存在であった。読書過疎地域とは、書店や新聞販売店、図書館といった読書装置の欠落した地域である。鉄道網の未整備や人口集積度の低さによって、このような読書過疎地域が全国的に広範に析出されてきた。

ところで、活字メディアの全国流通網の周縁部に属するこれらの読書過疎地域においても、実は活字メディアの流通手段がないわけではなかった。それは、郵便の利用である。書店も新聞販売店もない地域においては、郵送ルートが利用可能な唯一の流通手段であった。郵便を通じて直接版元や取次店に注文して取り寄せるこの購読方法は、新聞や雑誌といった継続的な定期刊行物の購読においては、ある程度の有効性を発揮した。しかし、一冊毎に内容が異なる書籍の購入においては、現物を手に取って見ることのできない郵送ルートはその有効性を大幅に減じざるをえなかった。

しかし、このような問題があったにもかかわらず、郵送ルートによる書籍の差出数は着実に増加していった。明治二二年の書籍の差出数は約二〇〇万通であったが、明治四〇年には二三〇〇万通に達し、二〇年間で一〇倍以上の増加を見せている（前章五〇頁の表1−3）。特に明治三〇年代の増加が著しい。このことは、地方読者において書籍への需要が着実に増大していったことを示している。そして、この点に着目して明治三〇—四〇年代に登場してくるのが、東京の新聞社・出版社によって組織された地方読者支援活動である。

郵便による書籍の通信販売自体は、出版社や取次書店の手によって明治初期から存在していたが、明治三〇—四〇年代に登場してくる新聞社・出版社による地方読者支援活動の新しさは、書籍の購入取次にとどまらず、郵送による書籍の貸出や新刊情報の提供、読書相談等の地方読者に対するさまざまな読書支援活動を一体的に組織化したところにある。前章からの文脈でみるとき、このような地方読者支援活動は、周縁部に疎外された地方読者を全国読書圏へ包摂しようとする中央新聞・出版資本による統合化の作用として解釈することが可能である。すなわち、全国読書圏形成の力学は、中央の新聞・出版資本をして周縁部にいる地方読者をも支援活動を通じてその圏内に取り込もうとする作用を及ぼした。

中央新聞・出版資本による地方読者支援活動は、まず明治三〇年代においては、郵便を利用して地方読者へ書籍雑誌の貸出を行なう「通信制図書館」の試みとして現れてくる。「山縣図書館」と「婦女新聞図書回覧会」の試みがそれである。通信制図書館は、郵便という近代になって新しく普及してきたコミュニケーション手段を活用して、書店も図書館もない地域に住む全国の読者に書籍雑誌の貸出を行なおうとする壮大な試みであった。

二　通信制図書館

1　山縣図書館

郵送によって書籍貸出を行なう通信制図書館の最初期の例として山縣図書館があげられる。『少年園』や『文庫』等の少年雑誌で成功し、教育出版の分野で活躍していた山縣悌三郎は、明治三一年に山縣図書館を自宅に開設し、専ら苦学生を対象に蔵書の無料貸出を開始した。自伝によれば、この図書館設立のきっかけとなったのは、杉市郎平他の発案による株式組織の貸本会社の計画であった。山縣もこれに賛同して資金を提供したが、設立にまで至らなかった。そこで、アメリカの「サーキュレーティング、ライブラリーや、トラヴェリング、ライブラリー」にならって、山縣が独力で開設したのが山縣図書館であった[1]。

図書館のその後の経過については、山縣の主宰する内外出版協会発行の諸雑誌上の関連記事で確認することができる。図書館が実際に開設されたのは明治三一年四月頃であった。その前月に、図書館設立に尽くすために山縣は客員編集を兼ねていた文学社を辞し、その時の慰労金一〇〇〇円を図書購入費に当てたという[2]。「山縣図書館仮規約」として発表された利用規則は、次の三章からなる簡単なものであった[3]。

第一章　本館の図書は、唯貧民の子弟のみ之を借受くることを得。
第二章　図書を借覧せんとするものは、詳に事情を具し、相当の保証人を立てゝ、特許票の付与を請ふべし。
第三章　借覧料は全く之を免除す。但し図書の逓送費は、当分の内、借受人の支弁とす。

第三章に「図書の逓送費」とあることから、この図書館が書籍の貸出を郵送によって行なっていたことがわかる。全国の向学心に燃えた貧しい苦学生達に、郵便を通じて無料で書籍の貸出を行なおうというフィランスロピー的情熱による図書館であった。特に「唯貧民の子弟のみ」に貸出資格を限定している点はユニークである。

図書館仮規約と同時に、蔵書目録が二回に分けて『文庫』誌上に発表されている。(4) スマイルスの『西国立志編』にはじまるその蔵書は二九〇点ほどで、文学から理科・地理・歴史・伝記まで多方面にわたっているが、教科書・参考書的なものが主体である。なかには、複数部数所蔵されているものも多く、『平民政治』(二四部)、『星巌集』(一二部)、『西国立志編』(一一部)、『漢文読本』(一〇部)、『中等国文』(一〇部)等は一〇部以上所蔵されている。

図書館は当初は上駒込の山縣邸に置かれていたが、借覧人の便宜のために、明治三二年一月より神田区南甲賀町に移転する。そして、第一・第三日曜日の午後一時から四時まで貸出を行なうことになった。これは、郵送での貸出のみならず、直接来館者への貸出をも行なっていたことを意味していると思われる。移転に際しての雑誌上の広告に、改めて図書館設立の趣旨が説かれている。(5) それによれば、山縣図書館は少年園創立一〇周年記念として計画されたものであり、その目的とするところは、「世には無資力なる子弟多し、志余ありて財と時間とに乏しく、自ら図書を購求して読むの力なく、又図書館に入りて渉猟するの暇なく、空しく己の不幸を歎じて已むもの」のために、書籍を提供することにあった。そして、そのサービス対象も千島から台湾に至る全国の青少年を想定していた。

其送達運転を快速にし、借覧者の便を考へ、借覧料の如きは殆ど無料同様の低廉とし、以て我が日本帝国の封境内は、千島の北陲より台湾の南端に至るまで、海村山邑、苟も郵便の通ずる所に住する無資力の子弟をして、足戸外に出でず、身図書館に入らず、而して且つ我が図書館内に蔵する所の群籍を読むべからしめんとす。

ここには、日清戦後に台湾にまで拡大していった日本帝国の空間意識のあり方と、その帝国空間内に張り巡らされた郵便網を使って「無資力の子弟」に書籍を提供しようとする教育者の壮大な情熱の発露が見られる。しかし、山縣図書館は結局大きな成功をおさめることなく閉鎖されてしまった。失敗の原因として、山縣は借覧者の公徳心の欠如と貸出方法のまずさのために書籍の回収が困難であったこと、そのために財政状態が苦しくなったことをあげている[6]。新たな通信手段である郵便網を駆使することによって、「日本帝国の封境内」をひとつの図書館として構想しようとしたもの、それが山縣図書館であった。

2　婦女新聞図書回覧会

『婦女新聞』は明治三三年に福島四郎によって創刊され、昭和一七年まで女性の啓蒙・教育に長く貢献した週刊新聞である。その読者層としては、「社会的中間層を中心とした、高等女学校進学者以上の知識人層であり、都市型の家庭に属する者が多かった」とされている。[7]たしかに、戦前の新聞読者調査をみてみると、女工層においては『婦女新聞』の読者は皆無であるのに対し、職業婦人や女学生においては、少数ではあるが『婦女新聞』の読者が一定程度存在している。例えば、時期は下がるが、大正三年東京の女学生二二六名中四名、大正一三年名古屋の職業婦人一一九〇名中三名、大正一五年広島の職業婦人八〇〇名中二名が、それぞれ『婦女新聞』を愛読している。[8]『婦女新聞』の読者は、高等女学校生やその卒業生たる職業婦人、新中間層の家庭婦人といった高学歴層の女性に多かったようである。

図書回覧会の計画が紙上で発表されるのは、創刊七年目の明治三九年六月二五日であった。この回覧会の目的は、各種の図書雑誌を郵送によって地方読者に貸し出すことであった。図書回覧会規程によれば、会員資格は『婦女新聞』の月極め購読者に限られ、さらに入会金の額によって、甲種（三円）、乙種（一円）、丙種（五〇銭）の三種の会員に分けられ、月会費はいずれも三銭であった。丙種会員の借りられる図書は定価五〇銭以内の図書に限られ、乙種会員は一円以内、甲種会員は全ての図書を借りることができた。貸出料金は無料であるが、郵送費・包装費は会員の自己負担であった。貸出期間は郵送期間を除いて雑誌七日間、図書二〇日間、貸出冊数は甲種のみ一時に二冊、乙丙会員は一冊であった。

『婦女新聞』は紙上でも蔵書目録を数回に分けて掲載し、また回覧会に関する質疑形式の「図書回覧会問答」を連載したりして、熱心にこの回覧会に力を入れていた。編集部からの回答の一節に、「此会が何十年かの後閉鎖せねばならぬやうにでもなれば（そんな心配は断じてないと思ひます）」（明三九・七・二三）とあるように、回覧会の将来に対してかなり楽観的な期待を抱いていたが、実際には会の運営は不調であった。貸出を開始した最初の週の申し込み者はわずか八人にすぎず（明三九・七・二三）、翌週になっても合計三十余人程度の利用者しかいなかった（明三九・七・三〇）。編集サイドでも次第に弱気なコメントを紙上でもらすようになり、

新入会員其後殆ど絶えたるため新刊書籍の購入意の如くならざるは残念に御座候（明三九・九・二四）

会員数尚極めて少く候（中略）いかなる方法に改正すれば多数の会員を得て本会の収支も償ひ会員方各自の便利にも可相成か御考付も候はゞ御もらし下され度候（明三九・一〇・二二）

等と会員数の伸び悩みに直面していた。

その最も大きな原因となったのは、やはり貸出手続きの煩雑さにあった。読者からの便りにも、「御趣意も結構なり便利だとも思ひますが借出すのにどうも面倒なやうで困ります」（明三九・七・二三）とあるように、編集部の想像以上に、借りた書籍の梱包や郵送料・包

装代の負担等を読者は面倒に感じていた。そこで、支払い方法の簡素化が図られたり、また新規会員の勧誘を呼びかけたりしたが、効果は上がらなかった。結局尻すぼみの形で、明治三九年一二月を最後に回覧会の記事は紙面から消えてゆく。開始後わずか半年しか続かなかったことになる。

紙上に分載された蔵書目録からみる限りでは、小説・教育・家事・家計等を中心に、娯楽的なものから実用的なものまで若い女性や家庭婦人向けのものが幅広くそろえられている。しかし、貸出希望の集中した書籍は、『金色夜叉』『天うつ浪』等のベストセラー小説が多かったという（明三九・八・二〇）。会員からの便りにも、「二ケ月も前から毎回金色夜叉を主として申込むのにいつも予備の者のみ送らるゝは如何」（明三九・一〇・二二）という不満の声があがるほどであった。したがって、例えば貸出希望の多い流行小説に重点をしぼるというような経営方針を採用していれば、ある程度の継続が可能であったかもしれない。前章でも言及したように、明治三〇年代には全国各地で小説流行現象が広がっていたからである。『婦女新聞』の読者層である地方の中産知識人層の家庭においても小説を中心とした強い読書欲求が存在しており、特に地方においては読書機会に恵まれていなかったから、回覧会の試みは充分に意義のあるものではあったが、やはり郵送という貸出方法の壁と経営方針のまずさに阻まれた形であった。

三　読書会事業の登場

以上のように、明治三〇年代の地方読者支援活動は、郵送による通信制図書館という形をとって現われたが、本格的な展開を遂げるまでに至らず、試みの段階で終わってしまった。明治四〇年代になると、地方読者支援活動は大手新聞社による読書会事業へと発展していく。読書会事業は、書籍の郵送貸出に加えて、書籍の購入取次、読書相談・出版情報の提供、機関誌の発行等の読書支援活動を一体的に組織化したものである。大手新聞社の一角を占める東京日日新聞社や読売新聞社によって推進されたこともあって、山縣図書館や『婦女新聞』の場合よりもはるかに広範な地方読者に影響を与えた。このうち、『東京日日新聞』の場合には、当初はやはり書籍の郵送貸出を指向していたが、失敗に終わったため、一年後に「読書の顧問」部という名称の読書会事業へと転換する。これに対し、『読売新聞』の場合には読書会事業から出発するが、一時「輪読会」と称する書籍の郵送貸出にも乗り出す。しかし、すぐにその失敗を悟り、書籍の郵送貸出は中止される。まず「東京日日書籍俱楽部」からみていこう。

1　東京日日書籍俱楽部

「東京日日書籍倶楽部」（以下、東日書籍倶楽部または書籍倶楽部と略記）創設と会員募集の社告が『東京日日新聞』（以下、『東日』と略記）紙上に最初に掲載されたのは、明治四二年五月一一日であった（図４）。ちなみに、この年の元日の『東日』発行部数は一三万部であった。第一面に三段抜きで大きく掲載されたこの社告は、その後も文面は若干異なるものの連日のように掲載が続いていく。『東日』がこの書籍倶楽部にかなり力をいれていたことをうかがわせる。その文面中には、

書籍倶樂部創設
會員募集！！
外國に於て行はる、圖書回覧法に範を取り英國の同業倫敦タイムス社の「タイムス書籍倶樂部」に傚ひ讀書界の渴望を醫せんが爲に吾社は此に書籍倶樂部を創設して汎く會員を募集するの機會を得たり
名けて「東京日日書籍倶樂部」と曰ひ絶えず歐米新刊の書籍を輸入し會員をして一定の期間自宅に於て自由に閲覧の便を得せしむるを以て本倶樂部の目的と爲す倶樂部所藏の書籍は輸入の都度之が目錄を調製して會員に頒つが故に會員は坐ながらにして其の好む所の書籍を選擇し得べし
書籍倶樂部は東京市麹町區有樂町一丁目二番地日報社内に之を設け來る八月上旬より開始す
會員の資格及び書籍借覧に關する規程等凡て會員たらんと欲する者の豫じめ熟知を要する事項は載せて書籍倶樂部規則に詳なり
希望の向は郵券貳錢を添て請求せらるべし
會員は東京日日新聞無代購讀の特權を有す
來る八月上旬開始
日報社

図４　「東日書籍倶楽部」創設の社告
『東日』明治42年５月11日.

欧米新刊の書籍を輸入し会員をして一定の期間自宅に於て自由に閲覧の便を得せしむるを以て本倶楽部の目的と為す（明四二・五・一一）

吾社が英国の同業倫敦タイムス社の「タイムス書籍倶楽部」に倣ひたる回覧法に拠る一大書籍倶楽部（明四二・七・一五）

等とうたわれている。

書籍俱楽部は麴町区有楽町の日報社内に設けられ、会費は年間八円、半年間五円で、会員になると一度に二冊まで一五日間借りることができ、また『東日』本紙が無料となる。詳しい規則は郵券二銭で請求することとなっていて、これ以上の具体的なシステムは紙面上では不明である。ただ、翌々年の紙面に「書籍俱楽部規則摘要」と題する簡単な規則の紹介が掲載されており（明四四・二・二七）、その一節に「会員にして回覧を欲するものは、国内何れの地方を問はず、其請求により直ちに希望の書籍を送達す」とあることから、全国の読者を対象に郵送による書籍の貸出を行なっていたことはたしかである。

ちなみに、書籍俱楽部がモデルにした「タイムス書籍俱楽部」とは、一九〇五（明治三八）年九月にオープンした Times Book Club のことを指している。実際にこのブッククラブを利用した経験のある杉村楚人冠は「タイムス書籍俱楽部は倫敦の大きな店で、貸本屋と本屋とを兼ねたやうなものである」と説明しているが[9]、より正確にいえば、タイムスブッククラブは書籍の割引販売と、ロンドン市内を対象にした郵送による書籍の貸出サービスを行なっていた[10]。このうち、新刊書籍の割引販売は書籍販売業者との軋轢を引き起こしている。東日書籍俱楽部はタイムスブッククラブの書籍郵送貸出方式を全国規模に拡大したものであったといえる。『東日七十年史』によれば、この時期『東日』の社長であった加藤高明は

『タイムス』に深く心酔し、経営の目標も『タイムス』に置いていたという[11]。こうした事情が、東日書籍倶楽部の発足にも関係していたと思われる。

東日書籍倶楽部は明治四二年八月一五日をもって正式に運用が開始されたが、最も大きな特徴は、蔵書がすべて外国から輸入した英語書籍のみで構成されていた点である。すなわち、紙面上で第一回輸入英書として千三百余冊、第二回に英書二百余冊、第三回英書三百余冊と紹介されているように、この書籍倶楽部は英語書籍を中心とするものであった。当初の広告では、仏独和漢書も後日扱う予定とのことであったが、これが実現した形跡はない。受け入れられた英書のタイトルは、「東日書籍倶楽部備付書籍目録」として数十回に分けて紙面上で逐次紹介されていった（図5）。

東京日日書籍倶楽部備付書籍目録（三回）

Dumouriez and the Defence of England against Napoleon. By J. H. Rose and A. M. Broadley

Evolution of Modern Germany. ... By W. H. Dawson
Essays in Evolution. ... ... By E. B. Poulton

Fijians, A Study of the Decay of Custom. ... ... By Basil Thomson
Folk-Memory; or The Continuity of British Archaeology ... ... By W. Jhonson
Fourteen Years in Parliament. ... ...By A. S. L. Griffith-Boscawen
From Pekin to Mandalay ... ... By R. F. Johnson
From Pekin to Sikkim, through the Ordos, the Gobi Desert and Tibet. By Count C. Lesdaln

Amazing Duke. ... ... By Sir W. Magnay
Anchorage. ... ... By W. H. Koebel
Ancient Law. ... ... By Ellen Grasgow
And the Moor gave up Its Dead. By Erice Harrison
Angel. ... ... By B. M. Croker
Angela's Marriage. ... ... By L. G. Moberly
Angel Esquire. ... ... By E. Wallace

図５　「東日書籍倶楽部備付書籍目録」の例
『東日』明治42年８月21日.

この間、関連記事として著名

人や作家による宣伝的なコラム「読書と名士」が同紙上に掲載されていく。その中で竹越与三郎は、東京を中心として全国にわたるこのような巡回図書館ははじめての企画であると述べている（明四三・三・二三）。また、馬場孤蝶はコラム「書斎より」の中で、「日々書籍倶楽部には、最早大部書籍が集まつた」と述べ、なるべく広い趣味のもの、評価の定まった古典的なものが書籍倶楽部の蔵書の特徴であると指摘している（明四三・九・二二）。そして、書籍倶楽部の書籍の中で自ら通読したものの解題を逐次紙上に連載している。

書籍倶楽部の実際の利用状況等に関しては不明であるが、『東日』がかなり力を入れたにもかかわらず、書籍倶楽部は結局失敗に終わったようである。書籍倶楽部の会員募集広告は明治四四年二月頃を下限としてなくなるから、約一年半しか書籍倶楽部は続かなかったことになる。英語書籍に対する需要を過大に見すぎたことも一因であろう。

書籍倶楽部に代わって、明治四四年九月から新たに「読書の顧問」部が新設される。その創設の辞（明四四・九・三〇）には、

地方の人が常に苦しむのは書籍購入の不便な事、良書の選定に困難な事、換言すれば智識吸収の容易ならざる事です。我社は此憂ふべき欠陥を充実すべく社内に『読書の顧問』といふを新設しました。『読書の顧問』は何等報酬を要求する事なき公益的努力です。そして地方人士に取ては実に智識の宝庫といつてもよいでせう。（図6）

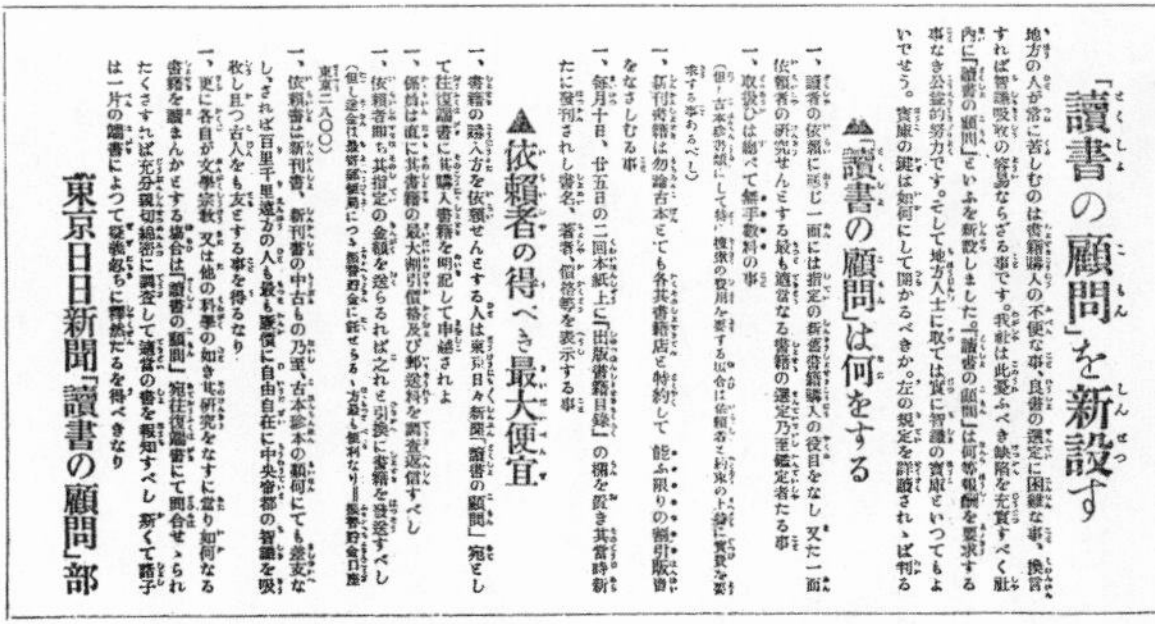

「讀書《どくしよ》の顧問《こもん》」を新設《しんせつ》す

地方の人が常に苦しむのは書籍購入の不便な事、良書の選定に困難な事、換言すれば智識吸收の容易ならざる事です。我社は此憂ふべき缺陷を充實すべく社内に「讀書の顧問」といふを新設しました。「讀書の顧問」は何等報酬を要求する事なき公益的努力です。そして地方人士に取ては實に智識の寶庫といつてもよいでせう。寶庫の鍵は如何にして開かるべきか。左の規定を詳讀されゝば判る

▲「讀書の顧問」は何をする

一、讀者の依頼に應じ一面には指定の新舊書籍購入の役目をなし又た一面依頼者の研究せんとする最も適當なる書籍の選定乃至鑑定者たる事
一、取扱ひは總べて無手數料の事
（但し古本珍本類にして特に捜索の費用を要する場合は依頼者と約束の上特に實費を要求する事あるべし）
一、新刊書籍は勿論古本とても各其書籍店と特約して能ふ限りの割引販賣をなさしむる事
一、毎月十日、廿五日の二回本紙上に「出版書籍目錄」の欄を設け其當時新たに發刊されし書名、著者、價格等を表示する事

▲依頼者の得べき最大便宜

一、書籍の購入方を依頼せんとする人は東京日々新聞「讀書の顧問」宛として往復端書に其購入書籍を明記して申越されよ
一、價格は直に其書籍の最大割引價格及び郵送料を調査返信すべし
一、依頼者即ち其指定の金額を送らるれば之れと引換に書籍を發送すべし
（但し送金は最寄郵便局につき振替貯金に託せらるゝ方最も便利なり＝振替貯金口座東京二八〇〇）
一、依頼書は新刊書、新刊書の中古もの乃至、古本珍本の類何にても差支なし、されば百里千里遠方の人も最も廉價に自由自在に中央帝都の智識を吸收し且つ古人をも友とする事を得るなり
一、更に各自が文學宗教又は他の科學の如き其研究をなすに當り如何なる書籍を讀まんかとする場合は「讀書の顧問」宛往復端書にて問合せゝられたくさすれば充分親切綿密に調査して適當の書を報知すべし斯くて諸子は一片の端書によつて疑義輙ちに釋然たるを得べきなり

東京日日新聞「讀書の顧問」部

図６　「読書の顧問」創設の社告　『東日』明治44年９月30日.

とある。すなわち、この事業は書籍の現物貸借ではなく、「地方読者の最大便利」をスローガンとしており、具体的には新旧書籍の購入取次・新刊情報の提供・良書の紹介・読書相談等の業務から構成されていた。「読書の顧問」部は特に機関誌を発行することはなく[12]、月二回『東日』紙上に新刊情報として「出版書籍目録」を掲載し、その目録をみて地方読者は書籍の購入を申し込む仕組みであった。目録掲載以外の古書の購入申し込みも可能であった。また、書籍の選定等の読書相談をも往復葉書で受け付けていた。

翌年二月の次のような社告によると、「読書の顧問」部はかなりの反響を呼び、地方読者に歓迎されたようである。

本社に「読書の顧問部」設置せられて以来従来良書の選択並にその購求に不便を感ぜられし地方読者諸君は座ながらにして中央帝都の新知識を吸収することを得るに至りしことてその依頼一時に至り本部係員の机上積んで山を為し（明四五・二・四）

「読書の顧問」部は大正八年一二月二日に廃止の社告が掲載されるまで、約八年間にわたって存続した。

2　読売新聞読書会

『読売新聞』は創刊以来伝統的に学生や教員といった文学を愛好する層に読者が多く、文学新聞としての性格が強かった。(13) したがって、読書会の企画も、前年に発足した『東日』の「読書の顧問」部への対抗的意図という側面とともに、このような文学志向の愛読者の確保手段として考えられたものと思われる。

「読売新聞読書会」（以下、読売読書会または読書会と略記）創設の社告は、明治四五年三月三日の第一面に登場する。設立の趣旨として「読書趣味の鼓吹」がうたわれ、書籍選択に迷う読書子のために新刊書籍の公平な批評紹介を行ない、さらに読書子のために種々の便法を講ずるべく読書会が設立されたとある。その際に、本屋の店頭で立ち読みして本を選ぶことができる都会の読者ではなく、「都会を去る幾十里幾百里」に住む地方読者の書籍選択の不便さを解消することが強調されている。すなわち、読売読書会は明確に地方末端の読書過疎地域に住む地方読者にその照準を合わせていた。読書会の具体的な事業としては、次の八項目があげられている。書籍の購入取次・読書相談のみならず、懸賞金付きの書評募集や文芸作品の募集が特徴的である。

①「読書号」の発行（月一、二回）
②指定した書籍の書評募集（懸賞金付き）
③「読書号」への書評の掲載
④「読書の栞」欄を設け、読書相談を行なう
⑤書籍の割引取次
⑥古書の売買仲介
⑦文芸作品の募集
⑧学術講演会の開催

入会資格は『読売新聞』の購読者に限られ、月会費は五銭で、六ヵ月分三〇銭をまとめて申し込むことになっていた。入会を呼びかける社告は、その後も長期にわたってほぼ連日のように掲載されている（**図7**）。

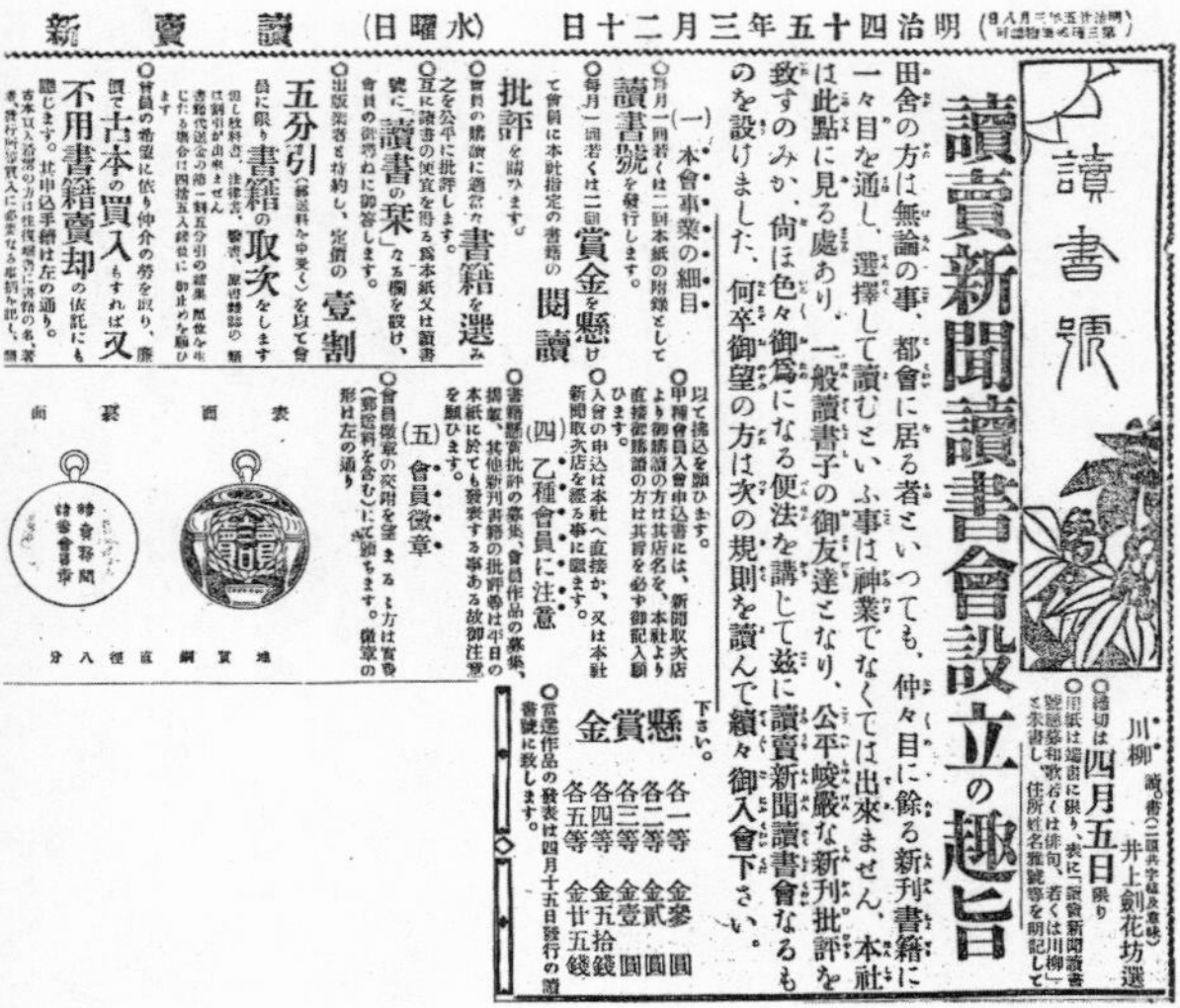
（明治廿五年三月八日第三種郵便物認可）　明治四十五年三月二十日（水曜日）　讀賣新

讀書號

川柳　讀書（二題共字結及意味）　井上劍花坊選
○締切は四月五日限り
○用紙は端書に限り、表に「讀賣新聞讀書號懸賞和歌若くは俳句、若くは川柳」と朱書し住所姓名雅號等を明記して

讀賣新聞讀書會設立の趣旨

田舍の方は無論の事、都會に居る者といつても、仲々目に餘る新刊書籍に一々目を通し、選擇して讀むといふ事は神業でなくては出來ません、本社は此點に見る處あり、一般讀書子の御友達となり、公平峻嚴な新刊批評を致すのみか、尚ほ色々御爲になる便法を講じて茲に讀賣新聞讀書會なるものを設けました、何卒御望の方は次の規則を讀んで續々御入會下さい。

（一）本會事業の細目

○毎月一回若くは二回本紙の附錄として讀書號を發行します。
○毎月一回若くは二回賞金を懸けて會員に本社指定の書籍の閲讀批評を請ひます。
○會員の購讀に適當た書籍を選み之を公平に批評します。
○互に讀書の便宜を得る爲本紙又は讀書號に「讀書の栞」なる欄を設け、會員の御尋ねに御答します。
○出版業者と特約し、定價の壹割五分引（郵送料を申受く）を以て會員に限り書籍の取次をなします
但し教科書、法律書、醫書、雜誌の類は割引が出來ません
書籍代送金の節一割五分引の結果厘位を生じたる場合は四捨五入錢位に御止めを願ひます
○會員の希望に依り仲介の勞を取り、廉價で古本の買入もすれば又不用書籍賣却の依託にも應じます。其申込手續は左の通り。
古本買入希望の方は往復端書に書籍の名、著者、發行所等買入に必要なる事項を記し、

以て御申込を願ひます。
○甲種會員入會申込書には、新聞取次店より御購讀の方は其店名を、本社より直接御購讀の方は其旨を必ず御記入願ひます。
○入會の申込は本社へ直接か、又は本社新聞取次店を經る事に願ます。

（四）乙種會員に注意

○書籍懸賞批評の募集、會員作品の募集、掲載、其他新刊書籍の批評等は平日の本紙に於ても發表する事ある故御注意を願ひます。

（五）會員徽章

○會員徽章の交附を望まるゝ方は實費（郵送料を含む）にて頒ちます。徽章の形は左の通り

表面　裏面

地質銅直徑八分

懸賞金

各一等　金參圓
各二等　金貳圓
各三等　金壹圓
各四等　金五拾錢
各五等　金廿五錢

○當選作品の發表は四月十五日發行の讀書號に致します。

読書会の会員制度にはその後新たに、『読売新聞』の非購読者も月七銭の会費で加入できる乙種会員制度ができた。乙種会員は「読書号」の配布のみを受けた。「読書号」とは、『読売新聞』本紙に月一回程度付録としてつけられるもので、書籍広告や書評・図書館紹介・読書関係記事等が掲載されており、読書会の機関紙的な位置づけを持たされていた。

しかし、「読書号」を雑誌と勘違いする会員が多いということで（明四五・三・二二）、その後「読書号」とは別に正式な機関誌として新たに雑誌『読書の友』が明治四五年五月から創刊された。『読

第一萬二千五百廿三號附録　(一)

○會員の作品即ち和歌、俳句、川柳等を時々募集し、紙上に掲げます。
○學術講演會を場合により多數の會員ある地方に開きます。
（二）會員の資格
○會員は讀賣新聞の購讀者で毎月金五錢を醵出するものを甲種會員とし（購讀は別體名でも會員となれます）讀賣新聞購讀者でなく毎月金七錢を醵出する者を乙種會員とします。
（三）入會の手續
○甲種入會者は入會申込書に會費六ヶ月分金三十錢、乙種入會者は同會費六ヶ月分金四十二錢を添へて御申込を願ます。此際新に本紙の購讀を望まれ、甲種會員にならうとする方は、此外に新聞代を御添へ下さい。會費並に新聞代は成るべく振替貯金を

第一回懸賞批評募集
○閲讀批評書目は左の三種とします
△自然と倫理　加藤弘之博士著　實業之日本社發行
△小説 黴　德田秋聲氏著　新潮社發行
△教師の覺醒と其修養　三沢糾氏著　啓成社發行
○題募原稿は書籍一種に付一行十八字詰百二十行を超えぬ事に願ひます
○締切は四月三十日限り
○題募原稿は編輯局で選擇し、當選の分を五月十五日發行の讀書號に發表します
○懸賞金は左の等級を附して差上ます
各壹等　金貳拾五圓
各二等　金拾五圓
尚ほ第二回の懸賞批評書籍として何が一番宜しいか。各自の御希望の書名二種を擧げて御投書下さい（締切日は四月七日迄に願ひます（但し用紙は端書に限る））
第一回懸賞文藝募集
題　和歌　狂。老。　與謝野晶子選
俳句　春季雜題　内藤鳴雪選

図７　「読売新聞読書会」設立の社告
『読売』明治45年３月20日「読書号」.

書の友』は会員には無料で配布され、また会員以外にも市販された。創刊号の内容は、新旧図書解題・新刊図書目録・読書顧問・古書売買仲介・会員気炎壇・会員文芸等から構成されている。『読書の友』の「発刊の辞」で強調されているのは、地方読者への配慮である。

殊に地方に住居して、日に月に出版さるゝ無数の書冊を、営業者の広告や、図書月報の類にのみよりて識別せんとするは、殆んど不可能なり。

実際に文芸欄や投書欄への投書も全国に拡がっており、編集子の自賛するところによれば、北は北海道、南は台湾、朝鮮からも日に幾十通の入会申込書が舞い込むとのことである（二号）。会員数は順調に伸びていき、数千人規模に成長していった。『読書の友』二号と三号に、読書会会員名簿として一七〇名の会員の住所・氏名が掲載されているが、その中で

輪讀部開始

▲讀書會の大發展!!!

◎本會は今回新たに巡回文庫的輪讀會を開始し本會々員に少額の經費を以て多數の新舊刊行書籍（智識の研修に有益なる圖書其他家庭の娯樂となるべき書籍）を讀ましむ

讀書會員募集

◎詳細は規則書にあり入用の方は端書にて申込あれ

◎甲種會員（本紙の購讀者）は會費一ヶ月金十錢但三ヶ月以上前納の事

◎乙種會員（本紙の非購讀者）は會費金十二錢但三ヶ月以上前納の事

東京銀座　讀賣新聞讀書會　振替東京六一二

▲入會の好時機は今也

図８　輪読会開始の社告
『読売』大正２年５月18日.

「小学校」と記載されている住所表示の多さが目につく。数えた限りでは二五名に達している。このことは、読書会会員に占める地方の小学校教員の多さを物語っている。なお、機関誌『読書の友』は大正三年四月に『読書世界』と改題される。

読売読書会は、東日書籍倶楽部とは異なって、当初は郵送による書籍の貸出は行なわず、もっぱら出版情報の提供や書籍の購入取次等を中心として発足した。ところが、一周年後の大正二年四月に新事業計画の一環として、「来たる六月より輪読会を開始し会員には少額の経費を以て多数の新刊図書雑誌を読ましむ今や男女青年諸子の入会すべき好時機なり」という社告が出される（大二・四・二〇）。この輪読会は、五月の社告では「輪読部開始　読書会の大発展　本会は今回新たに巡回文庫的輪読会を開始し」（大二・五・一八）と、巡回文庫的なものであるとうたわれている（図８）。

この輪読会の仕組みを、『読書の友』誌上（二巻六号）の加入案内で再構成すると、次のようになる。まず輪読の方法は、「連合輪読」と「団体輪読」の二種に分けられている。連合輪読とは、個別に加入を申し込んだ会員を適宜五人一組にして、本部から五種の書籍を選択して送付し、それを順番に交換輪読していくシステムである。その際に、書籍の交換は会員間で直接郵送するのではなく、本部が介在して取次をすることになる。保証金は一人当たり三円であった。他方、団体輪読は、同一の官公署・学校・銀行会社・青年団等に属する読者が五名以上連名で申し込み、書籍の交換・返納等をも自ら管理する制度で、保証金は一人当たり二円五〇銭となっている。

輪読用の書籍は、第一類「知識の研修に有益なもの」と第二類「教訓、趣味、娯楽等に関するもの」に分けられ、前者には『宇宙開闢論史』『近代思想の解剖』『近代文学十講』等九点が、後者には『ファウスト』『みゝずのたはこと』『人形の家』等一〇点があげられている。このように、輪読対象となる書籍は会員各自の自由選択によるものではなくて、読書会側があらかじめ選定した書籍に限られていた。回覧期間・料金は第一類が一人一冊一五日間・二二銭、第二類が一〇日間・一五銭で、料金は保証金から差し引かれることになっていた。郵送料も会員の自己負担であった。

「一種の巡回図書館」という触れ込みで大々的に発足した輪読会であったが、結局わずか一ヵ月程度で中止となる。『読書の友』二巻八号に「輪読部の中止」として、「本会の輪読部は先々月、第一回を開始せるが、右終了と共に、当分中止する事になりましたから、一寸御断り致して置きます」とあるのみで、詳しい中止理由はわからない[14]。おそらく、前述した婦女新聞図書回覧会の場合と同様に、郵送にともなう梱包や貸出手続きの煩雑さが原因ではないかと思われる。

輪読会こそ失敗に終わったものの、読売読書会自体はその後も存続した。しかし、大正三年末になって組織の改編が行なわれ、『読売新聞』の文字を削って「読書会」と改称する。社告では、読売新聞社の協賛下にあるとはしているものの（『読書世界』五巻一号）、実際には読売新聞社から離れていったようである。というのも、会員読者の投稿に、「読書会費を読売新聞社へ送りましたら、同社から最早読書会とは関係はない」という返事をもらったという体験記事がある（『読書世界』六巻一〇号）。会員募集広告も大正四年頃には『読売新聞』紙上から消えていく。

読書会はその後大正五年一月に「実力協会」と合併し、機関誌『読書世界』も『実力世界』に吸収されていく。この実力協会とは『読売新聞』の前編集長池田常太郎の主宰になる、修養・心身訓練・啓発を目的とする団体である。機関誌『実力世界』は大正六年七月まで発行が確認されている。

なお、その後大正一〇年九月四日の『読売新聞』の「読書界出版界」欄に、青森県からの読者の声として、「貴社読書会の会則一部お送り下さい」という投書が寄せられている。これに対する編集部の返事は、「現在の本社にはさういふ会はありません」というものであった。

この投書が影響したのかどうかわからないが、大正一三年になって読書会は再び復活する。「新刊良書特選提供 よみうり読書会の復活」と題する大正一三年一二月五日の社告によれば、今回読売新聞社の代理部が、十数年前に数千の会員を擁していた読書会を、新刊良書の推薦と普及に尽くすべく復活させたとある。その事業内容は新刊書目録作成、廉価販売等以前の読書会と似たような内容で、機関誌として新たに月刊『ブック・マン』が創刊された。『ブック・マン』はその後、『読む人』『BOOKMAN』と改題され、大正一五年頃まで紙面の広告上で確認されるが、復活後の「よみうり読書会」がいつまで存続したかは不明である。

四 巡回文庫

以上取り上げたものの他にも、新聞社・出版社による巡回文庫的形態のものがいくつか存在している。これらに関しては、新聞紙上での断片的な社告・広告からしか情報が得られないため、細部については不明な点が多いが、そのいくつかは個人への郵送貸出を行なっていた可能性もある。

1　大日本国民中学会図書館

明治四三年一〇月の『東京市教育会雑誌』の彙報欄に「地方巡回図書館新設」と題する記事がある。

大日本青年中学会は第二期の大発展と共に巨額の資本を投じ大規模の巡回図書館を新設し数千冊の著名なる書籍並に新刊雑誌数十種を備付け同会々員には無料にて閲読せしむと云ふ

この「大日本青年中学会」は、「大日本国民中学会」の誤記であると思われる。大日本国民中学会とは河野正義が主宰し、尾崎行雄を会長にいただく中学講義録の出版社であり、戦前においては早稲田大学の中学講義録と並んで著名な存在であった。[15] 大日本国民中学会は新聞雑誌上で盛んに広告活動を繰り広げており、その広告文面中に明治四四年以降図書館の簡単な紹介が掲載されるようになる。

会内に図書館を設け在東京会員は自由に来りて本会所蔵の図書雑誌を閲覧するを得可く（中略）今回地方巡回文庫を設け地方会員の希望により新古の図書を貸付するの制を定めたり（『東日』明四四・三・九）

本会は在京会員の為に会内に図書館を設け自由に出入して図書を無料縦覧することを得可く（中略）地方会員には地方巡回文庫の制により有益なる図書を一回数十部づゝ無料貸付の特典あり（『東京朝日』大二・一・一）

この文面からわかるように、大日本国民中学会においては、東京での直接来館者向けの図書館サービスに加えて、明治四三年以降新たに地方会員を対象とする巡回文庫の制度が組織されている。後者が郵送による個人会員向けのものかどうかは明らかでないが、両者ともに無料である点は注目される。広告上から、この制度が数年間にわたって存続していたことが確認される。なお、早稲田大学の中学講義録の広告にも、会員の特典として早稲田大学図書館の図書無料閲覧がうたわれている。

2　横浜貿易新報巡回文庫

横浜貿易新報社による巡回文庫の計画は、明治四五年三月一六日の同紙上で発表された。計画の趣旨として世の読書子の不便を除くため、広く各方面の良書を収集して自由閲覧の制を設け、読書の美風を推奨する一助としたい旨がうたわれている。紙上に掲載された「閲覧規定」（明四五・五・二三）によると、まず巡回文庫の貸出対象となったのは個人ではなく、学校・官公衙・その他公私の組合・団体であった。貸出期間は一ヵ所七日間で、料金の規定はなく無料だったのではないかと思われる。また、横浜市内であれば、運送料も新報社が負担することになっていた。

この巡回文庫は母体である新聞社の性格から、横浜を中心とする地域的なものであったと思われるが、その後の展開は紙面上からもたどることができず、不明である(16)。

3　報知移動図書館

報知新聞社は大正一一年八月一五日に創刊五〇年新築落成記念文化計画として、「報知大学」「報知賞」「報知無料保険」等の文化事業の一環として、「移動図書館」の計画を発表した。その説明文には、「公共団体のもとめに応じて図書館を送付し交通不便なる土地の知識を開発したいと思ひます、また社屋のでき上つた上は社内に新刊図書館をひらき公衆の閲覧に供します」とある。

移動図書館が実際に開設されたのは同年一〇月であった。横浜貿易新報社の場合と同様に、貸出対象としては個人ではなく団体を想定していた。なかでも特に地方青年団・在郷軍人会・処女会・小学校の四団体を対象にしており、この団体の代表者が報知新聞社の企画部に申し込むと、用意された二〇函の内容書目が送られ、その中から希望する函号を指定する手順となっていた(大一一・一〇・四)。閲覧料金は無料であった。地域的な限定がないことから、おそらく全国を対象にした郵送による貸出方法をとっていたものと思われるが、紙面上にはその後社告・関連記事がなく、社史にも簡単な記述があるのみで、[17]詳細およびその後の展開については不明である。

五　地方読者の読書要求

以上のような新聞社・出版社による地方読者支援活動において、一貫してその関心の焦点となっているのは「地方読者」という存在形態である。読書過疎地域に住む地方読者への配慮、想像力といったものが、これらの活動の原動力となっている。そこで、以下、読売読書会の機関誌『読書の友』（『読書世界』を含む）および『東日』の「読書の顧問」部を材料にして、今度は地方読者の視点から読書支援活動の意味をとらえ返してみよう。

1　「田舎の読書子」の苦悶

前章でみたように、明治三〇年代を通じて、地方読者は中央活字メディアの受容者として再形成されてきた。読売読書会の会員達は自らを呼ぶ呼称として、「我々読書子」「田舎の読書子」という表現を好んで用いている。「田舎の読書子」とは単なる地方在住の読者のことではなく、全国読書圏からの疎外を強く意識せざるを得なくなった地方読者のことを意味している。彼等は中央からの疎外を克服すべく、積極的に出版情報の収集に努め、その中から必要とする情報を選択し、中央の活字メディアに積極的に関わっていこうとした。彼等は地域においては、有志の読者同士で回覧会・読書会を組織したり、また、雑誌への投稿を通じて全国の読者同士で交流を図る熱心な読者であった。

しかし、読書人として目覚めれば目覚めるほど、彼等は自らを取り巻く地方の読書環境の劣悪さに絶望感を持たざるを得なかった。近代化によって、例えば「表日本」「裏日本」といった地域間の経済格差が新たに創出されていった事実が指摘されているが、[18]読書の面においても同様にこのような地域間格差は拡大していった。明治以降、郵便・交通・通信網が全国にわたって整備されていったが、その反面、都市と農村、中央と地方との格差も新たに拡大していった。特に読書過疎地域においては、書店・貸本屋・公共図書館といった読書基盤の整備が大きくたち遅れ、地方読者の読書環境はきわめて劣悪であった。

田舎の読書子特に貧生と来ては誠にみじめなものだ貸本屋古本屋は無し（有つても小説本ばかり）言ひ知れぬ苦悶を感しつゝあるのである、毎号の新聞雑誌広告欄に現はれつゝある（中略）幾多の新刊書は如何に我々田舎貧生を悩殺することであらう（『読書世界』四巻四号）

流通する出版物の種類も量も地方においては絶対的に少なく、都市部の読者が書店の店頭で新刊の図書雑誌を気軽に立ち読みできたのに比べて、地方読者が日常的に接触できる出版物は新聞の他にはほとんど皆無に近かった。

このような境遇に置かれた地方読者を救済すべく企画されたのが、新聞社・出版社による読書会事業であった。もちろん、読書会の直接の意図が自社の新聞購読者の拡張にあったことはいうまでもない。前章でみたように、日露戦後、『大阪朝日』『大阪毎日』を先導者とする全国紙への覇権競争が激化しつつあったが、読書会事業も地方購読者の獲得戦略の一環として位置づけられる。自紙の購読市場として中央の新聞社によって発見されたのが、劣悪な読書環境に苦悶する地方読書子であった。地方読者の情報要求をくみ上げ、周縁部の読書人たる彼等に「中央帝都の新知識」（『東日』明四五・二・四）を提供することによって、結果として彼等を自紙の購読者として開拓することが目指されていた。

ところで、地方読者が必要としていた読書要求とは具体的には、①正確な出版情報の把握、②出版物の安全で確実な入手方法、③読書相談の三点に集約される。

2　出版情報要求

書店店頭での出版物との接触に恵まれない地方読者にとって、まず第一に必要とされたのは出版情報、それも読者の立場に立った「正確」な出版情報であった。というのも、新聞雑誌上の出版広告や書評によって出版情報を得ることはある程度可能であったが、それらはしばしば不正確な情報であることが多く、特に出版社サイドに立った書評は地方読者の期待を裏切ることが少なくなかった。

記者よ、我々読書子に多くの名著を紹介あれよ。我々は選択に苦るしむ、何故ならば広告文に迷ふて取りよせ内容を読んであまりの価値のないのに涙を出さずに居られないよ。
(『読書の友』二巻八号)

「売らんかな」の情報ではなく、第三者的立場からの客観的で正確な出版情報を地方読者は切実に必要としていた。

したがって、読売読書会や『東日』の「読書の顧問」部がまず第一に主眼としたのも、良質な出版情報の提供であり、機関誌でも新刊目録や図書解題が最も重視された。編集サイドでも、「図書解題は本誌の生命ともいふべきものでありまして」(『読書の友』二号)という自覚をもって、公平かつ客観的な出版情報の提供を目指していた。ただ、一方において、機関誌は会員からの文芸作品の投稿誌的機能もはたしていたために、ときとして文芸欄の比重が高まると、出版情報をもっと重視しろという会員からの苦情が殺到するほどであった。さらに、出版情報の質に対しても会員の要求水準は高かった。例えば『東日』紙上に掲載される「出版図書目録」と比較して、読売読書会の出版目録に対する次のような厳しい注文が会員から出されることもあった。

新刊図書目録は図書月報の切抜等は御免蒙り度き事（中略）東京日々新聞では今月のに前日迄の分が載る（『読書の友』一巻三号）

3　希望図書の購入

では、こうして得た出版情報の中から、実際に購入を希望する図書をどうやって入手したらいいのか。地方読者が次に直面する問題は図書の購入方法であった。繰り返すように、地方には書店がきわめて稀れであったから、地方読者が利用できる図書購入方法は通信販売が唯一のものであったが、この通信販売の信頼性は決して高いものではなかった。代金を振り込んだものの、品物が届かないケースも多々あった。安全確実で手軽に利用できる書物の購入方法を地方読者は強く望んでいた。

このような要求に応えて、『東日』の「読書の顧問」部と読売読書会は、あらゆる新刊書籍の無料取次を開始した。さらに、出版社と特約を結び、可能な限りでの割引販売を行なうことも宣言した。信用ある大手新聞社の取次ということで、読者も安心して申し込むことができた。

読書会の厚意に対しては私も感謝措く能はない一人である。僅か一二冊の然も小冊子の注文をも厭ひなき読書会の態度！（『読書の友』二巻五号）

『東日』の「読書の顧問」部の書籍取次は八年以上にわたって続いているように、それだけ地方読者の需要が強く存在していたことを示している。

書籍取次の一変形として、読売読書会の場合には古書の仲介業務も行なわれていた。これは機関誌上に「書籍の仲介」コーナーを設けて、そこに会員相互の書籍の売買交換情報が掲載される仕組みであった。このコーナーはたびたびその拡張希望が出されるほど地方読者の好評を博していた。

4　読書相談

新刊情報に関しては、新聞雑誌の広告等からある程度知る機会があった。しかし、過去に出版された図書の情報に関しては、書店も図書館もない地方ではまったく知る手立てはなかった。ある特定のテーマに関してどのような図書が存在するのか、勉強したいと思う分野の標準的な参考書は何なのか、知りたい事柄はどの本にのっているのか、読書に関するこのようなさまざまな疑問を解決する方法は、地方においては皆無に近かった。

このような読書相談的要求に応えるべく、『東日』の「読書の顧問」部においては、「各自が文学宗教なり又は他の科学なりの研究に何んな書籍を読んだらよからう」という場合には、往復葉書で申し込めば親切綿密に調査して回答する仕組みをとっていた。読売読書会の場合には、読者への個別の回答のほかに機関誌上の「読書顧問」欄でも回答を掲載している。そこには、例えば次のような質問が寄せられている。

▲初学詩作法の良書二三種御垂示を乞ふ。（石狩国空知郡山部伊藤喜八郎）
答　森槐南著、作詩法講話、文会堂、一円　○井上経重著、作詩大成、崇文館、八十五銭、○町田柳塘著、作詩入門などが可いでしよう。
▲ニツケル鍍金及亜鉛引の方法に関する書、あらば定価発行所等御知らせ下され度し。
（肥前西大村福田）
答　橋口源太郎著、最新鍍金術、二冊、電友社、七十五銭。○鈴木彦馬著、化学工芸宝鑑、一冊、南江堂、八十銭などがあります。（『読書の友』一巻七号）

文学・歴史から、受験・語学・商業・工業まであらゆるジャンルの読書相談が寄せられている。それらのすべてに編集部は適切な書名を具体的に答えていくわけである。この「読書顧問」欄はかなり申込者が多く、そのために質問を一人一件に限らざるを得なくなったほどである（『読書の友』一巻四号）。

5　図書館サービスへの要求

以上の三種類の情報要求に一挙に応えることのできる存在、それは図書館であった。したがって、近くに公共図書館のない地方読者の多くは、図書館に対する強い要求を抱いていた。読売読書会の会員の投稿にも、図書館を利用できない地方読者の図書館に対する切実な思いが頻出してくる。

地方に居て図書館を利用することも出来ず加ふるに読んで試ようと思ふ本も十分に買ふとの出来ないのを深く遺憾とする読書子は多々ある（小学校教員の如き）これこの読書会の生れた理由の一であると思ふ。（『読書の友』一巻二号）

読書会の事業として、近き将来に於て、良書の出版、図書館の経営てふ方面の活動を望む。（『読書の友』一巻四号）

このような地方読者の要望に応える形で、新聞社・出版社の読書支援活動が構想されてくるわけであるが、それは従来の都市部を中心とする図書館への批判という意味をも含んでいた。その最もわかりやすい例は読売読書会のケースである。読売読書会は「我が読書会の希望」と題する宣言の中で、従来の公共図書館を批判し、「図書館の設備の不完全なる点」として以下の四点をあげている（『読書の友』二巻四号）。

（イ）交通の不便なる地に住するものは図書館を利用することが出来ぬ場合が多い。
（ロ）昼間暇なきものは図書館を利用することが出来ぬ。
（ハ）書物を選択する必要があるけれども之れを教へる機関が無い。
（ニ）何を調べるには何を読んだらいゝかを教へる完全なる目録が無い。

距離的・時間的制約、読書相談・レファレンスの軽視、目録の不備等、ここには戦前の公共図書館の限界が鋭く指摘されている。そして、これらの諸点はそのまま地方読者の図書館に対する批判を代弁したものとみることもできる。これらの問題点の克服を目指して、地方読書子の真の情報要求に応えるべく、読売読書会の事業は企画された。出版情報の提供・読書相談・輪読会による貸出等は、これらの諸問題の解決のためのひとつの処方箋であった。

読売読書会の強い意気込みは、「読書奨励は国家の事業なり」「読書は人生の糧にして読書家は国家の中堅なり読書家を教へ導く唯一の機関は我が読書会なり」（『読売』大二・一・一九）という標語によく表われている。「国家の中堅としての読書家」とはすなわち、本書でいうところの読書国民を意味している。国家の中堅としての読書家の創出が公共機関ではなく、新聞社・出版社という私企業によって相次いで試みられたということ、それは中央新聞・出版資本による地方読者の統合化作用という以上に、明治三〇—四〇年代になってようやく「読書」という要素が国家社会にとって不可欠の構成要素として広く認識されるようになったことを物語っている。そして、第五章でみるように、このような社会的気運の高まりを受けて、「国家の中堅としての読書家」、すなわち読書国民の育成を明治国家の側においても自らの課題として認識し、実行し始めるようになるのが明治三〇年代であった。

しかし、それに移る前に、我々は読書の領域におけるもうひとつ別の重要な新しい要素が、鉄道によって生み出されつつある現場に立ち会う必要がある。それは、〈移動する読者〉の誕生である。

第二部　移動する読者

第三章　車中読者の誕生

一　三四郎の車中読書体験

新橋行きの東海道線の三等車車中で、三四郎はベーコンの論文集を読み始めた。しかし、昨夜名古屋で同宿した色の黒い女から発せられた「あなたは余つ程度胸のない方ですね」という大胆な一言で動揺しており、心はうわの空であった。

三四郎はベーコンの二十三頁を開いた。他の本でも読めさうにはない。ましてベーコン抔《など》は無論読む気にならない。けれども三四郎は恭しく二十三頁を開いて、万遍なく頁全体を見廻してゐた。三四郎は二十三頁の前で一応昨夜の御浚《おさらひ》をする気である。

しかし、結局、三四郎はベーコンをあきらめて、色の黒い女のことを思い返したり、筋向かいに座った髭の男の様子を観察したりしていたが、再び何か読もうとする。

外の小説でも出して、本気に読んで見様とも考へたが面倒だから、已めにした。それよりは前にゐる人の新聞を借りたくなつた。生憎前の人はぐう〳〵寝てゐる。三四郎は手を延ばして新聞に手を掛けながら、わざと「御明《おあ》きですか」と髭のある男に聞いた。男は平気な顔で「明いてるでせう。御読みなさい」と云つた。新聞を手に取つた三四郎の方は却つて平気でなかつた。

開けて見ると新聞には別に見る程の事も載つてゐない。一二分で通読して仕舞つた。(1)

明治四一年の東海道線車中でのこのような三四郎の読書行動は、現在の我々にとってはことさらに注目する必要もないほどありふれた日常的な光景である。だが、三四郎という一人の車中読者を通して象徴的に表わされているのは、近代になってはじめて誕生してきた鉄道と読書実践との密接な関係性のありようである。

明治以降の近代交通機関の急速な発達は、出版流通や人々の読書生活に急激な変化をもたらした。特に鉄道網の全国的な拡大は、一方において活字メディアの全国的な流通網の形成を可能にしたばかりでなく（第一章参照）、他方において、鉄道のネットワークに乗って全国的規模で車中読書文化という新たな読書文化を創出した。すなわち、鉄道は活字メディアを運ぶメディアであったばかりでなく、それ自体が読書の場＝メディアとしても機能した。

近代の読書史を近代以前から分かつ重要な要素として、鉄道の影響力がまず第一にあげられねばならない。

近世においても、大名等は駕籠の中で小型の本を読みながら、街道を揺られて旅したともいわれているが[2]、大部分の旅人は自らの脚で歩いて旅していた。車中空間での読書、移動しながら読むという快楽は、近代の交通機関の登場によって初めて可能になったきわめて近代的な経験である。第二部の主役となるのは、近代ツーリズムの発展とともに誕生してきた〈移動する読者〉としての旅行者である。まず本章では、乗客の身体感覚的な視点から車中における読書習慣の変容に焦点を当て、次章では、旅行読書装置の生成という社会組織的な側面を中心とする。

ところで、読書の場として見た場合、鉄道に代表される公共交通機関は基本的に不特定多数に開かれた空間である。そこでは、乗客の読書習慣は図書館の場合のように規制されることはなく、自由放任の状態に任されており、さまざまな読者のさまざまな読書習慣が互いに出会い、交錯し、衝突を繰り返していた。そして、その衝突のるつぼの中から新たな読書習慣が形成されてくる。車中読書を経験することによって、人々の読書習慣はどのような変容を遂げたのであろうか。

ヨーロッパにおける車中読書の発生について、W・シヴェルブシュは馬車旅行から鉄道旅行への移行と関連づけて説明している。すなわち、長時間にわたる馬車旅行は旅行仲間との談笑や親密な触れ合いを特徴としていたが、鉄道旅行においては短時間での乗客の入れ替わりや、高速度による窓外の風景との隔絶によって、乗客相互の会話や談笑が消失し、その代用として登場してきたのが車中読書であった。こうして、一九世紀半ばに、車中読書は鉄道旅行の必須のものとして定着するようになる。

鉄道という新しい輸送方法が、旅行者相互の関係をかくも深く変えてしまったあとでは、いずれにせよ読書は、鉄道旅行における最も自然な営みとして残るであろう(3)。

しかし、日本においては、鉄道旅行は馬車旅行のような直接の先行者を持ってはいない。むしろ、鉄道は明治初期に人力車・乗合馬車・汽船といった他の交通機関とほぼ同時的に導入された。そして、注目されるのは、鉄道のみならず、すでにこれらのさまざまな交通機関において車中読書が原初的に発生してきている点である。近代日本の車中読書はまず明治初年代の人力車中において誕生してくる。

二　車中読書の原初的発生

1　人力車中の読書

明治初期において、人々の最も身近で日常的な乗り物となっていたのは人力車であった。人力車は明治三年に東京府の許可を受けて初めて市街に登場してきたが、またたく間に爆発的な普及をみせ、翌年には東京府だけで人力車台数は一万台を突破し、各府県においてもその普及ぶりは目覚ましかった。その結果、全国の人力車台数は明治八年には一一万台、明治一五年には一七万台に達している(4)。

ところで、当時の道路の状態はきわめて悪く、しかも人力車の車輪は木製車輪に鉄輪を巻いて出来ており、そのため震動が激しくて決して乗り心地のいい車ではなかった(5)。にもかかわらず、人々は人力車を新たな読書の場として活用し始めている（図9）。当時の人力車中での読書光景の例を拾ってみよう。

長野県のお官員《やくにん》で村松秀茂さんといふお方は新聞が大好でお勤めの外三飯《おまんま》と沐浴《ゆあみ》と寝臥間《およるね》を除て他人と対話をするにも演劇遊山物見に行にも新聞紙を持て間隙《ひま》さへあれば出して読み彼冠の落るも知ず麦の流るゝも知らずといふに同じく先頃或る所へ出役に人力車の上に

て例の如く新聞を読で居て一里半も先へ通り越て気が着たさうです（『仮名読』明八・一一・五）

この記事で注目されるのは、新しく登場してきた新聞というメディアと人力車との組み合わせである。両者ともに明治以降新しく普及し始めた文物であり、人力車中で新聞を読む読書光景は、読書の領域における文明開化を可視的に表わすものであった。

図９　「新聞紙の行衛」中の「車の上」
『読売』明治26年６月１日附録　この乗客は高利貸から隠れるために新聞を広げているが，人力車中で新聞を読む光景が一般化しつつあったことを示している．

また、人力車中で読書に励んでいる人物が官公吏である点も注目される。明治初期にあって官公吏は教員と並んで代表的な読書階層であり、かつ経済的にも人力車を利用できる余裕のある人々であった。記事で紹介されている村松氏という地方官吏はとりわけ大変な読書家であったようで、記事の後段によれば、彼は人力車中で新聞に読みふけるばかりでなく、又諸新聞が二日分も溜ると徹夜で読む其種類は日々新聞、報知、真事誌、朝野、あけぼの、横浜、絵入、評論、明六、報四、甲府、信飛、新潟、日新録、其外福沢さんの文明論だの学問の勧めだのといふやうな新刻の著訳書は必然《きつと》読むとのお話し（後略）

中央・地方の大新聞・小新聞から『明六雑誌』や福沢諭吉の著書まで、この地方官吏の読書量は相当なものである。文明開化の思潮が活字メディアを通じて地方へ伝播していく過程で、このような地方知識人層は重要な位置を占めており、彼らがまず人力車での車中読書を誕生させる担い手となった。

人力車中での新聞読書が普及するにつれて、車夫の側でも乗客サービスのために積極的に新聞を車中に備え付けるようになる。

此せつ東京うちを曳く四五両の人力車は中へ仮名つき新聞を二三枚も置いて曳ながら客に読ませるので追追この類が殖ます（『読売』明一一・六・二五）

ところで、人力車という車中空間は基本的に乗客一人もしくは二人と車夫からなる閉ざされた個人的な空間であり、不特定多数に開かれた乗り合い型の汽車とは異なっている。現在のタクシー的な車内空間との類似を想起することもできる。したがって、明治初期に一般的に広く行なわれていた音読的方法で乗客が新聞を読むとき、それを聞かされるのは車夫である。すなわち、人力車中での読書はときとして、乗客から車夫への読み聞かせと化すことが往々にしてあった。逆に、車夫の側から読み聞かせを積極的に頼むケースさえあった。

大阪府下長堀橋北詰角人力張場の車夫村田平吉（二十三）は朝日新聞大坂新聞を買て乗車する客には車の上にて読でもらひ夫を聞のを楽しみ曳歩行《ひきあるき》心に解せぬ所は途中ながら疑問をして訳が解ると丁寧に礼辞を述て分れると言ます（『安都満』明一二・九・二〇）

明治期の人力車夫という職業は、没落士族からスラム街の貧窮層までさまざまな階層の人々が日銭稼ぎのために流入してくる吹き溜まりのような職業であった[6]。そして、社会の最下層とみなされていた人力車夫が、仕事の合間に読書している光景がしばしば人々の耳目をひきつけている（図10）。

先日人形町辺を通りましたら或る人力車曳が貴社の新聞を読で居りましたが実に私しは感心しました（『読売』明八・六・二）

近来では人力車夫が傍訓新聞を読もの多くその効能も少しは顕はれ以前ほど酒手をねだり

亦は増の賃銭喧嘩を為る者もまれまれなる内（後略）（『花の都女』明九・六・二六）

図10　新聞を読む人力車夫
(上)『東京絵入』明治10年4月19日.
(下)『面白半分』3号（昭和4年8月） 明治8年頃の彩色絵.

「新聞を読む車夫」という存在が人々の注目を浴び、文明開化の進展を象徴する指標として賞賛されている。宮武外骨によれば、読み書きのできない車夫までが、乗客獲得のために新聞を読むふりをすることさえあったという[7]。人力車の乗客は開化のメディアである新聞を読み、車夫もまた休憩時に新聞を読む（図10）。このような読書光景が明治初年代に誕生してきた。それは、新聞と人力車という新しいメディアの組み合わせによって初めて可能になった新しい読書文化の誕生であった。

しかし、人力車中における読書のあり方は基本的に乗客対車夫という閉ざされたコミュニケーションの上に成り立っており、そこには複数の乗客による読書習慣の衝突といった事態はまだ生じていなかった。

2　乗合馬車中の読書

乗合馬車も文明開化期の代表的な乗り物であるが、人力車と違って、乗合馬車は不特定多数の乗客に開かれた開放系の乗り物である。したがって、その車中での読書のあり方には、乗客相互間での読書習慣の交錯や衝突という要素が新たに加わってくる。次に紹介する新聞記事は、乗合馬車中での読者同士の交錯の例である。年少の丁稚が馬車中で『朝野新聞』を読み始めた。

去る十七日年齢十二三位い商人の丁稚と思しき散髪子僧が懐ろから当日出刷の朝野新聞を出して馬車の上にゆられながら読んで居ると傍に等外先生だか何所の町用掛りだか羊羹色の黒羽織に夏冬兼帯の袴を穿て牛鍋の一杯機嫌彼小散髪を蔑視ながらコレ小僧貴様は大分むづかしい新聞を読んで居るが夫よりは読売か仮名よみの方が解るだらうへ、ン生域なと口の内で呟くを知らぬ顔で彼子僧は佃島の懲役人が新年の詩作を一調子張上げて（中略）すら〳〵読むので彼先生は口を閉て途中から馬車を下たを見て居た（後略）（『かなよみ』明一〇・一・二〇）

ここでは、相対立する二つの読書文化の差異が問題となっている。それは『朝野新聞』という大新聞に代表される士族系知識人の読書文化と、婦女童蒙向けの『読売新聞』『仮名読新聞』という小新聞的読書文化との対比である。たまたま馬車に乗り合わせた官吏先生と丁稚という二人の読者が、それぞれの読書文化を代表するはずであったが、その図式が丁稚の『朝野新聞』朗誦によって破られてしまった。乗合馬車という車中空間で、二つの異なった読書文化に立脚する乗客同士の出会いと交錯が生じてきている。

3 汽船中の読書

汽船も明治以降新たに登場してきた乗り合い型の交通機関である。近世の和船に比べて、明治の汽船ははるかに大型化し、航行時間も長時間化した。鉄道網が全国に拡大する以前にあっては、長距離旅行は汽船によることが多かった。長時間化にともなう航海中の船客の徒然を慰めるために、川口のある汽船問屋は各社の新聞を取り寄せて船中で縦覧させることにしたというニュースが明治一二年に報じられている(『朝日』明一二・八・八)。

汽船という密室的な空間内に、さまざまな職業・階層・年齢の人々が長時間同乗することによって、人々は相互に観察者とならざるを得ない。乗船客の観察眼は、例えば次のような驚くべき微細な読書観察録を残すこともあった。

我輩此頃商用ありて横浜から郵船東京丸に乗組神戸迄参る船中には東京の諸新聞を見て居る客が大勢有ましたが其見た所を申せば結構な洋服に金時計を掛誰見ても勅人官然たる者は日々新聞を読黄八丈の小袖を重ねて羅紗の羽織を着たる奏人以上の果にて文墨に遊ぶ先生らしい人は朝野新聞を読み結城紬を着たる大商人らしい人は報知を閲し綿めいせんに縮緬呉郎の兵児帯を〆たる書生は曙を読南部縮緬の小袖を着たるお嬢さんは絵入を読其母上とおぼしく品のよき年増は芳譚雑誌を見る唐桟揃ひの芸人は仮名読を閲し松坂縞の布子に金巾の羽織を着たる老人は眼鏡を掛て読売新聞を見る綿仙紬の小袖に黒繻子と八反八丈の帯を〆たる商人のお神さんは有喜世新聞を読脱走縮緬を着たる半過通人は戯場新報と東京新誌を読田舎の神主らしきは開智新聞を読り教導職らしい僧は明教新誌旅役者かと思ふ人は真砂新聞を読俳諧師の行脚らしき坊主は風雅新誌を読団々珍聞は一統にて貸合読廻して居たりしが人心の同じならざるは面の如しとはいへ此新聞紙の体裁も自然看客《おのづからみるひと》に似たるが如し（『うきよ』明一二・一二・一二）

この記事が現在の我々を驚かせるのは、新聞・雑誌の多様性とそれに対応する読者の多様性である。とりわけ印象的なのは服装の差異への細かい観察である。そして、船中でのこのような観察の結果として、この話者は「此新聞紙の体裁も自然看客に似たるが如し」というる。感想を述べている。ここに見られるのは、近世以来の身分制的な読書状況の根強い残存である。

幕藩体制下においては、身分階層毎に教育階梯と読書のあり方がほぼ規定されていた。身分制社会の崩壊後も、一挙に身分間の読書の差異が消失したわけではなく、明治初期のリテラシーと読書の状況は非常な多様性の中にあった。そのような状況下で、人々は汽船という同じ移動空間に同乗することによって、職業や服装・年齢・性別によって愛読する新聞雑誌がそれぞれに異なっているさまを目の当たりにすることになる。官員は『日日』、文人は『朝野』、商人は『報知』、書生は『曙』、芸人は『仮名読』、女性は『絵入』というように、車中で人々はそれぞれのリテラシーの段階に応じて、それぞれ異なった新聞を読み、異なった読書階層へと分断されていた。このような身分階層毎に分断された車中読書から、どの階層の人も同じようなものを同じように読む均質化された車中読書への移行が本格的に進むのは、後述する汽車車中読書の発展においてであった。

なお、汽船での旅行は、人力車・乗合馬車と比べてもはるかに長時間の航海となる場合が多く、明治中後期にかけて消閑のための読書が発達していく。明治三六年の雑誌『旅』の質問欄でも、以下のような問答がかわされている。

▲「船中下等客の状況を知りたい」

△「郵船会社の汽船抔では航路によりて違いますが大抵下等客は三等客室では航海中始終寝て居る人もあり読本にふけつて居る人もあり又、のべつ談話をして居る人だの其状況も種々でありますが長い航海になりますと頓と一箇の合宿所の様でありますした」[8]

『風俗画報』の臨時増刊号「乗客案内郵船図会」には、郵船内での船客の様子が紹介されており、二等室においても三等室においても、新聞や読み物に読みふけっている船客の姿が描かれている（図11）。また、郵船の談話室には外国小説や読切講談本等が備え付けられていて、目録で探して給仕に申し込めば借覧できる仕組みであった[9]。

以上のように、近代日本の車中読書は早くも明治初年代に、人力車や乗合馬車、汽船の中においてまず原初的に誕生してきた。しかし、それはまだ局地的な点的段階にとどまっていて、読者層の規模も小さかった。車中読書の本格的な発展は、明治二〇―三〇年代以降の鉄道網の全国的な拡大によってはじめて可能になっていく。

図11　郵船内での読書光景，三等室（上）と二等室（下）
『風俗画報』239号　臨時増刊「乗客案内郵船図会」（明治34年10月25日）．

三　車中読書の発展

1　汽車中読書の誕生

日本の鉄道は明治五年に新橋—横浜間が開業し、次いで明治七年には大阪—神戸間、一〇年には大阪—京都間が開業している。新橋—横浜間の乗車料金は上等が一円一二銭五厘、中等七五銭、下等三七銭五厘とかなり高かったにもかかわらず、明治六年一月から一二月までの乗客数は早くも一四三万人に達している（『郵便報知』明七・一・一三）。

ところで、明治初期の汽車のスピードはかなり遅く、新橋—横浜間の所要時間は五三分、明治二二年に全通した東海道線の新橋—神戸間は約二〇時間を要した。したがって、そこには当然のように何らかの消閑の必要が早くから生じてきていた。初期の頃の車中読書のケースが新聞記事に残されている。明治一二年に京都発大阪行きの汽車に乗ったある官吏の読書光景は次のようであった。

此間去る官ちやんが汽車に乗り西京を発せられたる頃は早や夕景の六時前後殊に旅客の多からぬ中等の列車に只一人腰打掛て新聞紙を開き見るうち昼間奔走の疲労にビールの酔がホロ〳〵浮み出てイト心地よき機嫌となるまゝ覚へず知らず暫し居睡《まどろ》み梅田の停車場へ着

図12 「荒馬物語」
『東京パック』１巻１号（明治38年４月）.

せることさへ悟らざりしが（後略）（『大阪』明一二・四・一七）

結局、この官吏は居眠りしたまま駅の車庫に格納されてしまったという落ちであるが、ビールを片手に新聞を読むこのような車中読書光景が、早くも鉄道の開業とほぼ同時に誕生してきている。新しく登場してきた汽車という移動空間を、人々はさっそく気楽なくつろいだ読書の場として活用し始めた。それは汽車という文明開化を象徴する乗り物によってもたらされた新しい読書スタイルの誕生であった。明治二〇―三〇年代の鉄道網の全国的展開とともに、新聞を中心とするこのような車中読書スタイルも全国的に普及していくことになる（**図12**）。

鉄道の年間乗客数は、明治二〇年の年間八四八万人が明治三〇年には八五〇〇万人に達し、一〇年間で一〇倍と驚異的な増え方を示している。その後も明治三九年の鉄道国有法をはさんで乗客数は増え続け、明治四〇年には一億四三〇〇万人に達している（表3-1）。明治二〇―三〇年代のマス・ツーリズムの隆盛を示す指標といえる。このような乗客数の伸びにともなって、車中で読書する人々も急激に増えていった。

ところで、車中読書の発達を考える際に留意すべきことは、この時期の客車の等級制と車中読書との関係についてである。

表3-1　鉄道乗客数の推移　（単位：人）

年	官設鉄道	私設鉄道	合　計
明治5	494,570		
10	3,095,733		
15	5,977,321		
16	5,123,719	601,559	5,725,278
17	4,051,790	676,430	4,728,220
18	2,607,294	1,408,996	4,016,290
19	3,835,009	2,136,168	5,971,177
20	6,001,389	2,478,911	8,480,300
21	8,297,313	5,670,962	13,968,275
22	11,366,774	9,333,553	20,700,327
23	11,265,531	11,410,565	22,676,096
24	11,787,913	14,002,389	25,790,302
25	13,153,278	13,824,692	26,977,970
26	14,438,994	17,965,778	32,404,772
27	14,813,709	21,770,560	36,584,269
28	18,090,181	30,181,688	48,271,869
29	22,681,161	43,002,018	65,703,179
30	27,803,944	57,227,690	85,031,634
31	31,720,787	67,471,125	99,191,912
32	28,829,627	74,343,110	103,172,737
33	32,338,425	82,095,323	114,433,749
34	32,527,339	79,136,954	111,664,293
35	32,689,916	78,121,456	110,811,372
36	35,006,753	79,861,798	114,868,551
37	30,026,355	75,225,481	105,251,836
38	32,471,679	82,648,439	115,120,118
39	49,512,487	78,228,468	127,740,955
40	103,370,407	39,890,322	143,260,792
41	125,716,858	23,746,327	149,463,185
42	128,306,960	24,781,106	153,088,066
43	143,706,218	25,909,254	169,615,472
大正5	197,043,320	58,792,809	255,836,129
10	454,535,924	121,746,406	576,282,330
14	677,085,503	233,733,641	910,819,144

『日本帝国統計年鑑』による.

2 車中読書の等級制

前述の新聞記事で、ビール片手の官吏が居眠りしていたのは中等車の座席であった。このように、明治の客車は開業時から上等・中等・下等の三等級制を採用していた。明治三〇年には、その名称が一等・二等・三等と改称される。三等級制の乗車料金の仕組みを、明治二七年一〇月の『汽車汽船旅行案内』創刊号では、「中等ハ凡ソ下等ノ二倍、上等ハ凡ソ下等ノ三倍（日本鉄道、山陽鉄道及讃岐鉄道会社線ヲ除キ）ナリ」と説明している。若干割安な日本鉄道等を除いて、三等級間には二倍、三倍の料金格差が設定されていた。

料金格差に対応して、客車の座席配置の構造にも明確な差が設けられていた[10]。客車の系統は地域・時代・会社によってさまざまに異なっているが、一般的には下等車は座席が向かい合った形の区分席型をとったのに対し、上等車は座席が窓側に沿って設けられたロングシート型であった。下等車の乗車定員はかなり多く、その分乗車定員一人当たりの面積は上等車の半分以下となり、非常に窮屈であった。また、座席の装備においても上等車はクッションや肘掛付き、中等車は布張りや畳敷きであったが、下等車は板張りの長椅子のままで、ここでもはっきりとした格差が設けられていた。もっとも、明治二〇年代以降は下等車にも畳敷きが採用されるようになる。

このような客車の等級制は、当然のように車中読書のあり方にも大きな影響を与えた。乗客一人当たりの面積でも、座り心地の点においても、読書に適した座席はもちろん上・中等車であった。下等車の場合には、座席間の距離が近すぎて心理的距離が保てないために、読書に集中しにくい環境であった。

しかし、乗客数の比率で見た場合、圧倒的に多いのは下等車の乗客であった。いま官設鉄道の乗客数を上・中・下等に分けると、その比率は明治二〇年には約一対八対九一、明治三〇年には約一対六対九三であり、下等乗客が全体の九割以上を占めている（『日本帝国統計年鑑』による）。快適な環境で車中読書を満喫できたのは一部の乗客にすぎなかったわけである。

さらに、上・中等車に乗れる乗客はそれだけの経済力を有する上・中流階層の人々が多く、彼らは同時に教育水準や読書力も高く、当時の社会的エリートに属する人々であった。明治四〇年の『鉄道時報』の文苑欄に「新聞売子」と題する詩が掲載されているが、その一節に「一等二等がよく売れる／髭の紳士が定華主／中には銭を渡さずに／発車間際に引奪くり／其儘ピーと出て仕まふ」とうたわれているように、(11)新聞の購買力の点でも、上・中等客と下等客との間には明確な格差が存在していた。いわば、客車の等級制に対応する形で、車中読書の等級制が構造化されていたということができよう。

なお、車中の読書環境の重要な要素である照明に関しては、明治期の大部分の客車は屋根に石油ランプ灯が設置されているのみで夜間はうす暗く、読書に適したものではなかった。『鉄道時報』は明治三八年の社説欄で「夜行乗客に読書の便を与へよ」と題する論を掲げて、夜間照明の問題を論じている。それによれば、車中無聊を慰めるための手段としては談話、読書、睡眠の三つの方法があるが、「汽車旅客消閑の法」としては読書が最もふさわしいものである。しかし、現状をみると、夜間客車の灯火は光力が微弱であり、とうてい物の

図13 「新案旅客用具」
『東京パック』 4巻28号（明治41年10月）.

役に立つものではない。そこで、「今少しく灯火の光力を増加し、せめて五号活字大のものは少しも眼を労すること無くして読み得る位の程度に改められたし」と注文をつけている[12]。このように、特に夜間の車中読書には照明設備の改善が不可欠であった。しかし、電灯照明はようやく明治三一年頃から採用され始めてはいたが、すべての客車照明の電灯化が完了するには大正一〇年まで待たねばならなかった[13]。

ちなみに、明治四一年の『東京パック』に、「新案旅客用具」と題する漫画が掲載されている（図13）。ドイツで発明された「休息台」と呼ばれるこの旅具は網棚から釣り下げられた肘掛台のようなもので、車中読書の際にはこれに腕を乗せ、また、眠いときには脇息用に、手紙を書くときには机の代用にもなる便利な道具であるという。車中読書の普及がこのような道具の必要性を喚起したものと思われる。

四　車中読み物の均質化

1　新聞

明治期の車中での読み物の中心的存在となっていったのは、圧倒的に新聞であった。冒頭で紹介した三四郎も東海道線車中でベーコンの論文集をあきらめて、結局新聞を読み始めている。では、なぜ人々は旅行中の車中の読み物として新聞を選ぶのであろうか。

新聞と旅行とはその体験的構造が一種の相似形をなしている。[14] 新聞は一日に起きた最新の出来事を集めたものであり、新聞を読むということは一日の出来事の時空間を旅していくことを意味する。他方、旅行者もその日一日の時空間の中を自らの身体を使って旅していく。すなわち、新聞と旅行とは、「一日」という出来事＝体験の単位によって編成された相似的な構造を共通して持っている。鉄道旅行という近代とともに出現してきた動的な移動空間にきわめて適合したメディア、それが新聞であった。

しかし、ここで留意すべきことは、明治初期の新聞の多様性である。前述した乗合馬車や汽船の読書光景でもすでに見たように、明治初期においては、車中で人々の読む新聞は、リテラシーの水準や階層によってさまざまに異なっていた。大きく分けて、それらは「大新聞」と「小新聞」という二種類のジャンルに区別されていた。鉄道の乗客も車中で読む新聞を選ぶ際には、自らのリテラシーの程度に応じてそれぞれ好みの新聞を選ぶことになる。

しかし、明治二〇年代から、大新聞と小新聞はお互いの特徴を吸収し、相互に接近し始めるようになる。その結果、大新聞と小新聞の差異は小さくなり、こうして「中新聞」が成立してくる。このことは、車中で人々の読む新聞が以前のような豊かな多様性を喪失し、乗客は相互に似た均質な新聞を読み始めるようになったことを意味する。均質な文体で均質なニュースを報道する報道新聞を、一・二等車の乗客も三等車の乗客も同じように読み始めるようになる。

2　雑誌

新聞に次いで、雑誌も徐々に車中読書の一方の柱を形成するようになる。当時の雑誌価格は相対的にかなり高いものではあったが、それでも娯楽的な雑誌の普及とともに車中で読まれる雑誌も増え始めていった。前述した明治一二年の汽船東京丸での読書光景でも、『芳譚雑誌』『東京新誌』『明教新誌』『風雅新誌』等の雑誌が読まれており、その中でも特に「団々珍聞は一統にて貸合読廻して居たりしが」とあるように、風刺雑誌『団団珍聞』が早くも船中での読み物として際立った人気を獲得し始めている（『うきよ』明一二・二・二）。

明治一〇年創刊の『団団珍聞』は明治一〇―二〇年代を通じて長く人気を保ったが、三〇年代に入ると漫画的な風刺画を多用したビジュアルな雑誌が車中読み物として発達してくる。まず明治三四年に宮武外骨によって創刊された月刊雑誌（後に月二回刊）『滑稽新聞』が漫画雑誌の新生面を切り開く。『滑稽新聞』で注目されるのは、当初から購買層として旅行者に照準を定めて、駅での呼び売りを採用した点である。吉野孝雄によれば、『滑稽新聞』は売り子を使って駅に停車中の車窓から「弁当、牛乳、滑稽新聞」と呼び売りされ、この販売方法が成功をおさめたため全国の駅で売られるようになっていったという(15)（図14）。

たしかに『滑稽新聞』の巻末に掲載されている販売店一覧表には、「神戸駅停車場構内高橋売子組」「上野ステーション構内　宮内商店」といった駅構内の販売店名が並んでいる

図14　「新婚旅行」
『滑稽新聞』160号（明治41年4月5日）.

（二〇七号）。明治四〇年の「旅行中の読物」と題する雑誌投書でも、駅で乗客に売りに来る『滑稽新聞』への批判が書かれている。

> 近来避暑避寒などゝいつて旅行をする者の多くなつたのは、全く交通の便利が開けたからで、之は昭代の賜として僕は心に感謝して居る、所で汽車汽船の便を借りて一日二日の旅を重ぬるとも珍らしくはないが、其船車中の無聊を慰すべき好読物のないのには閉口する、各駅で売りに来るパツクやらポンチやら乃至は滑稽新聞などゝいふものがあるが、一々感心しないものばかりで、中には醜陋を極めたものすらある(16)

このような駅売りでの成功によって、『滑稽新聞』の発行部数は月八万部にまで伸びていく。続く北沢楽天の『東京パック』（明治三八年創刊）も『滑稽新聞』の販売方法を真似て、駅での呼び売り形式を採用して成功する。最盛期の発行部数は月六万部に達したという。[17]『滑稽新聞』と『東京パック』の成功によって、明治三〇年代後半から四〇年代には、両雑誌に似たような漫画雑誌が輩出してくる。『滑稽世界』『大阪パック』『滑稽界』『東京滑稽画報』『東京滑稽新聞』『少年パック』『東京新滑稽』等々がそれである。[18]そして、次のような雑誌投書からもわかるように、これらの漫画雑誌は実際に汽車汽船の中でも非常によく読まれていた。

どうも手軽で、むづかしくなくて、そして猥褻でない、丁度読み頃の書物が我国には少いやうであります、高尚なことは汽車汽船の中で研究も出来ぬが、少しは筋道にかなつた、而して有益にして趣味ある書物が出来ないものでせうか、二等室で横つて居る人の多く繙いて居るのは、駄洒落や淫猥の記事で埋つて居るパツクや滑稽雑誌であります、日本紳士の面目として如何なものでありませうか、日本は未だ読書嫌ひの国民であると同時に、書物屋も未だ広く愛読させる書物を出版することを知らぬやうです、遺憾至極です[19]

例えば『パック』（博光社）の誌面を見ると、漫画的なカラー風刺画が誌面の大部分を占めており、ビジュアル化・カラー化が徹底している。内容的にはそれほど高尚といえるようなものではなく、もっぱら消閑のために目で見て楽しむ漫画的な読み物といったところである。『パック』『東京パック』『滑稽新聞』をはじめとするこれらの漫画雑誌の誌面上には「汽車発着時間表」が掲載されているものが多く、さらに一歩進んで記事内容においても、例えば『東京新滑稽』のように、表紙裏に小荷物賃金や電報料金・郵便案内等が刷り込まれたり、「鉄道頁」と題して「旅行家及び鉄道員必読の文字也」とうたうコーナーまで設けられている雑誌もあり、こうした漫画雑誌の多くが直接的に旅行者を主たる読者層として想定し、車中での受容形態を考慮して編集されていたことがわかる。

しかし、それ以上にここで興味深いのは、このような漫画雑誌が階層を越えて広く読まれるようになってきている点である。上述の投書中にもあるように、二等室の日本紳士の多くがこれらの雑誌を繙いている。車中読書の等級制にもかかわらず、旅行という移動生活にあっては人々の読書内容は階層性が希薄化して、大衆的な読みやすいものへと画一化していく傾向が強かったようである。

3 旅行案内

新聞や雑誌の他にも、紀行文や旅行案内あるいは文庫本形式の発達も車中読書と密接に関係している。紀行文に関して、藤田叙子は「明治二十年代から四十年代にかけて、〝紀行文の時代〟ともいえるような一時期が現出する。これほど盛んに紀行文が書かれ、かつ読まれた時代は稀有であろう」と述べ、その一因として鉄道の敷設をあげている[20]。

ここでは旅行案内に着目してみると、すでに江戸時代から道中記の発達がみられるが、旅行案内やガイドブック、時刻表、地図といった旅行の道案内的なメディアは、明治以降の旅行にも欠かせない必需品として定着してくる。明治四一年に出版された伊藤銀月の旅行マニュアルは、鞄に収めるべき必需品として以下の八点をあげている[21]。

①着換の衣服
②予備の肌着、犢鼻褌、手拭の類
③薬剤数種
④歯磨楊子、歯磨粉、石鹼、櫛、ブラシ、香水の類
⑤手帳、鉛筆、書簡用紙、記録用紙、状袋、ナイフ（錐附）等の類
⑥郵便切手、頼信紙の類
⑦旅行案内、名所案内の類
⑧愛読書、紀行文集の類（これらを必要品に算ふるは妥当を欠くが如しと雖も、人に依りては、必要品以上の必要品なるべし）

そして、鞄がかさばる場合には、「手帳、鉛筆、旅行案内、一二の愛読書等は、洋服なら

ばポツケット、和服ならば懐、背中、袂などに入るべし」と懇切な補足説明がなされている。このように、明治三〇年代を通じて旅行案内のみならず、旅行と直接関わらない愛読書的読み物も、「必要品以上の必要品」として旅行生活に定着するようになった。

ところで、旅行案内の中でも、最も定評のある代表的な時刻表兼旅行案内として成長してくるのは、明治二七年に康寅新誌社によって創刊された月刊『汽車汽船旅行案内』である。『警視庁統計書』によれば、『汽車汽船旅行案内』の年間総発行部数は、明治二九年に一八万部、明治三二年には二〇万部に達している。毎号当たり平均して一万五〇〇〇―六〇〇〇部を発行していたことになる。そして、その配布先も発行部数の約二割は東京府下へ、残り八割が他府県へ配布されており、全国的に広く流通していたことがわかる。内容的に見た場合、『汽車汽船旅行案内』は時刻表のみならず小説や名所案内をも加味した娯楽的要素を備えており、このスタイルがモデルとなって、博文館の『鉄道汽船旅行案内』、交益社の『鉄道船舶旅行案内』等の類似誌が明治三〇年代以降に輩出してくる。(22) その他、鉄道沿線案内等の出版も明治三〇年代から盛んとなる。(23)

旅行案内や時刻表に関して注目されるのは、それが人々の旅行体験の同質化を促すメディアであったという点である。旅行案内に従って旅行するということは、持っていくべき携行品から始まり、汽車の乗り方、旅館の探し方、さらに見るべき名所旧跡に至るまで、旅行体験の同質化へとつながっていく。階層を問わず、性別を問わず、年齢を問わず、すべての旅行者が同じような旅行を体験すべく旅行案内は意図されている。

こうして、新聞・雑誌・旅行案内といった車中読み物の発達をたどってくるとき、我々はあるひとつの現象に気づかされる。それは、車中読み物が多様性を徐々に喪失して、均質化の傾向を強めていく動きである。明治前期には多種多様な大新聞と小新聞が併存していたが、明治二〇年代を通じて報道重視の中新聞化が進み、どの新聞も似たような作りに均質化していく。車中で読まれる新聞も当然のように、多様性を喪失し、似たような新聞ばかりになっていく。雑誌においても、風刺画を多用した滑稽漫画雑誌が車中読書の中心的存在となり、さらに、旅行案内の普及が人々の旅行体験の同一化を推し進めていく。

このように、明治二〇―三〇年代を通じて進行していったのは、車中読み物の均質化の動きである。車中読書の等級制にもかかわらず、異なる階層の人々が同じような新聞や滑稽雑誌、旅行案内といった読み物を同じように読む光景が、旅行ブームとともに全国的に拡がっていった。

他方、このような車中読み物の均質化の動きと平行して、明治三〇年代の車中ではもうひとつの均質化が進行していた。それは読書習慣の均質化である。

五　車中読書習慣の均質化

1　音読習慣の存続

読書史に即してみた場合、明治初期の人々の読書習慣は現在の我々のように均質化されたものではまったくなかった。近代学校教育制度がまだ普及していない明治前期にあっては、個人々のリテラシーと読書習慣はその受けた教育階梯によって非常な多様性に富んでおり、個人間での読書習慣の差異はきわめて大きかった。手習い塾、寺子屋、漢学塾、藩校等の異なったリテラシーと異なった読書習慣を身につけた不特定多数の読者が、同じ汽車の車中に乗り合わせて、さて読書を始めるとき、そこには必然的に読書習慣の衝突が生じることになる。とりわけ、その衝突は音読と黙読との対立として先鋭的な形で表面化することが多かった。

公共的な交通機関の中で乗客が声に出して読書している光景は、明治期のさまざまな文献に残されている。その一例としてここでは、明治三二年に大阪毎日新聞社から出版された『でたらめ』という変わった書名の本を取り上げてみる。(24)この本は内地雑居を目前にして、人々の日常生活や風俗の改善を目的として出版されたものであり、その一環として音読習慣の改善が取り上げられている。特に駅の待合所や汽車中での音読が、ここでは改善すべき対象として批判されている。

人前で音読するだけは止めぬと、他人が迷惑する、ステーションの待合所にて盛んに音読するなどは、其文字を知つてる事を吹聴するつもりかの様にも見え、甚だ妙ならぬ次第だが、待合所はマダ〳〵宜しい、汽車中で盛んに音読されては溜つたものでない、新聞などを取り出して呻り始める人は毎度汽車中にある、何分同車中の者は困り切る、中には艶種なんどを声高々と真面目に読み上げて、吹出させる連中もある、夫れも日中はマア宜しいが、夜行汽車などでは殊に閉口する、汽車の進行中は汽車の響きで隣席でなければ、左までに感ぜぬこともあるが、停車するや否や、驚かされることもある、迚も眠られも何んにも出来はしない、旅行は道づれでお互に人を困らせん様にするのが肝腎だ、外国の汽車などではコンナ事を遣るものもないが、若し遣つたら大変だらう

この一文が明確に述べているように、明治にあっては車中での音読という習慣がきわめて広く日常的に行なわれていた。同書には挿絵も添えられているが、新聞を音読して周囲の乗客の顰蹙をかっているのは、現在の我々の予想に反して、良識のありそうな高帽美髭の紳士である（図15）。この読書シーンで焦点となっているのは、この紳士が体現している伝統的音読の論理と新しい公共性の論理との衝突である。それまで人々が長く慣習化してきた音読

という身体的行為が、新しく登場してきた汽車という西洋的公共空間の論理と摩擦を生じ、そこから徐々に排除されようとしている。

車中や待合室のみならず、明治の人々は旅館でも音読習慣を実践していたようである。明治二三年に世界漫遊旅行の途中で名古屋に立ち寄ったルイス・ウィングフィールド卿は、宿泊した旅館において、隣室から聞こえる将棋の音や話し声等で眠れずに悶々としていたが、わけても音読の声に気が狂いそうなほど悩まされた。

図15 『でたらめ』挿絵
(大阪毎日新聞社, 明治32年).

宿泊客が読書をする場合、さらに悪い影響をおよぼす。というのも、いかなる身分の日本人も、鼻にかかった単調な抑揚で声をあげて朗読するものと決めてかかっているので、となりの部屋でそれをながらく聞いていると、呪文にかかったように狂気の寸前まで追いやられるのだ。[25]

西洋的公共空間の論理を身につけた欧米人旅行家にとって、明治人のこのような音読習慣は非常に耐えがたいものとして映っていた。そして、卿がいみじくも「いかなる身分の日本人も」と述べているように、この音読習慣は階層的差異や教育水準とは無関係に、旅行空間において広く一般的に実践されていたのである。

2　音読と黙読との衝突

そして、当然ながら、このような音読習慣は黙読という読書スタイルとは相容れない共存不可能なものであり、その結果、ときとして両者の衝突という事態が生じてくる。ここに、フィクションではあるが、駅の待合室での音読と黙読との衝突を描いた興味深い例がある。それは、明治三一年の九州地方の雑誌に掲載された「淡雪」と題する短編小説である(26)。著者名は「香堂著」とあるが、詳細は不明である。舞台となっているのは京都の七条駅の上中等待合室で、四十五、六歳の紳士が新聞を静かに読んでいた。すると、そこへ二六歳の書生が入ってきて、新聞を高声で読み始めたため、紳士が注意した。

「君、君、君は無茶に饒舌るね、黙つて読まんかチョッ失敬な」

これに対し、書生も反論して曰く、

「なんだ、君は妙な事を言ふね、僕がどんなに饒舌ふと又どんなに高く言ふと、いらぬ御世話だ、君こそ実に失敬ぢやないか」

「コ、ンいつ生意気な、青二才のくせに人を嘲弄しやがる、人の妨げをせんと黙つて読むがいゝ」

口論は次第にエスカレートし、ついに紳士が書生の横面を張り、激高した書生は紳士を突き飛ばしてしまい、巡査が駆けつけてくる騒ぎとなる。書生は巡査に弁解して曰く、

「決して意趣あッてしたる事ではない、僕は新聞を見んため此室にきたんです、処が此人は僕より先に新聞を読んで居りました、僕は桜花新聞を高声に読むで、それに評語を加へていたのに、失敬な人の妨げをせんと静かに読まんかと、それればかりか生意気とか、青二才だとか僕を嘲けりたのです」

巡査はこの答えに納得せずに、さらに喧嘩の原因を追及しようとする。

「よし〳〵わかッた、あの人がお前を嘲弄したり又た横面を打ッたりするのは、なにか原因があるだろうお前さんが其の原因を作ているのにちがいない、ね、それを、その作てる原因を包まず言へ、人に罪を着せる様な事を言ふとお前の為めに、ならない、ね、其原因を包ます言へ」

書生はこれを聞いてますます憤激する。

「僕の悪い処は微塵ない、只新聞を高声に読んで、それに評語を加へた許りだ」

「コラ〳〵馬鹿を言ふな、その位な事で四十を越した、あの人がそんな暴な事をするものか」

二つの読書習慣の激しい対立が非常にリアルに描かれている。「高声に読んで、それに評語を加える」読書習慣と、「黙って読む」読書習慣との対立である。そして、その舞台となっているのは、駅の待合室という明治以降に新しく登場してきた近代的公共空間であった。ちなみに、『鉄道時報』によると、上記の小説の舞台となった京都七条駅の一日平均の乗降客数は明治三二年には五千七百余人に達している(27)。

この小説でもうひとつ印象深いのは、巡査の反応である。音読が喧嘩の原因となったことを、「その位な事で」といってこの巡査はなかなか信用しようとしない。このことは、当時にあっては、音読が喧嘩の原因ともなり得ないほどにきわめてありふれた出来事であったことを示唆している。

このように、汽車・駅という空間は、さまざまなリテラシーを持つ不特定多数の人々が集まる場所であり、結果として、そこはさまざまな読書習慣が火花を散らするつぼと化すことになる。鉄道網の全国的拡大とともに、このような衝突が全国規模で限りなく繰り返されていった。その際限のない衝突を通じて、徐々に読書習慣をめぐる戦いの帰趨が明白となっていく。すなわち、「黙って読む」読書習慣の勝利である。そして、それは音読に基づくきわめて雑多な多様性を特徴とする近世以前の読書から、黙読を基本とする近代的読書へと、人々の読書習慣が均質化されていく過程でもあった。車中読み物の均質化と平行して、車中読書習慣の均質化が明治三〇年代を通じて進行していく。そして、四〇年代以降は、音読は明らかに時代遅れの読書方法と化してしまっていた。明治四二年に出版されたある読書法の序文の一節を読むとき、音読がいまや読書力の低さの表われとしてとらえられ始めるようになったことを知ることができる。

汽車の中や、電車の中や、停車場の待合室やにて、をりをり新聞、雑誌の類を音読する人あるを見受く。調子のよき詩歌や美文ならともかく、普通の読物を音読するにても、其人の読書力は推して知るべし。(28)

このように、車中読書の発達は、人々の身体感覚レベルにおける読書習慣の変容を引き起こした。基本的には学校教育の普及が人々の読書習慣の変容を大きく規定したのはたしかである。しかし、前述した短編小説「淡雪」の例でも明らかなように、音読を基盤とする朗誦文化はむしろ近代学校教育で育った書生層に盛んであり、近代読書への移行は決して直線的に進んだわけではなかった。車中読書や図書館をはじめとするさまざまな公共空間の実践の場で鍛えられながら、近代読書への均質化が進行していったと考えられる。

六　可視化された読書国民

車中読書という明治になって新しく誕生してきた読書文化は、読書史的にみても、他に例をみないユニークな性格を有している。車中読書は基本的に個人の私的な読書である。しかし、私的な読書であるにもかかわらず、それは個人の書斎の奥深くで行なわれる読書とはまったく異なって、車中という衆人環視の公共空間の中で行なわれる私的な読書である。

明治三〇年代を通じて、このような公共空間内での私的な読書という複合的な性格を持つ車中読書が、鉄道網の拡大とともに全国に拡がっていった。鉄道乗客数は明治四〇年には、一億四〇〇〇万人に達している。この中でどの程度の乗客が車中読者となり得たかはわからない。しかし、後述するように、例えば明治四〇年の全国の図書館の閲覧者総数が一〇〇万人であったことと比較するとき（表6-1、一六三頁）、車中読者の有する重要性がある程度理解されるのではないだろうか。すなわち、車中読者という存在はいまや図書館利用者公衆をも凌駕し得る規模へと成長を遂げてきたのである。

車中読書のこのような拡大は、人々の読書生活にも重要な影響を及ぼすようになった。まず第一に、車中読書を通じて、これらの人々は新聞・雑誌・旅行案内といった均質な活字メディアに親しみ、「黙って読む」習慣を身につけ、前近代の身分階層毎に分断された読者ではなく、同じ活字メディアを同じように読む近代の均質化された読者へと形成されていった。

第二に、車中読書の発達は、車中で読む読者のイメージを全国的規模で再生産していった。それまで、人々が読書する読者の姿を日常生活で目にする機会といえば、自宅の他には図書館や書店といった限定された場においてでしかなかった。しかし、車中読書の発達によって、全国各地の駅の待合室や車中で人々は読書する読者の姿をおびただしく目撃するようになった。こうして、いまや車中読者は可視化された読者公衆としての存在意義を有し始めた。

そして、第三に、車中読者は国民の読書レベルを可視的に表わす象徴としての意味を持つようになった。読書することを義務づけられた図書館と違って、車中は本来は読書のための空間ではなく、読書という行為は任意の選択肢のひとつにすぎない。しかし、それだけにかえって、車中で人々がどのような読み物をどのように読んでいるかが、その国民の読書性向を表わす指標としての有効性を持つと考えられるようになった。

明治三〇―四〇年代に増えてくる言説は、車中読書の不活発さを日本国民の読書欲の低さと関連づける議論である。例えば、帝国教育会の辻新次は「日本人の読書力」と題する時評の中で、欧米人の車中での読書熱の高さを称揚する(29)。

私は能く京浜間から鎌倉方面を汽車で往復しますが、此辺は英米其の他の外国人も随分乗り込んで居る。彼等は女でも老人でも汽車の中で一刻も、ぼんやりして居らない（中略）彼等は多くは手に一部の書物を携へて、之れを耽読して居る慣ひである。

これと比較して、辻は日本人の読書レベルの低さを嘆く。

日本人の方を見ると、中には何か読んで居る者もあるが多くは新聞であるか、或は滑稽なる慰めを書いた雑誌である。雑誌も単に画の書いてある所でも眺めて居るに過ぎないと云ふやうなことである。それに就ても思ふには、日本人の読書癖が極めて未だ幼稚であると云ふことである。

辻は車中読書の観察に基づいて、欧米人と日本人の読書力の比較にまで及んでいく。辻にとって、車中読者は他者としての欧米人読者と対比して、日本国民全体の読書レベルを可視的に表わす象徴としてとらえられていた。こうして、車中読者という存在は、いまや単なる私的な読者にとどまらず、日本国民が欧米人と同等の「読書する国民」であることを自他に対して表わす、可視化された読書国民としての意味をも有するようになってきた。

第四章　「旅中無聊」の産業化

一　旅中無聊の大量生産

前章では、鉄道旅行の発達とともに誕生してきた車中読書文化の展開をみてきたが、汽車の車中は元来移動という目的のための空間であり、読書のために設けられた空間ではなかった。では、どうして汽車の車中で人々は読書するようになっていったのだろうか。その最も大きな理由は、旅行形態の変化、すなわち、近代の旅行が自らの脚を使って歩くことを止めたことによるものであった。

近代以前にあっては、旅行は自らの脚でひたすら歩くことを意味していたから、そこには退屈や暇つぶしが入り込む余地はなかった。明治以降、旅行が徒歩ではなく交通機関を利用するものへと大きく変化すると同時に、移動中の「退屈」という問題が必然的に発生してきた。後述する鉄道貸本会社の趣意書では、車中でのこのような退屈を「旅中無聊」と表現している。明治二〇年代以降の鉄道幹線網の全国拡大によって生み出されてきたのは、この旅中無聊の大量生産であった。そして、この旅中無聊を解消する最も代表的な手段として脚光を浴びるようになってきたのが、読書であった。

無聊解消のための読書への需要の増大は、旅行者に読み物を提供するためのさまざまな社会的装置の発達を促した。駅構内の新聞売店や列車内の図書室といったこれらの社会的装置を、旅行読書を支援するための読書装置という意味で〈旅行読書装置〉と呼ぶことにする。旅行読書装置の発達がみられるのはまず第一に駅の構内や周辺部、汽車の車中であり、第二にホテルや旅館といった宿泊施設においても、読み物の提供サービスが普及していく。旅行読書装置の発達は、旅行ブームによって喚起されてきた読書への需要の増大を新たなビジネスチャンスとしてとらえ、「旅中無聊」を積極的に産業化していこうとする試みであった。それはまず交通の結節点である駅に誕生してくる。

二　駅の読書装置

1　駅売店

乗客に読み物を提供する施設として最も代表的なものは、駅売店である。鉄道開業とほぼ時を同じくして、駅構内での新聞の立ち売りが出現してくる。すなわち、品川─横浜間仮開業から間もない明治五年六月に、イギリス人ブラックが井上鉄道頭に対して駅構内での新聞の立ち売りと鉄道寮の法被の授与を願い出ている。

謹而奉願　閣下候、過日縷述仕候通リ新聞誌普ク世上へ売弘ノ為、ステーションニ於テ汽車ノ乗客往復ノ者相捌度、就テハ売捌人御寮ノ法皮ヲ御授与鉄道中更ニ故障ナク御免許早々御尽力之程、伏テ奉懇願候。恐惶敬白。

壬申六月十一日

英人　貎　刺　屈

井上鉄道頭閣下

この請願はすぐに許可され、鉄道寮の法被を着た売子が駅構内で新聞の販売を始めた。(1)翌六年九月には、新聞売子に列車発着時刻表と貨物賃銭表の併売も許可されている。(2)しかし、今日にまで続く駅構内営業の祖は、明治五年六月に横浜駅で物品販売を開始した赤井家とされている。赤井家の創業時に最初に売られていた商品もやはり新聞であった。構内営業の開始時期は各駅ごとにかなりの幅があり、例えば関西で最も乗降客の多かった大阪駅では意外と遅く、明治二三年になってやっと立売営業がスタートしている。(3)また、東海道線藤沢駅では、明治四〇年に江ノ島電鉄が鎌倉まで開通して乗り換え乗降客の増加が著しくなったのを機に、新聞・雑誌・煙草・菓子等の構内販売が開始されている。(4)ブラックや赤井家の例からもわかるように、鉄道開業以来今日に至るまで一貫して構内営業の重要な柱であり続けてきたのは新聞であり、後に雑誌が加わる。新聞や雑誌に次いで、旅行案内や時刻表も駅売店で売られていたが、これに関して注目されるのは大阪の駸々堂である。三宅俊彦によれば、駸々堂は明治二〇年には関西の主要駅構内に直営売店を開設していたが、時刻表の売れ行きの良さに着目して自ら時刻表の発行に乗り出したという(5)。たしかに、明治二七年に駸々堂によって発売された「二七年改正汽車時刻表」の奥付には売捌所として以下のような記述がある。

大阪梅田ステーション構内
　駸々堂書籍出張店
京都七条ステーション構内
　駸々堂書籍出張店
日本全国各停車場書店

駸々堂の例にみられるように、明治二〇年代に入ると、駅は出版社自ら直営売店を開設するほどにその重要性を増しつつあった。

2 車窓販売

売店と並んで、車窓販売も駅での読み物提供のもうひとつの窓口として成長してくる。汽車が駅で停車している間に、売り子が車窓からさまざまな商品を乗客に販売する車窓販売がいつ頃から始まったのかはさだかでないが、新聞や雑誌も車窓販売の主要な商品であった。明治三五年の『鉄道時報』には、各駅での呼び売りの声が採録されている。新聞を売る声は次のようであった。

御殿場―新聞に玉子はいかゞー
沼津―新聞いかゞインー
浜松―東京大阪の新聞でござーい
明石―新聞に烟草はよろしうー
博多―新聞雑誌よろーし
津―新聞に時間表はいかゞー
郡山―今日の東京新聞いかゞ
一ノ関―スンブン（新聞）はよろすー
野辺地―新聞いがーん(6)

そして、実際にも車窓販売の新聞はよく売れており、大和田建樹は明治三七年の紀行文中

図16　「汽車の持遁げ」
『東京パック』 3巻6号（明治40年3月）.

で、上野駅での元旦の様子を次のように描写している。

上野を出でんとする時。新聞売来りて朝日は五銭万朝は三銭。何はいくらかはいくらと呼び立てゝ。買へ買へとすゝむ。いとよく売れて。持たぬ人なきに至れるは。春の初刷見んとなべし。(7)

元旦の初刷りということもあって売れ行きは通常よりもはるかによく、「持たぬ人なきに至れる」といわれるほどに車窓販売から新聞を買う習慣が普及していたことがわかる。代金を支払う前に汽車が発車してしまうという光景は、しばしばこの時期の漫画雑誌の格好の題材となっているほどである（図16）。

3　駅の新聞縦覧所

駅の構内や周辺には、複数の新聞雑誌を廉価あるいは無料で閲覧させる新聞縦覧所が設けられることもあった。新聞縦覧所は一般に、新聞の普及がまだ弱かった明治初期に全国各地で広範に設立され、特に人々の多く集まる結節点である寺社周辺・商店街・温泉場等に設立されるケースが多かった（第五章参照）。次にあげる例は、大阪の梅田駅の縦覧所である。

大坂新報は近日より梅田停車場へ新聞縦覧所を設けられますと（『大阪』明一一・七・四）
出来ましたく〳〵といつても何が出来たのか言はねば分りませんが今度梅田ステーション道小桜橋北へ入る笑々社で新聞雑誌縦覧所が出来ました（『大阪』明一一・一〇・一六）

明治二〇年代に入る頃には、新聞縦覧所は地方駅の駅前にも設けられるようになる。例え

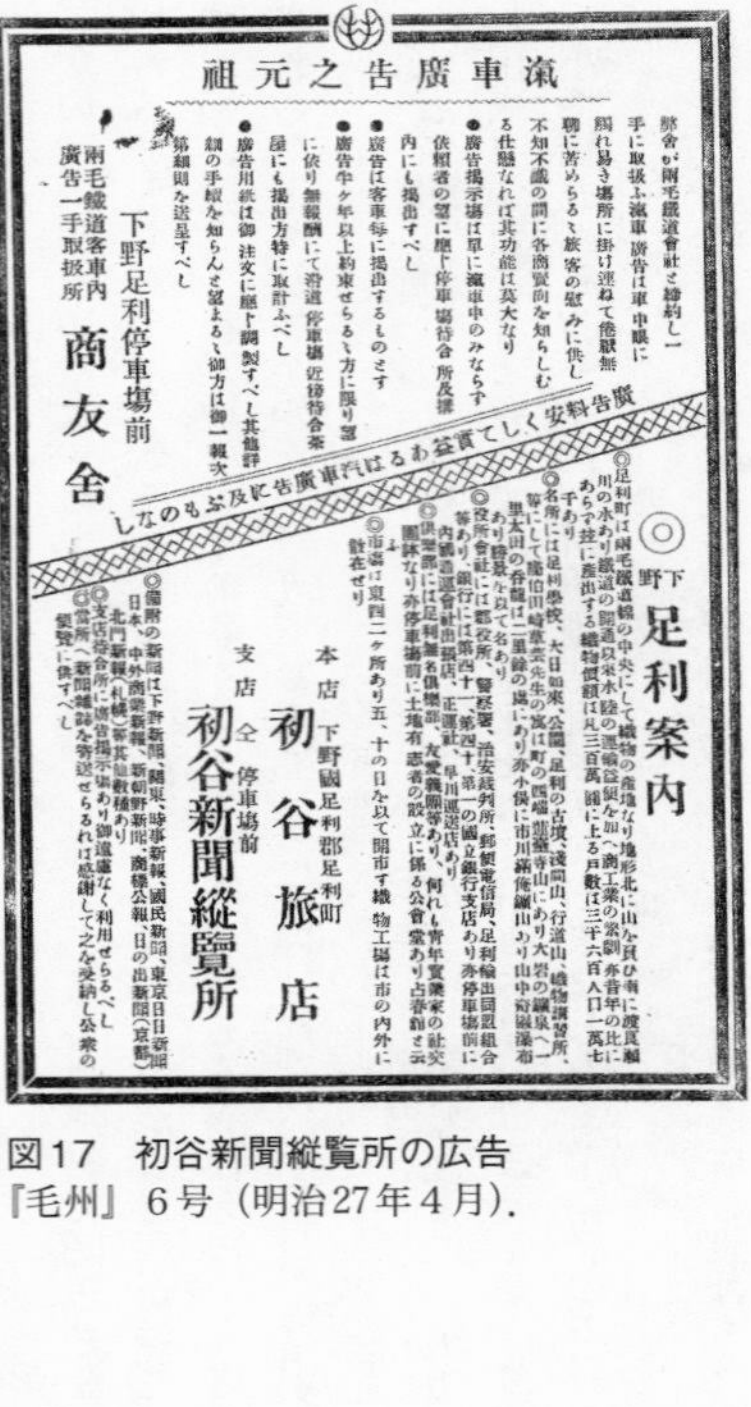

図17　初谷新聞縦覧所の広告
『毛州』6号（明治27年4月）.

ば、両毛鉄道線の足利駅前にあった「初谷新聞縦覧所」は明治二一年に設立され、二六年頃の雑誌広告によれば、備え付けられていた新聞の種類は『下野新聞』『関東』『時事』『日本』『国民』『新朝野』『東京日日』『通俗仏教新聞』『日出』『北門新報』『毛州』『教林』『宗教』『明治会叢誌』『大日本教育会雑誌』等で、全国紙から地方紙、宗教紙、雑誌まで幅広く集められていた(8)（図17）。

4　駅待合室

しかし、駅の新聞縦覧所は結局駅売店ほどの成長をみせることはなかった。新聞縦覧所に代わって、その後広く一般化するようになったのは、駅待合室への新聞雑誌の備え付けである。駅待合室に新聞を備え付けることは明治初期から行なわれていたらしく、例えば明治一一年に東北地方から北海道を旅した英国人女性イザベラ・バードは、当時の横浜駅の待合室の様子を次のように描いている。

等級別の広い待合室があるが、日本人が下駄をはくことを考慮して、絨毯を敷いていない。そこには日刊新聞を備えてある。(9)

明治二四年に日本に立ち寄ったフランス人旅行者カヴァリヨンも、駅待合室の新聞備え付けに言及している。

鉄道のどの駅の待合室においても、人々のために机の上に日本語の新聞が広げられている。列車の客室では、旅行者は、ヨーロッパやアメリカで見られるのと同じように、その日の新聞を読んでいる。(10)

日清戦争直後に日本を旅行したオーストリアの美術研究者アドルフ・フィッシャーもその日本印象記の中で、同様の記述を残している。

今や日本全国のおもな鉄道駅の待合室で、ちょうどヨーロッパのコーヒー店のように、自由に閲覧できる各種新聞が置いてないところはない。(11)

このように、待合室への新聞雑誌の備え付けは、明治三〇年頃までにはどの駅においても広く普及してくる。明治三二年の『鉄道時報』では備え付け新聞雑誌の盗難が嘆かれているほどである。(12)

待合室の新聞雑誌を切抜き或は取り去るものあり甚だしきは綴込みの棒まで併せて持去ることあり元来新聞雑誌は弘く乗客の縦覧に供する為め態々備附けあるに之を他に使用する為め持去るなどは不都合も亦甚だしと謂ふべし

新聞社でも広告代わりに、主要駅に自社の新聞を無料配布するケースが多かった。例えば『福島民友新聞』は、社告で「本社は全国枢要の五十八停車場旅客待合室及数新聞雑誌縦覧所には本紙を備付け」(明三三・一一・八)とうたって、その広告効果を宣伝している。

以上のように、明治初期において旅行読書の産業化の試みはまず駅を中心に発達してきた。そして、その中心的商品となったのは新聞雑誌という新しく登場してきた活字メディアであった。しかし、明治三〇年代以降、新聞雑誌のみならず書物をも乗客に提供しようとする新しい産業化の動きが登場してくる。この背景には、鉄道網の全国拡大にともなう旅行の長距離化によって、旅行中の読書への需要がより一層高まったことが考えられる。もはや新聞雑誌のみでは長距離旅行中の読書の需要を満たすには充分ではなくなり、新聞雑誌に加えて小説等の書物を提供する必要が生じてきていた。

しかし、書物は新聞雑誌と比べて価格が相対的に高いために、駅売店での販売には適さなかった。その結果、乗客への書物の提供は貸本あるいは列車への備え付けという形態をとった。鉄道旅客貸本合資会社と列車図書室がそれである。この両者はいずれも、長距離列車の旅行客を対象に誕生してきた新たな読書装置であった。

三　鉄道旅客貸本合資会社

1　法木徳兵衛の鉄道貸本計画

鉄道旅客貸本合資会社の紹介に入る前に、それと非常によく似た鉄道貸本の計画にふれておきたい。この計画は書肆・新聞販売商として著名な法木《のりき》徳兵衛《とくべえ》の発案になるもので、明治二二年の五月と八月の新聞で次のように報じられている。

○停車場で貸本　汽車も追々遠方まで開通となるに随ツて乗客が客車の中に退屈して居なければならぬ処から思ひ付たものか日本橋区蠣殻町三丁目の法木徳兵衛氏が先ごろ新橋上野横浜国府津ほか十四停車場にて貸本を営業致したき旨鉄道局と日本鉄道会社へ願ひ出しが今度又八王子栃木足利外三ケ所の停車場にても同様の営業致したき旨甲武両毛水戸の三鉄道会社へ願ひ出たりと（『読売』明二二・五・二六）

○鉄道貸本所　法木徳兵衛氏の思ひ付きにて今度蠣殻町三丁目に鉄道貸本所といふを設け上野仙台間、横川直江津間其他水戸両毛八王子通ひ等の汽車乗客に貸本を始めるよし（『読売』明二二・八・二八）

この鉄道貸本計画が発表された明治二二年には、七月に東海道線新橋―神戸間が全通し、八月には甲武鉄道の新宿―八王子間も全通している。おそらく鉄道網のこのような拡大気運に乗じて、駅での貸本営業という新事業を思いついたものであろう。五月の報道では、貸本営業予定の駅数は総数二四にのぼっており、かなり規模の大きい計画であった。しかし、その後の報道が皆無であることからもこの計画は実現しなかったのではないかと思われる。

さて、法木の計画から八年後に、鉄道貸本のアイデアは鉄道旅客貸本合資会社として日の目を見ることになった。

2　鉄道旅客貸本合資会社の概要

明治三〇年の五月四日ないしは五日の新聞各紙に「鉄道貸本営業開始」と題する次のような広告が掲載されている。この広告は『時事』『国民』『東京朝日』『東京日日』『読売』の各紙上で確認される（図18）。

東京広島間鉄道貸本営業開始　五月五日
本社ハ鉄道旅客ニ対シ小説貸本ノ営業ヲナス
本社ノ貸本取扱所ヲ重ナル停車場前ニ置ク
本社ハ毎月名家ノ新作数種ヲ出版ス
本月出版ハ依田百川女丈夫　羽場花舟蝶夢録也
本社ノ貸本ハ鉄道旅客数十万人ノ目ニ触ル丶ヲ以テ広告依頼ニ非常ノ利益アリ
東京々橋加賀町五番地事務所同十二番地
鉄道旅客貸本合資会社

この広告の文面から浮かび上がってくるのは、東京―広島間の鉄道旅客をターゲットとす

東京廣島間　鐵道貸本營業開始　五月五日
本社ハ鐵道旅客ニ對シ小説貸本ノ營業ヲナス
本社ノ貸本取扱所ヲ重ナル停車場前ニ置ク
本社ハ毎月名家ノ新作數種ヲ出版ス
本月出版ハ　依田百川　女丈夫花舟　羽塲蝶夢錄也
本社ノ貸本ハ鐵道旅客數十萬人ノ目ニ觸ル、ヲ以テ廣告依賴ニ非常ノ利益アリ
東京々橋加賀町五番地事務所同十二番地
鐵道旅客貸本合資會社

図18　鉄道旅客貸本合資会社の広告
『国民』（明治30年5月5日）．

る会社組織の小説貸本業の企てである。さらに、この合資会社は、貸本業のみならず小説の定期的な出版とそれへの広告の出稿計画も目論んでいる。

イギリスの有名なW・H・スミスと似た鉄道貸本会社が明治の日本にも存在していたことに驚かされる。すでに明治二二年の東海道線全通、二四年の東北本線全通に続いて、二七年には山陽線が広島まで開通して神戸—広島間の長距離急行列車が運行されていた。長距離旅行中の読み物としての小説への需要の高まりを見込んで、この鉄道旅客貸本合資会社（以下、鉄道貸本会社と略記）が企画されたものと思われる。それにしても、東京—広島間の主要駅前に貸本取扱所を設置し、そこに小説を配本し、さらに出版業や広告業をも手がけるとなると、ある程度の資金と組織力が必要となるが、この合資会社の経営状況や貸本の料金体系等については、この新聞広告からではこれ以上のことはわからない。そもそも、この合資会社の存在自体も、広告からだけではいまひとつさだかでない。

しかし、鉄道貸本会社に関するもうひとつの資料が存在する。それは、依田百川（学海）

の『女丈夫』である。上記の新聞広告中で本月出版とうたわれている依田学海の『女丈夫』

と羽場花舟の『蝶夢録』のうち、後者については所在不明であるが、前者の『女丈夫』は国立国会図書館に所蔵されている。[13] そして、『女丈夫』にはこの鉄道貸本会社に関するさらに詳しい情報が記されている。

3　依田学海の『女丈夫』

『女丈夫』の内容は、春日局すなわち稲葉正成の妻お福の幼少時から家光の乳母となるまでの一代記である。句読点の使い方がこの時期特有の句点のみという特徴があるため、現在の我々には若干読みにくいが、ストーリーはわかりやすく、分量的にもちょうど旅行中に一、二時間程度で読み切れる程度の量である。

しかし、より注目されるのはその外観である。『女丈夫』は装丁・構成ともに、他の小説本とは異なった独特の特徴を有している。まず表紙のデザインでは、中央上部に「鉄道旅客貸本小説」と書かれた朱文字が目を引く（図19）。さらに、最も印象的なのは、中央部に大きく描かれた朱色の日本地図と下半分を占める時刻表である。この時刻表は次頁以下にも四頁にわたって続いていく。さらに注意して見ると、この日本地図には黒線で鉄道の幹線が描かれているが、北海道と九州・四国が欠落している。北海道と九州にはこの時期すでに鉄道路線は開通していたから、この日本地図はおそらく鉄道貸本会社の営業エリア的な意味合い

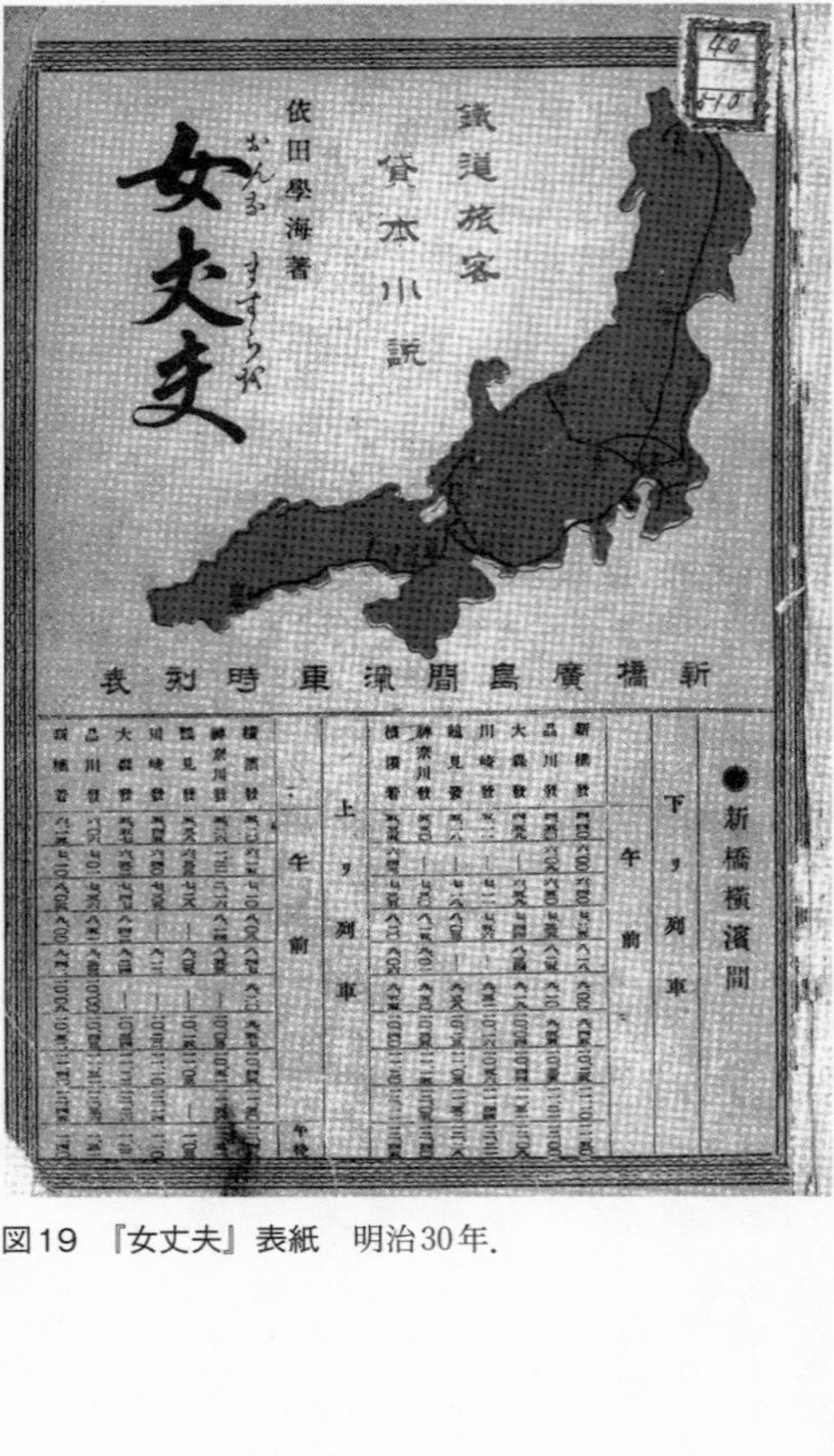

図19 『女丈夫』表紙　明治30年.

が強かったと思われる。

鉄道は「均質で無限に延長可能な絶対空間」を全国に拡大していく〈空間均質化〉のエージェントとされている。[14] その意味において、この鉄道貸本会社の意味しているものは、日本国土全域への鉄道網の敷設がようやく視野に入ってきた段階で、〈均質化された同じ小説〉を鉄道網に乗せて全国に配布していこうとする企てであったということができる。

ところで、『女丈夫』には表紙以外にも鉄道貸本会社に関するさまざまな情報が含まれている。それらは大きく分けて、①設立の趣意、②貸本規則に関する事項、③貸本取扱所に関する事項、④貸本への広告の勧誘に大別される。鉄道貸本会社に関する資料は他にはまったく皆無であるため、以下ではなるべくその全容を紹介することにする。

4　設立の趣意

鉄道貸本会社設立の趣意は、社告において最も簡潔に次のように表現されている。

本社ノ目的ハ鉄道旅客ニ書籍ヲ貸与シ旅窓ノ鬱ヲ散シ長途ノ労ヲ慰シ旅中無聊徒然ヲ感セシメザラン事ヲ期スル者也

この社告よりさらに長文の一五行にわたる「趣意書」が別に掲載されている。それを要約すると、旅行客は汽車旅行の無聊を慰めるために必要もない新聞雑誌を買ったり、飲食物を持参したりして時間を無為に過ごしている。そこで、この汽車旅行中の時間を有意義に活用すべく、簡便な手続きで有益な娯楽を乗客に提供するために本社を設立したとある。

趣意書中に頻出してくるのは「無聊」「徒然」という言葉である。鉄道網の全国的拡大にともなって、旅行は必然的に長距離化・長時間化せざるを得ない。旅も長距離化すると、車窓を流れる景色も刺激を失ってマンネリ化と退屈をもたらす。明治三〇年代までの鉄道網の全国拡大によって鉄道旅行の普及がすすんでいったが、同時にそれは、無聊と徒然をも大量に生産し始めていた。そこに新しい商機を見出そうとしたのが鉄道貸本会社であった。鉄道貸本会社はまさに〈旅中無聊の産業化〉の典型的な試みであったといえよう。

5　貸本規則

では、この鉄道貸本の仕組みはどのようになっていたのであろうか。「本社貸本規則」と題する四項目の短い規定が『女丈夫』の見返しに掲載されている。なお、巻末にも同様の文面でやや異なった規定が掲載されているので、巻末の文面を必要に応じて括弧内に補記する。

〇本社貸本規則

第一条　本社ノ貸本ハ特ニ本社ヨリ出版セル者及雑種ノ二種類トス
（本社ノ貸本ハ特ニ毎月一回当代文豪ノ物セラレタル小説二種以上数千部ヲ出版ス）

（本社ハ本社ノ特ニ出版セル者ノ外別ニ小説雑書数千部ヲ備テ客ノ選択ニ任ス）

第二条　貸本料ハ凡テ金二銭トス第三条　貸出ノ時見料ノ外別ニ金十銭ヲ保証金トシテ預リ置キ借覧人下車駅ノ取扱所ニ於テ切符書冊引替ニ返戻スル者トス（本社ハ各停車場若クハ其附近ニ必ス取扱所ヲ置クヲ以テ何レノ処ニテ借リ何レノ処ニテ返スモ自由ニシテ至テ軽便簡易ナリ）
第四条　切符日附ヨリ五日ヲ経過シタル者及書冊ヲ汚穢シ若クハ毀損シタル者ハ保証金ヲ返戻セス

短い規則ではあるが、ここから鉄道貸本の仕組みがやや具体的に浮かび上がってくる。まず、貸本の種類は鉄道貸本会社発行の小説と、それ以外の小説雑書の二つのジャンルから構成され、双方とも数千部の在庫を備えていた。そして、駅の構内や周辺に設けられた取扱所にこれらの貸本小説が配本され、乗客は乗車駅の取扱所でそれを借用し、下車駅で返却するという仕組みである。貸本の見料は二銭、保証金が十銭である。二銭という見料は当時の他の貸本屋の料金と比較してみた場合、貸出期間を別にすれば若干安い水準に属する。(15)

娯楽的な小説と雑書を中心とし、料金も低く押さえられているが、むしろこの鉄道貸本システムの成否はアクセスポイントとしての取扱所をどの程度高密度で整備できるかにかかっ

表4-1　鉄道貸本会社の貸本取扱所一覧

駅	貸本取扱所	駅	貸本取扱所
新橋停車場前	茶店　内山ナカ	四日市停車場構内	茶店　松井
品川停車場前	雑貨店　浅古庄吉	岐阜停車場前	旅舎　角屋
川崎停車場前	茶店　高砂亭	大垣停車場前	旅舎　京丸屋
神奈川停車場前	茶店　松屋	彦根停車場前	茶店　楽々園支店
横浜停車場前	茶店　川村屋	草津停車場前	茶店　大村屋
鎌倉停車場前	茶店　角正支店	馬場停車場前	茶店　中村屋
逗子停車場前	茶店　千歳屋	稲荷停車場前	旅舎　玉亭
横須賀停車場前	運送店　木村平吉	京都停車場前	旅舎兼茶店　松川
藤沢停車場前	茶店　桃花亭	大坂梅田停車場前	茶店　一龍軒
国府津停車場前	茶店　神仙亭	三ノ宮停車場前	茶店　蔵納
平塚停車場前	旅舎　内河	神戸停車場前	茶店　辻井
沼津停車場前	旅舎　山本	須磨停車場前	茶店　志賀
静岡停車場前	茶店　潮生館支店	明石停車場前	旅舎兼茶店　松月庵 山口
掛川停車場前	茶店　梅村		
浜松停車場前	茶店　白木屋	姫路停車場前	茶店　氷室堀田
豊橋停車場前	旅舎　伊藤正助	岡山停車場前	旅舎兼茶店　高塚
熱田停車場前	茶店　冨士林	福山停車場前	茶店　栗定支店
名古屋停車場前	旅舎　万○	尾道停車場前	運送店　弘運舎有元
桑名停車場構内	茶店　小坂井米吉	広島停車場前	待合所　晩翠館

ていると思われる。幸いなことに、『女丈夫』には貸本取扱所の一覧表が掲載されている（表4-1）。

6　貸本取扱所の分布

この一覧表には、「本社貸本取扱所ハ当分ノ内東海道線関西線山陽線ノ内左ノ諸駅トス」と注記されている。この表からわかるように、貸本取扱所は貸本専業店として新しく設立されたものではなく、駅前の茶店や旅館、運送店といった既存の商業施設の中に兼業的に設けられたものであった。したがって、その規模は決して大きいものではなく、店舗内の一コーナー程度の小規模のものであったと思われる。しかし、茶店や旅館というその選定基準は、旅行客の動線をよく考慮した合理的なものであったということができる。総数三七にのぼる取扱所の分布も東京近辺と近畿地方に多く配置され、その他の地方でも乗降客数の多い主要駅を網羅している。

7　貸本広告の効用

ところで、この貸本会社は貸本見料の他に、もうひとつの収益の柱として広告料収入を想定している。毎月二冊出版する予定の小説をいわば雑誌的なメディアとみなし、そこに出稿される広告から定期的に広告料収入を確保しようという目論みである。『女丈夫』の巻頭部分に「鉄道貸本へ広告ノ効用」と題する次のような広告勧誘の社告が掲げられている。

○鉄道貸本へ広告ノ効用

第一　本社ノ事業ハ日本全国ニ於テ唯一無二ノ新案ナルヲ以テ自然ノ人ノ注意ヲ惹キ之ニ掲載シタル広告モ多ク注目セラルヘキ事

第二　東海道全線及之カ接続線ノ乗客ハ一日平均七万五千以上ニ上ル本社ノ貸本ハ之ヲ以テ顧客トナスヲ以テ之ニ掲載シタル広告ハアラユル世上ノ書籍ヨリ多ク人ノ目ニ触ル丶事

第三　鉄道貸本ノ閲覧者ハ勿論文字アル者ニシテ中流以上ノ人多キヲ以テ自然広告ニ効用

多キ事
第四　鉄道旅客ニハ割合老人小児婦女少ク壮者多キヲ以テ広告ノ効用殊ニ多キ事
第五　鉄道旅客ハ全国ニ跨ル種々雑多ナル何レノ職業者ヲモ包有スルヲ以テ広告ノ及フ範囲尤モ広キ事
第六　旅中ハ何人ト雖モ無聊ヲ感スル者ナルヲ以テ必ス広告モ繰回シテ読ミ尽サルヘシ
以上ノ如キ広告ノ効用顕著ナルハ本社ノ特有ニシテ更ニ饒舌ヲ要セス本社ハ茲ニ多数人士ノ娯楽ニ供スルノ外別ニ行ク〳〵ハ全国唯一ノ広告機関タルヲ期シ且ツ信シテ疑ハサル所ナリ
広告料ハ本社創業ノ際ナルヲ以テ当分ノ内左ノ廉価ヲ以テ取扱フ
一　一ページ四分一　二円
一　半ページ　三円
一　一ページ　五円

この社告ははからずも、広告の訴求対象としての鉄道旅客に関するすぐれた分析となっている。すなわち、ここで想定されている鉄道旅客像とは、まず一日平均七万五〇〇〇人以上にのぼるマスとしての性格を持ち、読書力の高い中流以上の人々が多く、また老人や婦女子よりも壮年層が多く、職業構成も多彩である。このような有利性ゆえに、鉄道貸本への広告掲載には高い効用が見込まれるという論理である。

このことは同時に、この中流以上の壮年知識人階層が鉄道貸本の主たる顧客層として想定されていたことをも意味している。とりわけ「鉄道旅客ニハ割合老人小児婦女少ク壮者多キ」と明確に表現されているように、小説の主たる読者層と通常考えられている女性や青少年層ではなく、むしろ社会の中堅を担っている男性壮年層を鉄道貸本小説の主たる読者として想定している点は注目される。実際にも彼らが小説の読者であったかどうかは不明であるが。

第二に、この社告は、広告媒体としての鉄道の持つ重要性の増大を示している。鉄道旅客への広告効果を狙う戦略は、この時期の他の鉄道・旅行雑誌でも共通して前面に打ち出されている。例えば明治三二年創刊の『鉄道時報』は、欄外広告で毎号のように「本紙は全国鉄道各停車場にて販売するを以て広告の効能最も多し」「鉄道に関係ある広告は鉄道時報が最有効なり」等とうたっている。(16) 明治二七年創刊の『汽車汽船旅行案内』でも、同様に広告の効用が強調されている。

旅行案内は何業を問はず総べての人に必要なるが故に旅行案内購読の申込は発刊前に於て既に数千部なれば旅行案内は全国多数の人に愛読せらるゝこと知るべし旅行案内の売行き此の如くなれば広告の効用亦大なり

鉄道網の全国的展開と乗客数の急増によって、広告媒体としての鉄道の意義が社会的にも広く認識されるようになってきていた。

以上、鉄道貸本小説『女丈夫』に掲載された広告・社告から、鉄道貸本会社の実態を探ってきた。〈旅中無聊の産業化〉を目指したその経営戦略は、顧客対象の想定、取扱所の設置方針、広告収益への着目等から見る限り、かなり堅実なものであったということができる。しかし、実際にこの経営戦略が成功し、安定した顧客を獲得することができたかどうかは不明である。むしろ、その後この会社についての記事や新聞広告等が見られないことからすると、どうやらこの鉄道貸本会社は失敗に終わった可能性の方が高い。

四　列車図書室

鉄道貸本会社の試みは、乗降客の結節点である駅に着目して、そこに読書のための商業的な窓口を作ろうとする企てであった。これに対し、明治四〇年代に入ると、列車内に直接読書施設を設けようとする試みが登場してくる。列車図書室がそれである。

1　列車図書室の概要

明治四四年六月二三日、鉄道院では欧米の長距離鉄道の図書室の例にならって、列車図書室を試験的に開始し、同日の午前七時四〇分神戸発の一・二等急行列車に図書室が設置された。もっとも、図書室といっても独立した一室ではなく、喫煙室の一部に書架を設置した図書コーナー程度のものである。書架の大きさは左右の幅が三〇センチ、上下の高さが九〇センチ程度で、袖珍書籍一二〇―一三〇冊の収納力があった。ただし、当初備え付けられたのは、冨山房から寄贈された袖珍名著文庫が約四〇冊のみで、その内容は物語・狂言・紀行文・見聞集・笑談等であった。車掌がその管理取扱を担当した。列車図書室の目的はあくまでも旅行中の退屈しのぎが第一であったが、好評を博した場合には他の列車にも拡大していく予定であるという（『東京朝日』明四四・六・一三）。

以上が、明治四四年に日本で初めて設置された列車図書室の概要である。列車図書室というにはあまりにもささやかな、わずか四〇冊ほどの小文庫ではあるが、「汽車中の図書室」「列車内小図書館」「汽車の図書館」という見出しで新聞各紙にかなり大きく取り上げられている。[17] また、『東京パック』にも「列車図書館」と題して、乗客の不道徳ぶりを危惧する挿絵が掲載されている（図20）。

ちなみに、かつてこの列車図書室に実際に備え付けられていた冨山房の袖珍名著文庫の一冊『因果物語』が昭和六二年に古書店で発見されている。見返しには次のような印刷紙が貼られていたという。[18]

図20 「列車図書館」『東京パック』7巻19号（明治44年7月）.

鉄道院列車備付用
此書籍ハ汽車内ニ於ケル乗客各位ノ無聊ヲ慰ムル為備付候モノニ付車外ニ御持去ノ儀ハ堅ク御断リ申上候也

「乗客各位ノ無聊ヲ慰ムル為」とあるように、鉄道貸本の場合と同様ここでもやはり旅行中の「無聊」の解消が強調されている。なお、明治三六年から刊行され始めた冨山房の「袖珍名著文庫」は、明治二〇年代の民友社の「国民叢書」と並んで、日本における文庫本の系譜の初期に属するものである⑲。誕生して間もない文庫本形式が早くも鉄道の車中読書と強い親和的な関係を結び始めている点は注目される。

2 利用状況

こうして華々しく登場した列車図書室であった

が、乗客の反応はどうだったのであろうか。幸いにも『読売新聞』の一記者が、図書室の設置された列車に実際に乗り込んでその実況をつぶさに報告している[20]。それによると、閲覧の方法は書籍目録を見て車掌や給仕に申し込む方式であった。新橋を出発した下り列車が大船を過ぎる頃から申し込みが増え始め、たちまち三五部が貸し出され、『保元物語』『古今奇談英草紙』『慶長見聞集』『世間娘気質』等に人気が集まった。静岡に着く頃までには貸出部数は七五部に達した。また、帰途の上り新橋行きの列車では貸出部数は三六部で、『近松浄瑠璃』『今昔物語選』『仮名手本忠臣蔵』『折々草』『諸国奇談東遊記』『鳩翁道話』『仮名文章娘節用』『世間娘気質』等が読まれた。鉄道院営業部の談話によると、今後は月刊物を増やし、図書室も拡張し、また新橋、神戸発の夕方の寝台付急行列車にも備え付ける計画であるという。

この実況報告から、列車図書室が好評裡に乗客に迎えられ、かなり利用されたらしいことがわかる。しかも、備え付け図書の内容が同時代の流行小説ではなく古典的な作品に偏っていたにもかかわらず、それらの古典がよく読まれていることは印象的である。このことは、一・二等列車の乗客の社会的・知的レベルの高さを物語るものである。すなわち、列車図書室は、古典作品を読みこなす読解力を持ち、なおかつ一・二等列車を利用し得る経済的余裕のある上中層階層のために設けられた階級的色彩の強い読書装置であったといえよう。そして、同時代にあって列車図書室のこのような階級性を厳しく批判したのが、片山潜であった。

3　片山潜の列車図書室批判

片山潜の批判は、翌月の『東洋経済新報』に「鉄道列車内の図書館に就て」と題して発表された(21)。その中で片山が批判しているのは、列車図書室を一・二等急行列車にのみ設置して、三等普通車に設置しなかった点である。片山によれば、一・二等急行列車の乗客は経済的に比較的余裕のある商人や実業家等の中産以上の階級であり、彼等は自ら無聊を慰める書物等を買う経済力がある。これに対し、三等車の乗客は中産以下の者が多く、旅の徒然を慰める用意をするだけの経済的余裕がない。したがって、むしろ三等車にこそ図書室を設けるべきである。全旅客収入の大部分を占め、鉄道財政の根幹を支えているのはこの三等客である。にもかかわらず、三等列車の設備は劣悪でその待遇もほとんど人間以下の扱いである。鉄道事業の発展は三等客に重心を置くべきであり、今後図書設備を設けるに際しても、一・二等客よりもむしろ三等客を優遇して対処すべきである。

以上が片山の主張である。前章でみたように、一・二等車と三等車との間には面積・設備等の点において明確な格差が設けられていた。また、明治三二年頃から設置され始めた食堂車においても、利用資格は一・二等客に限られ、三等客は利用できなかった(22)。列車図書室は食堂車と同様に一・二等客への車内サービスの一環としての性格が強かった。結局、片山の主張は鉄道院の採用するところとはならず、その後も相変わらず一・二等急行列車への図書室設置政策が続いていく。

4　その後の展開

明治四五年六月一五日、従来新橋―神戸間を走っていた一・二等急行列車を下関まで延長し、特別急行列車と称した。この特別急行列車には展望車と特別室が連結されており、展望車の一角に図書が備え付けられていた。

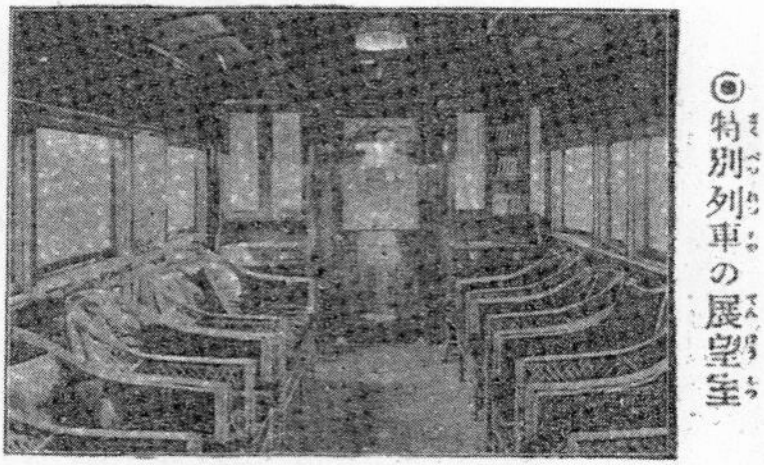

図21　「特別列車の展望室」
『中外商業』明治45年6月13日.

> 隣接せる特別室との仕切り際には左右共書棚及机を設け乗客の無聊を慰むる図書及墨汁書簡用紙を用意し（後略）（『中外商業』明四五・六・一三）

この新聞記事に挿入された展望車の写真を見ると、窓側の三棚の書架に図書が並べられ、書架の前には書き物机らしきものが写っている（図21）。備え付けられた図書の内容は、「逍遥博士のシェークスピア叢書、日本文学全書、お伽噺、其他、外書の少し」等であった[23]。

さらにその翌年、読売新聞読書会の機関誌『読書の友』に展望車備え付け図書の詳しい紹介がある[24]。その記事によれば、展望車には和洋百数十種の書物が備え付けられ、あたかも列車の中に通俗小図書館を移したようであるという。図書の内訳は帝国文庫、続帝国文庫、有朋堂文庫等の文庫本が多く、古典的なものが主で新刊の小説類は含まれていない。他方、洋書では西欧やロシアの近代文学が幅広く含まれており、これらは外国人旅行者によく読まれていた。鉄道院はこれらの書物の購入費に一三〇〇円以上を投入して、かなり力を入れていた。

その後、列車図書室が再び新聞紙上で話題となるのは大正一三年五月である。「列車内に図書館」という見出しで、まず『函館毎日新聞』が次のように報じている。

> 鉄道省は曩《さき》に札幌鉄道局管内各線列車に図書館を設置し諸雑誌を始め鉄道関係のもの乃至旅行者に娯楽と趣味とを兼図書を置き自由に閲覧させることゝなつたが更にこれを東海道始め山陽線東北、常磐、信越、北陸、中央、九州の各線にて施設すべく目下計画中にて当局はまづ東海道特急列車より開始し其成績により逐次全線に及ぼす筈である（大一三・五・二）

北海道管内の各線列車内に雑誌や図書が備え付けられ、今後は他の管内の路線にも及ぼす計画であるという。鉄道省旅行課の担当者は新聞談話の中で、その趣旨を次のように説明している。

長途の旅行者には沿線の風光を眺めるのも飽きて来た場合読書するのが最近の一流行である然し中には実に低級な図書雑誌を平気で読んでゐるのを見受けるが今少し趣味と娯楽になる図書雑誌を備へて自由に閲覧せしめたならば旅行を一層愉快ならしめはせぬかと目下計画を進めてゐる、現在の特急車内には僅な図書を備へてはゐるがまだ〳〵改良の必要がある（『二六』大一三・五・三）

ここでもやはり、旅中無聊の解消が意図され、さらに車中読書の高尚化が目指されている。

大正期以降になると、列車図書室の備え付け図書にも変化が現われてくる。大正一三年に東海道線で旅した泉鏡花は、実際に目撃した「東京鉄道局列車内備付図書」をその紀行文中で紹介している。鏡花は備え付け図書の書名として、谷崎潤一郎『愛すればこそ』、菊池寛『啓吉物語』、高橋俊乗『国民日本歴史』、本多次郎『婦人の使命』、丸山晩霞『乾ける国へ』、末弘厳太郎『嘘の効用』、井上勇『スタンダール恋愛論』、坪内逍遥『家庭用児童劇』等をあげている。[25]明治期の列車図書室が古典偏重主義であったのに比べて、菊池寛や谷崎といった同時代のポピュラーな新刊図書の進出ぶりが特徴的である。

5　車中販売

列車図書室の他に、車中での読み物のもうひとつの提供方法として車中販売があげられる。しかし、この車中販売は鉄道会社自身の手によって行なわれていたわけではなく、零細事業者が許可なく勝手に車中販売を行なうケースがほとんどであった。雑誌『旅』の明治三六年の投書欄に以下のような問答が掲載されている。

(問) 汽車の進行中大森から品川迄に変な本を売る人ありいいのですか
(答) 鉄道局は取締をして居りますがソンなことは不可ません為めに駅員を数人乗せて置く訳に参りませんからもしありましたら係員に告知して戴きませう(26)

大和田建樹も明治三七年に田端―王子間で車中雑誌売りに遭遇し、「室内に乗り込み居たる雑誌売。むつくと立ちて。高らかに広告演説をはじめたり。されどおのれは知らぬ顔して。窓の外をのみながめ居たる程に。王子に着きぬ」と無視した経験を語っている(27)。

このような車中での読み物販売の始まりは不明であるが、全国的にかなり一般的に行なわれていたらしく、明治四〇年の『鉄道時報』の短報欄には、地方色豊かな読み物が車中で売られている光景が報告されている。

信越線篠井駅を出発するや、養蚕物語及数種の出版物を売り付んとて、喋々喃々押し売り的演説を試むるもの有之、乗客中にも之れを求めたるもの二人有之候。該列車の屋代駅に到着するや、彼忽ち下車して、又次の車室に乗り移り、又々押売的演説を始めたる体に有之候。(28)

このような押し売り的な車中販売は、鉄道会社の取り締まりにもかかわらず、大正昭和まで存続していく。

以上のように、旅行読書装置の本格的な発達がみられたのは、まず鉄道の経路に沿った駅や車中においてであった。しかし、それに次いで、ホテルや旅館といった宿泊施設においても、何らかの読書のための施設が設けられつつあった。とりわけホテルにおいては、明治初期の早い時期から宿泊客への読書サービスが組織化されていた。(29)

五　ホテル図書室

1　横浜居留地

日本のホテル史の嚆矢とされるのは、文久三年横浜居留地に外国人のために設けられた横浜クラブ（ホテル）である。そして、実は日本のホテル図書室もこの横浜クラブとともに始まる。横浜クラブの「読書室」に言及しているのは、幕末に日本を訪れたサミュエル・モスマンである。彼は旅行記『ニュー・ジャパン』の中で、横浜クラブの「読書室」を、「読書室には、イギリスや外国の新聞がよく備え付けられていた」と紹介している。[30] 横浜クラブを開設したのはイギリス人W・H・スミスであり、宿泊客のほとんどは外国人であったため、備え付け新聞も外国新聞が主であった。ホテルに読書室を設ける習慣は、欧米のホテルの伝統からきたものであると思われる。

その後、横浜居留地には次々とホテルの建設が進む。その中で最も本格的なホテルとして知られているのが、明治六年に開業したグランドホテルである。グランドホテルにも同様に「読書室」が設けられていた。時代は少し下がるが、明治二六年に世界一周旅行の途中で日本に立ち寄ったボヘミアの教育総監ヨセフ・コジェンスキーは、その旅行記の中でグランドホテルの読書室に言及し、「主要な日本の新聞と外国の新聞、主として英字紙は読書室に備えつけられている」と述べている。[31]コジェンスキーはさらに、「グランド・ホテルでは、お客一人ひとりに旅行案内をくれる。（中略）横浜の詳しい地図の載っているこの旅行案内は、外国人に史跡、産業、会社、領事館、銀行、それに日本語についても教えてくれる」と述べているように、グランドホテルでは宿泊客に対する旅行ガイドブックの配布サービスも行なっていた。[32]グランドホテルの設計を担当したのはアメリカ人R・P・ブリジェンスという人物であったことから、欧米のホテルの伝統を受け継いで、同様に読書室が設置されたものと思われる。

2　東京

これに対し、慶応四年、東京の築地居留地に日本人の手によって初めて建設された有名な築地ホテル館は、そのフロア図面から見る限りでは、読書のための部屋を欠いていた。[33]

築地ホテル館は明治五年の大火によって焼失してしまったが、その後も東京においては、精養軒や延遼館等のホテル建設が続いていく。しかし、外国人賓客をもてなす本格的な接遇施設はいまだなく、その必要性を感じた政府の手によって明治一六年に迎賓館として開館したのが鹿鳴館であった。

鹿鳴館はその華やかな舞踏会によって有名であるが、宿泊部門を備えており、ホテルとしての性格をも有していた。鹿鳴館で注目されるのは「新聞室」と「書籍室」という二つの読書室が設けられていた点である。建設後一〇年経過した頃の平面図を見ると、一階には事務室と会員食堂との間に「新聞室」が設置され、二階に婦人化粧室や給仕室と並んで「書籍室」の名が明記されている。(34) 一階の新聞室は会食やバザー、園遊会等のための来館客が利用し、二階は主に客室によって占められているため、二階の書籍室は宿泊客向けのものであったと思われる。

ホテルに新聞縦覧室を設ける傾向は、この時期の東京の他のホテルにおいても共通している。明治二〇年に民間資本家の手によって麴町区有楽町に新築された東京ホテルにも、舞踏室や集会室と並んで「新聞縦覧室」が設置されていた。(35) 開業時の新聞広告に、「廿三日ヨリ営業仕候当ホテルニハ玉突大玉カルタ舞踏室、内外新聞縦覧室集会室寝房ニ至ル迄相設ケ」(『東日』明二〇・六・二三)とあるように、縦覧室には日本の新聞のみならず外国新聞も備え付けられていた。

明治二三年に開業した帝国ホテルにおいても、「新聞縦覧所」の設置がみられる。玄関を入って右手側角の奥まった部屋がそれに当てられていた。(36) 鹿鳴館や東京ホテル、帝国ホテルの例にみられるように、ホテルに新聞縦覧室を設けて、内外の新聞を備え付けるという考え方が明治二〇年前後には一般化しつつあった。

3 京都・大阪・神戸

京都においては、すでに明治一二年に也阿弥《やあみ》ホテル、二三年には常盤ホテル（二八年に京都ホテルと改称）が開業していた。明治三五年の『日出新聞』に京都のホテルの紹介記事がある。それによれば、京都ホテルでは玄関の左手に新聞縦覧室が設けられており（明三五・一〇・一五）、また、也阿弥ホテルに関しては、「談話室は二室あるが、見受けた所新聞の取寄せやらが少ないやうだ。都ホテルには小説が備へてあつたが、なるべく書籍新聞紙等は多数に取揃へて貰ひたい」と述べられているように、談話室に新聞が備え付けられていた（明三五・一〇・一七）。

ところで、明治三二年に青年実業家西村仁兵衛によって、京都の遊園地吉水園内に宿泊施設として京都保養館が開設されている。この保養館には「図書室」が設けられていたという。[37] 翌三三年には、保養館を改造して都ホテルが開業する。都ホテル開業時の配置図では図書室は姿を消しているが、明治三九年の英文ホテルガイドに、「玄関に接する最初の棟には、喫煙室、談話室などがあり、神戸、横浜の日刊新聞や世界各国の読み物が備え付けられている」と紹介されているように、[38] 談話室に図書室の機能は受け継がれていた。

都ホテルはその後明治後期にかけて、五二会ホテル、有馬ホテル、大仏ホテルといった関西の他のホテルを買収し、系列下に収めていく。これらのホテルのうち、明治三五年有馬倶楽部ホテルとして開業した有馬ホテルには「新聞雑誌室」が、四五年に京都東山に開業した大仏ホテルにも「新聞雑誌室」が設置されていた。[39]

他方、大阪においては、火災で全焼した旧大阪クラブを明治三六年に再建した大阪ホテルに、「読書室」と「新聞縦覧所」が設けられていた(40)。また、神戸のオリエンタルホテルは、明治三五年の新聞記事によれば、「廊下の突当りは男子の談話室で、世界各国の新聞雑誌が備へ付けてある。其量の豊富な事も、一々帯の綴込に綴つてあるのは感心だ」と評されているように、談話室に新聞雑誌が備え付けられていた(『日出』明三五・一〇・二六)。

地方都市においても、例えば朝鮮半島への渡航港として重要な交通の要衝であった下関駅前に、山陽鉄道によって明治三五年に山陽ホテルが開業するが、このホテルにも「新聞雑誌閲覧室」(後に「読書喫煙室」と改称)の設置がみられる(41)。

このように、明治二〇—三〇年代を通じて、東京、大阪、京都といった都市に立地するホテル、あるいは有馬温泉等の避暑地のホテルや下関の駅前ホテルにおいて、「新聞縦覧室」や「読書室」が設けられるようになった。また、談話室に新聞雑誌が備え付けられるケースも多かった。しかし、これらの読書施設の実態については、詳しい史料は皆無である。明治期においては、ホテル宿泊客の多くは外国人によって占められていたこともあって、外国語新聞が多く備え付けられていたことがわかる程度である。その中にあって、明治四二年の『大阪朝日』京都附録の連載記事「ホテル廿四時」がかろうじてホテル内における宿泊客の読書のあり方を我々に教えてくれる(42)。

4　ホテルでの読書生活

この連載記事は『大阪朝日』の記者が都ホテルに一泊した時の体験ルポである。前述したように、都ホテルには読書のための専用の部屋は設けられていなかったが、談話室に新聞や読み物が備え付けられていた。その日の昼下がりにホテルに着いた記者の観察するところでは、「談話室も休憩室も昼のこととて人の気配なし」であった。昼間は観光や商用で客のおおかたは外出してしまう。談話室が賑わうのは夕方、特に夕食後であった。豪華な夕食で満腹になった後、七時過ぎに記者は談話室に入っていった。なお、開業後の配置図を見ると、都ホテルには談話室が二つあった。

腹は余程太つたから、これから一つ談話室にでもいつて、新着の新聞紙でも読んで見やうと、足を室内に入れる、誰れのすさびかピアノは鳴つて、愉快であるが、ドアを明けて人を驚かすのは面白くないとて、次の談話室に入つた。

午後八時　自分の入つた談話室には、年若い米国人らしいのが、椅子によりかゝつて、ペーパに何事をか書いて居る、一方の椅子では、今日の神戸クロニクルを読んでゐる他の一人は赤い表紙の小説を黙読して居るから、何んだと盗眼をしてうかゞうと、レオ、トルストイ伯の作、レストレーション（復活）である、自分も嘗てこの小説を読んで、数週間楽しんだことを想出した。

記者はこの後、赤髭の外国人としばし談笑した後、「寒がりの自分は、カーヘルの前に椅子をすゝめて、柄にもないグレーの詩を誦して時の移るを忘れた」という。

このルポ記事からわかるように、宿泊客は夕食をすませた後のくつろぎのひとときに談話室へ出かけて、新聞や小説を読んだり、談笑したりして過ごす習慣を持っていたようである。テレビやラジオもまだ出現していない時代であったから、ホテル内における娯楽的要素として読書の占める重要性は現在よりもはるかに高かったのである。読書室や新聞縦覧室がホテル内に設けられたのも、そのためであった。

もうひとつこの記事で指摘されるのは、宿泊客の大部分が外国人によって占められていた点である。記事中には食事のみの利用客として日本人数名が登場してくるものの、明治末になっても、ホテルはまだまだ一般の日本人からはかけ離れた世界に属していた。

5 大正・昭和以降の展開

大正に入るとこのような状況にも変化がみられ、日本人も徐々にホテルを利用するようになっていく。それとともに、立地や経営形態においても多様化が進み、また、後には朝鮮や満州にも日本のホテルが進出していく。しかし、注目されるのは、このようにホテルの多様化と普及が進んでいったにもかかわらず、依然としてホテル図書室の伝統は受け継がれ、戦前を通じてホテルに読書施設を設ける習慣は絶えることがなかった点である。

大正四年に鉄道院の肝煎りで東京駅舎内に開業した東京ステーションホテルには「図書室」が設けられ、(43)同じく大正四年に朝鮮の京城に開業した朝鮮ホテルにも「読書喫煙室」が設置されていた。(44)

日本のホテル史上に大きな足跡を残している帝国ホテルのライト館は大正一二年に落成している。ライト館の設計思想はただ泊まるだけのホテルではなく、文化・社交・娯楽の殿堂としてデザインされ、図書室もその一部に位置づけられていた。当時のライト館の写真をみると、図書室はロビーの上階にあり、壁ではなく数本の柱で空間的に分離された形をとっている。図書室内には大小さまざまな机が配置され、机の上には書類らしき物がかなり乱雑に置かれており、数名の客が閲覧中である。(45)起工時の建築概要では、「図書室」として一三坪三合半の面積が割り当てられている。(46)角南隆の「ホテル論」（大正一三年）によれば、当時世界最大の客室数二二〇〇室を誇ったニューヨークのペンシルベニアホテルでも、その図書室の面積は三二坪であったというから、(47)客室数二七〇室のライト館の図書室面積一三坪は大きい方であろう。ちなみに、時期は不明であるが、戦前のペンシルベニアホテルのパンフレットには、「フランス・スペイン・イタリア語の文献を含む三〇〇〇冊の精選された図書を宿泊客の利用に提供」と図書室の紹介が記されている。(48)

ライト館においてひとつの究極的完成をみたホテル図書室の伝統は、昭和に入っても受け

(1)

(2)

(3)

図22　ホテル図書室の例
『ホテル建築図集』より.
(1)朝鮮ホテルの「読書喫煙室」
(2)ホテルニューグランドの「読書室」
(3)新大阪ホテルの「読書室」

継がれていく。昭和二年竣工のホテルニューグランドの「読書室」、昭和三年京都ホテルの「図書室」、昭和八年上高地帝国ホテルの「新聞雑誌室」、昭和一〇年新大阪ホテルの「読書室」、昭和一一年名古屋観光ホテルの「読書室」等がその例としてあげられる[49]。昭和一〇年の新大阪ホテルの設計大要には、「喫茶室、読書室、休憩室は一階大広間と二つの大階段にて連絡せられ、何れも大ホテルとして恥しからぬ設備を有す」とあり、昭和に入っても、読書室は一流ホテルに欠かせない標準的な設備と考えられていた[50]。

清水組発行の『ホテル建築図集』(昭和一一年)には、これらのホテル図書室の若干の内部写真が紹介されている（図22）。図書室の壁際には書架が設置され、窓側や部屋の中央部には机や椅子・ソファが配置されており、いかにもブルジョアの書斎的な雰囲気を醸し出している。新大阪ホテルのパンフレットにも、部屋の中央のテーブルでモデルらしき欧米人が数名新聞や雑誌を読んでいる「読書室」の写真が掲載されている[51]（図23）。

図23　新大阪ホテルの「読書室」
ホテルパンフレットより.

ところで、大正・昭和以降になるとホテルを利用する日本人客も徐々に増えていくが、戦前において、日本人旅行客が利用する宿泊施設は圧倒的に旅館が多かった。そして、旅館においても、ホテルの場合と同様に宿泊客の読書に対する配慮がなされるようになってきていた。

六　旅館の読書装置

旅館において最も一般的に行なわれていた読書サービスは、客室への新聞雑誌等の備え付けである。この方法がいつ頃から普及し始めたのかは明らかでないが、明治三〇年代頃までには一般化しつつあった。明治三五年に出版された『旅館要書』という旅館経営の入門書をみると、客室内の設備の一項目として、

旅客旅行中の慰みとして小説雑誌碁盤等の備へを要するも此等は是非各室に備へ置くに及ばず旅客の望みに応じて提供するも可なり[52]

と述べられている。『旅館要書』は続けて、早朝、旅客の起床前に準備すべきこととして、火鉢や煙草盆、歯磨粉とともに「其の日の新聞を備へ置く事」をあげている[53]。小説雑誌等の備え付けや要望に応じての提供、さらには、当日の朝刊を準備することが、明治三〇年代の旅館の標準的なサービスと考えられるようになってきていたことがわかる。

さらに、この平均的なレベルから一歩進んで、ホテルの場合に見たような「新聞雑誌縦覧室」を備えている旅館も若干存在していた。そのことを我々は明治期の旅館広告から知ることができる。明治期の時刻表や旅行案内の巻末には、全国各地の旅館の広告が多数掲載されており、立地の至便さや玉突場等の設備、眺望等がセールスポイントとして強調されている[54]。新聞雑誌縦覧室の設置をうたっている旅館としては、次のような例があげられる。

①遷喬館初谷本店（足利）「西洋料理玉突場　新聞縦覧所あり」（明治三六年）

②鉱泉旅館長坂しやう（東京）「新聞縦覧室ノ設アリ」（明治三六年）
③丸万旅館（大阪）「弊館客室ヲ増室致新聞雑誌縦覧室及賓客室等ノ設備完整ナリ」（明治三九年）
④一井旅館（草津温泉）「館内には新聞雑誌等の縦覧室をも取設け置候」（明治三九年）
⑤丸万旅館（大阪）「読書室設備完整」（大正元年）
⑥御旅館こがぶん（門司）「弊館内に簡易図書館の設けありて無料公開せり」（大正四年）
⑦ふるや（熱海温泉）「玉突場　図書室　写真暗室　演芸場」（大正一〇年）

明治期の旅館広告を全体的にみると、設備に関しては玉突場の設置をうたう例が最も多く、新聞雑誌縦覧室はそれほど多くない。宿泊客への魅力という点では、ゲームに比べて地味な存在である読書関係の設備は広告にうたわれないケースも多く、縦覧室を設ける旅館はこの他にも相当数存在していたと思われる。

ところで、このような旅館の新聞雑誌縦覧室は宿泊客の側からはどのように受け止められていたのであろうか。幸いにも大正九年に『婦人之友』誌上で、「旅館について思ふこと改良したきこと」と題する諸家へのアンケートが実施されている。[55]そこには新聞雑誌縦覧室の設置を希望する次のような声が少なからず存在しており、旅館においてもホテルと同様に、新聞閲覧や談話スペースへの要求が一定程度存在していたことがわかる。

図24　「伊香保風俗其四」『風俗画報』364号（明治40年6月）.

新聞並に雑誌を備へたる縦覧室を設けられたき事
新聞閲覧と手紙を認める為めの部屋を設くる事
共同娯楽室を置き、談話、喫煙、交際、新聞閲覧の用に供する事

大正・昭和以降も、旅館において読書という要素は一定部分の重要性を保っていく。例えば大正一四年、熱海ホテルという名の旅館では、運動娯楽設備としてモーターボート・端艇・釣魚・水泳・庭球・大弓・乗馬、乃至図書室、舞踏室を完備していた（『東京朝日』大一四・四・一）。昭和初期、同じく熱海温泉の玉久旅館では、屋上庭園をはじめ、娯楽室・図書室・応接室・写真暗室・化粧室・理髪室等が備えられていた[56]。

なお、この他に、旅館における読書生活の要素として見過ごせないのは、新聞雑誌の行商人や貸本屋の出入りである。これらの行商人や貸本屋は宿泊客の部屋を直接訪問して商売を行なっており、旅館側もある程度それを容認していた。明治四〇年の『風俗画報』には、伊

香保温泉の旅館に出入りする女性貸本屋の例が挿絵入りで紹介されている（図24）。

貸本屋は二十歳前後の女子、少許の書冊を風呂敷に包み、入浴者の各室を訪ね、無聊に困しむ客を客として、重に小説講談本を何日間何程と料金を約して貸与するなり[57]

もっとも、前述した『旅館要書』においては、安眠を妨害する恐れありとしてこれらの行商人の出入りを好ましからざるものとみなしている。

旅館内に於て按摩取り又は新聞雑誌小説其他日用の煙草小間物装飾品等の行商人が宿泊者に販売するの目的にて館内限なく呼ひ廻り或は客室の建具を自由に開き旅客に向ひ新聞如何です煙草如何ですと問ひ廻る此等は宿泊者か自室に於て幾分用弁を為すの便利あるも一方には安眠を妨げられ又は五月蝿き事あり成へく出入せしめさるを可とす[58]

七　避暑地の読書装置

以上のように、旅行読書装置の発達がみられたのは、まず第一に駅や車中といった鉄道経路、第二にホテル・旅館等の宿泊施設においてであったが、そのいずれにも属さないケースとして、最後に避暑地の新聞雑誌縦覧所にふれておきたい。

避暑の習慣は明治初期に欧米人によって日本に持ち込まれたもので、明治二〇年頃から一般日本人の間にも普及し始めるようになる。明治において、避暑地として人気のあったのは箱根・伊香保・草津といった温泉地と、大磯に代表される海水浴地、あるいは山岳や高原であった[59]。温泉にしても、海水浴にしても、避暑地での滞在は比較的長期にわたる傾向が強いために、無聊解消のための読書への需要が高かった。まず温泉地からみてみよう。

1 温泉地

温泉地での病気療養のための湯治旅行は長期間の滞在をともなうために、さまざまな娯楽施設の発達がみられた。なかでも特に読書への需要が高く、すでに江戸時代から湯治客相手の貸本屋が各地で繁盛していた。長友千代治によれば、「温泉には城ノ崎、有馬、湯ノ峰(紀州)、熱海など、どこでも貸本屋が娯楽機関として付属していた」という[60]。明治に入っても、温泉地は庶民の娯楽場としての地位を保っていた。明治一〇年の新聞記事によれば、箱根温泉に新聞縦覧所が開設されている。

新聞縦覧所は宮の下にあり小林文志といふ者これを創む日報報知絵入朝野の四新聞あり日に三銭を要す好みに従ひ湯院にも持ち来りて一覧せしむ一枚一銭五厘を要す至極便利なり

（『朝野』明一〇・三・一六）

また、伊香保温泉には明治一三年に「遊楽場」と称する複合的な娯楽施設がオープンしている。

上州伊香保の温泉へ篠田仙果氏が遊楽場といふを取設られ茶の湯、古書画骨董の展覧、書物新聞の縦覧、囲碁、写真そのほか種々の慰めが勝手にできる趣向にて至極よい工夫であると聞ました（『うきよ』明一三・七・六）

伝統的な茶の湯や囲碁、あるいは明治の新しい文物である写真と並んで、書物新聞の縦覧が湯治客の娯楽メニューとして登場している。伝統的な湯治場の娯楽風景の中に、新聞という新しいメディアが早くも違和感なく溶け込んでいる点は注目される。

このような共同的な娯楽施設や新聞縦覧所は他の温泉地においても存在していたと思われるが、前述したように、その後各ホテルや旅館において新聞雑誌の備え付けが一般化するとともに、温泉地での共同的な新聞縦覧所はその役割を終えていった。

2　海水浴地

日本における海水浴の普及は、明治一五年の後藤新平による大野海水浴場の開設、明治一八年の陸軍軍医総監松本順による大磯海水浴場開設とともに、医療を目的とした療養型海水浴として始まっている[61]。明治二〇年代以降は東海道線の全通もあって、湘南各地に海水浴場の開設が続き、海水浴客も増加し、徐々に行楽型海水浴へと変化していく。

明治三三年刊行の『最新避暑案内』には、「海水温浴及温泉入浴者心得」が箇条書きで列記され、その一条に海水浴地での読書の心得が説かれている。

小説、新聞、詩歌集、紀行文の如きものは良き友なり、されど卑猥の小説は手に触るべからず、六ケ敷書物に頭脳を苦ましむるも宜しからず、浴地にある間は一切の世事を打棄て気楽に保養することそ肝要なれ[62]

避暑地とはなによりも「一切の世事を打棄て気楽に保養する」場所であったから、避暑地の読書も堅苦しい書物よりも小説や新聞等の気軽に読める読み物がふさわしかった。

では、実際に避暑地ではどのような読み物が読まれていたのだろうか。ひとつの例として、明治四一年に大磯照ケ崎に個人特志家によって開設された新聞雑誌縦覧所のケースを見てみよう。この縦覧所は無料制をとっていたために維持費用の負担が難しかったとみえ、経営費補助の嘆願書が大磯の町区会に提出されている。大磯照ケ崎は当時人気のあった海水浴場であり、この縦覧所は夏場は海水浴客を対象にしたものと思われる。この嘆願書には、備え付け新聞雑誌名の一部が列挙されている。

嘆願書

大磯照ケ崎建設

無料新聞・雑誌縦覧所

右ハ拙者経営ニテ昨明治四拾壱年四月以来、席料・見料・茶代等総テ無料ニテ随意縦覧セシメ居リ候処、其種類約壱百種以上ニ亘リ、従テ新聞・雑誌購買代及ヒ郵税等ノ支出モ夥シク負担ニ堪ヘ難ク候間、特別之御詮議ヲ以テ月々経営費トシテ応分ノ補助相仰度此段願候也

明治四十二年三月廿五日

経営者　中西文次郎

参照

購売スル新聞・雑誌種類

一　時事新報　万朝報　大坂パック

一　東京パック　東京滑稽　東洋パック

一　上海絵ダヨリ　赤雑誌　文芸倶楽部
一　太陽　太平洋　中学世界
一　英語世界　英語界　世界ヲトキハナシ(63)

席料・見料・茶代すべて無料で、新聞雑誌の種類も一〇〇種以上であるという。列記されているタイトルを見ると、新聞は二紙とも東京紙で、雑誌は総合雑誌から英語雑誌、滑稽雑誌までバラエティ豊かである。『東京パック』をはじめとする漫画雑誌が多いのは、前章で取り上げた車中読書の場合と共通した傾向である。海水浴地での読書生活も新聞や漫画雑誌等が中心的な位置を占めていた。

八　旅行読書市場の意義

以上、駅・汽車・ホテル・旅館・避暑地等の旅行の結節点において、旅行者のためのさまざまな読書装置が形成される過程をたどってきた。年間の鉄道乗客数が一億人に達するほどの市場規模の拡がりに対応して、旅行読書市場もひとつの新たな読書産業と呼べるほどに成長してきた。

ところで、これらの旅行読書のための支援装置は大きく分けて、駅売店や鉄道貸本といった出版流通業者による商業的性格のものと、列車図書室やホテル図書室のような非商業的性格のものに大別される。後者は、旅行客への公益的サービスの一環として無償で提供されるものである。ここで注目されるのは、その後の歴史の展開過程をみるとき、前者の商業的性格の駅売店が戦後にかけて大きく伸びていったのに対し、後者は逆に戦後にはほとんど姿を消してしまう点である。このことは、戦前においては、旅行客への読書サービスの提供が現在のように商業的原理のみではなく、鉄道会社やホテル会社といった旅行関係業者が積極的に負担すべき公益的なものと考えられていたことを示している。すなわち、戦前において、旅中無聊の産業化は、出版流通販売業者と旅行関係業者という二者によって担われていたということができる。

他方、このような旅行読書市場の成長は出版界と活字メディアにも少なからぬ影響を与えている。ひとつの例をあげると、旅行という移動生活の増大にともなって、書物の小型化が促進されたことである。明治期の用語では袖珍本と呼ばれた文庫本形式は、人々の物理的移動の増大とともに発展していった。列車図書室に最初に備え付けられた図書が冨山房の袖珍名著文庫であったことは示唆的である。

ヨーロッパにおいてはペンギンブックスの例が有名である。イギリスの出版社ボドリー・ヘッド社のアレン・レインは、汽車を待つ間に駅の売店で本を探したところ、雑誌や古くさい小説の廉価版しか置いていないことに驚き、文学的な現代小説のペーパーバックを魅力ある装丁で売り出したら、おおいに売れるのではないかと思いついたという。こうして駅で汽車を待っている間に着想されたのがペンギンブックスであった。一九三五年のことである。(64)

日本の場合には、文庫本形式の発達の他にも、漫画雑誌の登場が旅行読書と密接に関係している。前章でみたように、『滑稽新聞』『東京パック』がともに駅頭での呼び売りから出発したように、明治期の漫画雑誌は明確に旅行読者に照準を定めて構想されている。両誌に刺激されて模倣誌が次々と輩出し、その販売競争は想像以上に激しいものであった。

その一端を、明治四〇年に『東京パック』に掲載された「東京パックと唯のパックとの別」と題する奇妙な社告にみることができる。この社告によると、『東京パック』を外観内容ともにそっくり模倣した『東京ハーピー』という雑誌が、『東京パック』の画工を引き抜いたり、駅の売り子と結託して駅の車窓から『東京パック』を求める乗客に『ハーピー』を押しつけたりという悪手段を弄してきた。そして、今回その欺瞞の手口はさらにエスカレートし、『東京ハーピー』という誌名を『パック』と改称した。その狙いは次のようなものであったという。

此に愈益々奸譎瞞着の歩武を進め遂に其名を単にパックと変更し客の東京パックを略称してパックを呉れと云ふを利用して誤魔化し売を逞ふせんとすその卑劣奸譎寧ろ憫笑に絶えざるも而も我幾万の愛読者にしてこの奸策に乗せらるゝ事ありては其好意と希望に背くの

虞あるを以て吾人は黙過するに忍びず、こゝに東京パックとパックとの別を明かにする事如斯(65)

つまり、『東京パック』を略して「パックをくれ」という旅行客に対して、『ハーピー』を改称した『パック』を売りつけるというものである。たしかに、現在の我々の眼から見ても『東京パック』と唯の『パック』とは、一見したところでは区別がつかないほどに絵のタッチもレイアウトも酷似している。しかし、それ以上にこの社告で印象深いのは、新たに誕生してきた旅行読書市場をめぐって、このように熾烈な販売競争が駅を舞台に繰り広げられていた点である。これらの滑稽漫画雑誌は現在の漫画雑誌の源流とされており、漫画雑誌というこの新たな大衆的なメディアを育む揺りかごとなったのが旅行読書市場であった。

以上、第二部では、鉄道網の全国拡大によって発展してきた近代ツーリズムと読書の問題を考えてきた。旅行の読書市場と読書装置は国や官側からの制度的育成策を受けることなく、むしろ出版資本主義的な需要と供給によって自由競争的に生み出されてきたものであった。そして、そこにおける読書のあり方も、車中読書においてみたように、新旧さまざまな読書習慣が自由放任的に混在しており、そのるつぼの中から自生的に、黙読を基盤とする近代的読書習慣を身につけた読者が形成されてくる。

他方、これと対極にあるのが図書館という公共的な読書装置である。図書館は何よりも国家の読書政策によって上から設立された読書装置であった。そして、第三部でみるように、図書館の普及政策が目指したものは、〈官〉による読書国民創出の試みであった。

第三部　普及する読書装置

第五章　読書装置の政治学——新聞縦覧所と図書館

一　読書の有用性の発見

書店や図書館、あるいは前章で取り上げた駅売店や鉄道貸本会社といった読書のための社会的装置を総称して〈読書装置〉と呼ぶとき、明治期の読書装置の特徴は、近世以来の読書装置と、明治以降新たに登場した読書装置とが混在している点である。前者の代表を書店と貸本屋とするなら、(1)後者の代表が新聞縦覧所と図書館である。

新聞縦覧所と図書館は、近代の新しい読書装置という点に加えて、さらにもうひとつ共通の特徴を有している。それは書店と貸本屋が商業的な読書装置であるのに対し、新聞縦覧所と図書館は公的な読書装置としての側面が強く、国家や行政の読書政策という政治的な要因によって大きな影響を受けてきた点である。日本の近代国家による読書政策は、一方において社会主義や自然主義的著作の出版や読書を統制する方向と、他方において図書館等の読書装置を使って国民の読書を統制する二方向から行なわれてきた。すなわち、公的な読書装置は国家の読書政策が発動する場として機能し、また同時に、国家の読書に対する方向性を映し出す鏡としての側面をも有している。

ところで、国家が読書装置を通して読書政策を発動するに至るためには、まず読書に対する国家の関心、すなわち、国民の読書が単なる私的な営みにとどまらず、国家社会にとって〈有用〉であるという認識が共有される必要がある。それはいつ頃からであろうか。

国家による読書の有用性の発見という視点に立つとき、明治期においてとりわけ二つの時期が注目される。明治初年代と明治三〇―四〇年代である。維新政府成立直後の明治初年代は新聞という新しく登場したメディアへの着目に大きな特徴があり、新聞縦覧所や新聞解話会という文明開化の読書装置を通して、〈新聞を読む国民〉の創出が試みられていく。これに対し、維新後一世代を経過した明治三〇年代には、日清戦後の一等国意識の高まりによって、文明の象徴としての図書館への国家的・社会的認知が高まる。そして、公共図書館の設立が全国的規模で推進され、〈本を読む国民〉の形成が目指されていった。まず明治初年代からみていこう。

二　〈新聞を読む国民〉の創出

維新政府は成立後わずか数年にして注目すべき、そしてそれ以降の読書と国家との関係史の端緒となる読書政策を打ち出してくる。維新政府が多大な期待を寄せ、読書政策の中心に位置づけたのは、新しく登場したばかりの新聞というメディアであった。一方の柱として学制という新しい教育制度を制定した政府は、もうひとつの柱として成人層の再教育手段として新聞に着目した。広く多くの国民に新聞を読む習慣を身につけさせることによって、人々の意識を文明化されたものへと変えていく啓蒙的な役割が新聞に期待された。

こうして、新聞の読書奨励策がさまざまなルートを通じて実施されていった。それらは大別して、①新聞の購読・回覧奨励、②新聞解話会の開設、③新聞縦覧所の設置の三ルートに分けられる。

1　新聞の購読・回覧奨励

まず第一の新聞の購読・回覧奨励は、県―大区小区―戸長という行政ルートを通じて奨励の布達が流されていった。筑摩県（現長野県・岐阜県の一部）や茨城県、都城県（現宮崎県・鹿児島県の一部）、山口県をはじめ多くの県で、その布達書の存在が知られているが、(2)ここでは明治五年の足柄県（現神奈川県・静岡県の一部）の例をあげておく。

新聞紙之義ハ、公聞或ハ珍事奇談ハ不及申、善行者・賞誉者・暴徒者捕縛・訴訟裁判之著しきより、器械産物ノ新発明、米価之高下、露雪風雨水火之災害等迄、遠隔之国々えも居なから知らしむるの一大美事ニテ、外国ハ素より皇国ニあっても近来東京・横浜を始め、所々ニおゐて官許を以て刊行相成候事ニテ、人々閲せすんハあるへからす、仍テ東京日々新聞紙第百四拾四号から百四拾七号迄、壱枚ツヽ分達いたし候間、村々え相廻し、無洩為及見候様可致候、已後出板之分ハ、到来次第、分達可致候、且代価之儀ハ追テ可申達事、但新聞紙望之ものえハ取寄可遣候間、姓名申出事、

右之通相達候也、

壬申八月十日　　足柄県韮山出張所(3)

『東京日日新聞』の村々への回覧と、希望者へは取り寄せも行なう旨の通達である。「一大美事」としての新聞に対する過剰なほどの期待感と、その普及に対する熱意が素朴な形で表明されている。他の多くの県においても、このような官費での新聞買い上げと配布回覧が組織的に行なわれた。

しかし、明治初期においては、新聞を独力で読める読書能力を身につけた者は官公吏や教員等の少数の者に限られていた。このような識字状態にあっては、新聞の普及策としての個人購読の奨励と回覧はそれほどの効果を発揮しなかった。そこで、考えられた第二の方法は、非識字者を対象に新聞記事を分かりやすく解説して聞かせるという間接的な方法であった。新聞解話会の試みがそれである。

2　新聞解話会

新聞解話会とは地域住民を集めて僧侶や学校教師等が読師となって新聞記事を解き聞かせる会で、明治五年頃から政府の後押しを受け、各県で解話会の規則が制定され、その普及が積極的にはかられていく(4)。その代表的な例として、明治五年に山梨県から県内各村にあてて出された通達をみてみよう。

新聞解話会取設ノ儀戸副長里正等へ達書

文明開化ノ今日ニ至リテ、小民末々幼童婦女ニ至ルマデ一向ニ世間ノ事ヲ知ラザルハ言甲斐ナキ事ナリ。其ヲ知ルハ新聞紙ニ若ク物ナシ。抑新聞紙ハ海内ヲ始メ外国各地ノ情態迄モ精細記シ、人々ノ善行悪事モ有ノ儘ニ載タレバ、自ラ勧善懲悪ノ旨備ハリテ、風ヲ移シ俗ヲ易ルノ捷径ナリ。又各家業ノ上ニ於テ利益ト成ルベキ筋モ間々有之、然リト雖モ目ニ文字無ク自身読ミ解ク事能ハザル者多シ豈遺憾ナラズヤ。爰ニ於テ一法ヲ設ク、自今在々村々神官・僧侶・農民ノ内当器ノ者ヲ選ビ読師トシテ右新聞解話ノ筵ヲ開キ、彼ノ幼童婦女ニ至ルマデ随意聴聞致サスベシ。開筵規則ハ猶別紙ニ記ス、此旨毎区正副戸長・毎村里正等能々体認シテ懇切ニ心配可致事。

壬申九月

新聞解話会規則

一、一六或ハ三八等ノ夜ヲ以、毎月六度程宛会席ヲ可立事

一、会席世話方ハ里正弐人小前弐人ヲ可相選事

一、新聞紙類ノ内適意ノ分ヲ求メ、右代価ハ可為村費事

一、読師ノ謝儀ハ其地其人ニ因リ斟酌有ルベシ、其他会席・灯油・炭等ノ資料右同断ノ事

一、小村人少ノ村々ハ最寄申合セ会社ヲ可結事

一、読師並世話方名前県庁へ可申出事(5)

この通達で解話会の対象として明確に想定されているのは、「幼童婦女」に象徴される「目ニ文字無ク自身読ミ解ク事」ができない非識字層であった。このような人々に対して、村々の識字層である神官僧侶農民等が、新聞紙上の国内外の事情や人々の善行悪事等を随意聴聞させて開化の域に進ませようという計画である。

国民の大多数がまだ非識字層であった明治初期の段階において、新聞解話会の試みは少数の識字者の口頭コミュニケーションを通じて、新聞という文字のメディアを大多数の非識字者へと伝達させていくべく考え出されたユニークなコミュニケーション形態であった。前田愛は、新聞解話会のスタイルを「文字コミュニケイションに口話コミュニケイションを継ぎ足した形」と表現している。(6)それはいわば国・県の主導によって、非識字者への新聞の読み

聞かせを組織的に行なうという壮大な実験であった。しかし、解話会はどの県においてもきわめて人気が悪く、集まってくる聴衆の数もわずかなままにとどまった。その普及に躍起となった県当局の努力にもかかわらず、結局解話会の実験はあえなく失敗に終わっていく。

こうして、新聞の読書奨励策のうち、①新聞の購読・回覧奨励と②新聞解話会の試みはそれほどの成功をおさめることなく終わってしまったが、第三の新聞縦覧所の設立は官側のみならず、民間の設立によるものも輩出し、さらに、東京においては商業ベースの縦覧所も盛んに設立されるなど、明治初期の新聞読者の拡大において重要な役割を演ずることになる。そこで、節を改めて新聞縦覧所を取り上げてみる。

三　新聞縦覧所の普及

1　官による設立

新聞縦覧所とは、複数の新聞を集めて有料・無料で読ませる読書施設のことで、新聞の普及がまだ弱い明治初期において、官側の奨励あるいは民間の有志者によって数多く設立された。[7] 多くの府県において新聞縦覧所の設置計画が立案されており、例えば次の佐賀県や新潟県の例では小区単位で縦覧所が設立されている。

当県内毎一小区一両ヶ処づゝ新聞縦覧所を設けられたり（佐賀県）（『郵便報知』明九・九・二一）

我県令公民費に課して各新聞紙を購求し一小区に一ヶ所の新聞紙縦観所を設け尚ほ用掛をして戸々之を読ましむるの挙あり（新潟県）（『東日』明七・一一・二二）

なかでも、より詳細に設置計画案の概要が残されているのが明治五年の印旛県（現千葉県・茨城県の一部）の例である。県下の各小区毎に新聞縦覧所を設置しようとするその計画案の概要は次の通りである。

子弟教育開志之施行ニ於テハ即今一同尽力漸次方法モ相立後年未曽有之大挙トイフベシ其父兄当時要路之戸長等ニ於而者益遠近之事情ヲ詳ニシ時勢ニ通シ産業ヲ勉メ追而開明ノ域ニ進マシムベキモ亦欠クヘカラサルノ要務然ルニ即今適実之良法之ヲ得ルコト最モ難シ試ニ各小区毎集会所寺院等ニ於テ適宜毎次之新聞ヲ集メ仮覧セシメハ漸ヲ以聊固陋之旧習ヲ脱シ開智進歩ノ一補助タルニチカヽラン乎

第一　新聞雑誌　報知新聞　東京日々新聞　フラック新聞

第二　各新聞者県下博文堂ヨリ郵便ヲ以テ各区戸長頭取へ再次逓送スベシ
　但シ博文堂ニ於テ此手数料ハ当分可不受取

第三　各新聞買入之費用並逓送之賃銭者各小区毎ニ適宜ヲ以テ区内ニ分課シ之ヲ償フベシ

第四　新聞之代価者各小区毎戸長頭取ニ於テ月々之ヲ纏メ譬者十月分者翌十一月之大区会席ニ持参スベシ

第五　各新聞書者即チ各小区之蔵書トシテ永ク散乱セシムルコトナカレ

第六　新聞ノ外開智切要之訳書等有而格別其価ナラサルモノハ県庁ニ之ヲ熟読之上新聞之所置ニ倣ヒ毎区江逓送セシムルコトアルベシ

右乞高評

大区会頭(8)

印旛県のこの計画は、子弟を対象とする小学校教育が軌道に乗った後を受けて、次に父兄向けの教育手段として新聞に着目し、各小区毎に集会所・寺社等に新聞縦覧所を設けようとする試みである。この設置案が実際に実現したかどうかは不明であるが、成人教育的な機能が新聞縦覧所に期待されていたことがわかる。

各県による新聞縦覧所設立の結果、かなりの数の縦覧所が全国的に設立されていったものと思われるが、残念ながらその全容を統計的に知ることはできない。ひとつの手がかりとして、明治初年代に各府県から出された「一覧表」「一覧概表」と題された木版一枚刷りの統計表がある。これは「戸籍」「学校」「車両」等、当時の各府県の主要な統計データを網羅した表であるが、府県によってはその項目中に新聞縦覧所数が含まれているものが若干存在する。表5-1がそれを拾い出したものである。一覧表は府県によって出された公式な統計であるから、この新聞縦覧所数も府県の設立による公的なものが主であったと思われる。前述した印旛県のような各小区毎の設置案に比べると、実際に設置された数は少ないようにみえるが、それでも各府県に一ないし複数の、ときには二〇以上にものぼる縦覧所が実際にも設置されていたことがわかる。

しかし、容易に想像されるように、府県によって上から設置された新聞縦覧所は人々に敬遠され、形式的な中身のない施設と化す傾向が強かった。たとえば表5-1にある筑摩県の「御布告新聞類縦覧所」に関して、「県庁の近所に御布告新聞紙縦覧所といふ榜示杭が有れど覗いて見れば何も無し」といった近況報告が『朝野新聞』に寄せられている（明九・五・九）。他の府県においても、多かれ少なかれ同様な形骸化が避けられなかったようである。むしろ地方においては、次に述べるような民間の設立によ

表5-1　「府県一覧表」による新聞縦覧所数

	県	調査年月日	名　称	数
①	相川県	明治6年	新聞縦観社	1
②	栃木県	［明治6年］	新聞縦覧所	1
③	磐前県	明治6年8月	新聞紙展観社	7
④	島根県	明治7年1月1日	新聞縦覧所	3
⑤	若松県	［明治8年］	新聞紙縦覧場	5
⑥	筑摩県	明治8年1月	御布告新聞類縦覧所	2
⑦	名東県	［明治8年1月］	新聞縦覧所	2
⑧	愛媛県	明治9年1月1日	新聞縦覧所	23

出典　①『相川県治下一覧』［明治6年］，②『栃木県一覧概表』明治7年，③『磐前県一覧表』明治6年，④『島根県一覧表』［明治7年］，⑤『若松県一覧概表』明治8年刻成，⑥『筑摩県一覧表』明治8年彫刻，⑦『名東県一覧表』明治9年1月調成，⑧『愛媛県治統計概表』明治9年.

る縦覧所の方がより活発で実質をともなったものとなっていた。

2　民による設立

新聞縦覧所設立ブームは、官側よりもむしろ民間において全国的な拡がりを獲得していく。そして、そのブームが比較的長期にわたって持続したのは、全国各地の新聞縦覧所の設立が新聞紙面を通じて逐一報道され、各地の読者がそれを模倣することによって、相乗効果的にブームが全国に波及していったからである。設立形態で最も多かったのは個人や有志数名による設立であったが、会員制や会社組織のもの、新聞社や書店内に設けられたもの等さまざまであった。

大分県下細工町の式田喜七郎外有志の輩数名申合せ東京大坂等の新聞雑誌の類を取寄せ文友社といふ縦覧所を設り（『朝野』明一〇・九・九）

有名の新聞紙を購求して文字を知る者は之を読みしらざる者はしる者より懇篤に教なば一村を挙て文明とやらの域に達せしむるも容易かるべしとて我が東京日々新聞報知朝野読売其他数種の新聞を購求せん事を計りしに同意を表する者忽ち二十余名に及び則ち同村五十一番地へ新聞縦覧所を設け無見料にて之を読しむると云ふ（『東日』明一七・七・三）

ここで注目されるのは、民間における新聞縦覧所の設立動機も官の場合とまったく同様に、文明開化の促進にあったことである。引用した後者の新聞記事は上総の長柄郡下太田村の例であるが、有志者によって新聞縦覧所が設けられた目的は、「一村を挙て文明とやらの域に達せしむる」ためであった。明治一〇年に静岡県で設立された新聞雑誌縦覧場の広告でも、設立目的が次のようにうたわれている。

此縦覧場を設立せし所以は、専ら僻邑僻村に住して文明の景況を夢想し能はざる貧士陋俗の為に各種の新聞を縦覧せしめ漸次に知識を開達せしめんと欲するにあり(9)

新聞を読む習慣を身につけさせることによって、僻村の人々をも文明化された国民へと変えていこうとするその啓蒙の論理は、官側の論理とまったく同じである。すなわち、官と同様に民間においても、新聞縦覧所＝〈文明開化の読書装置〉という認識が広く共有されていたことを示している。

3　中央紙の流通装置

さて、こうして全国に普及していった新聞縦覧所には、実際にどのような新聞が備え付けられていたのであろうか。備え付け新聞名のわかるものを新聞記事からリストアップしてみると、その大部分は東京発行の新聞で占められており、次いで大阪・横浜紙が多く、最後に地元紙がくるというパターンである（表5-2）。この表から明らかなように、北海道から関東・北陸・中部・東海とどの地域においても、東京の新聞が縦覧所備え付け新聞の主要部分を占めている。『重新静岡新聞』（明一〇・三・二四）に掲載された「新聞雑誌縦覧場」の広告には、備え付け新聞雑誌名が最も詳細に記されている。

郵便報知新聞、東京日々新聞、東京曙新聞、朝野新聞、横浜新聞、東京絵入新聞、仮名読新聞、内外兵事新聞、読売新聞、花都女新聞、米価日報、大坂日報、浪花新聞、愛岐日報、静岡新聞、西海新聞、明教新誌、開知新聞等、東京新誌、近事評論、家庭叢談、団々珍聞、農業雑誌、津々社談、神教叢談、広益問答、文明新誌、明治詩文、花月新誌、攪眠新誌、同人社文学雑誌、名誉新誌、東京新報、あわせ鏡等[10]

圧倒的に東京発行の新聞が大部分を占めている。雑誌についても同様である。新聞縦覧所が中央の新聞の地方への流通装置として機能していたことが理解される。このことは、文明開化の先導者としての新聞は必然的に首都東京で発行されたものでなければならなかったことを意味するとともに、新聞の発行・流通体制が地方においてはまだ未発達状態にあったことも原因している。新聞売捌網がまだ形成途上にあった明治初期において、地方の個人が東

表5-2　新聞縦覧所備え付け新聞名

	縦覧所名・地名	県	年	備え付け新聞
①	忠告社	石川県	明治９年	日日，報知，朝野，曙等
②	上市泉町	茨城県	明治９年	日報，報知，朝野，評論，東京絵入
③	魁文社	北海道	明治９年	日日，報知，朝野，読売，横浜・大坂等の新聞
④	活眼会	長野県	明治10年	東京各社の新聞，長野，甲府新聞
⑤	原市町有志	群馬県	明治10年	日報，報知，絵入
⑥	下妻町	茨城県	明治10年	日日，報知，曙，朝野，絵入，読売，仮名読
⑦	尾山神社内	石川県	明治10年	報知，日報，朝野，石川，其他
⑧	川辺郡第14区	兵庫県	明治11年	東京及び西京大坂各社の新聞並に雑誌類
⑨	芝原村宿	千葉県	明治13年	日日，報知，朝野，毎日，曙，読売，絵入，有喜世，かなよみ
⑩	五社神社内	静岡県	明治14年	東京日々，朝野，郵便報知，京浜毎日，曙他
⑪	三省社	千葉県	明治15年	朝野，報知，京浜毎日，時事新報，総房共立

出典　①『浪花新聞』明9.1.29，②『東京日日』明9.3.6，③『東京日日』明9.7.26，④『東京絵入』明10.2.15，⑤『東京絵入』明10.3.31，⑥『東京絵入』明10.5.1，⑦『郵便報知』明10.11.28，⑧『郵便報知』明11.6.12，⑨『東京曙』明13.7.19，⑩『東京日日』明14.12.9，⑪『総房共立』明15.5.2.

京・大阪の新聞を取り寄せることは非常な経済的負担をともなうものであった。ここに、中央紙の読書装置としての新聞縦覧所の必要性があった。すなわち、新聞縦覧所は地方における中央紙の集団的購読のための装置として機能したのである。文明開化の発信源である東京の新聞を読むこと、それが開化に進む最良かつ唯一の道であった時期において、新聞縦覧所が全国各地に無数に設立されていったのは、まさにそれを効率的に実現する装置として評価されたためであった。

ところで、地域的にみた場合、新聞縦覧所が最も多く設立されたのは東京においてであったが、東京の新聞縦覧所は地方とは異なった独自の特徴を有している。すなわち、地方における新聞縦覧所の多くが見料を必要としない無料の非商業的なものであったのに対し、東京においては全国的にみても例外的に商業ベースの有料制の新聞縦覧所が数多く存在していた。そこで、少々横道にそれるが、東京の商業的な新聞縦覧所を取り上げてみよう。

四　東京の新聞縦覧所

1　浅草奥山の新聞茶屋

江戸以来の歓楽街浅草の境内には、茶店や寄席等さまざまの遊興施設が集まっていた。明治九年の新聞記事によれば、その概略は次のようであった。

境内の荒ましは食店が七軒、寄席は五ケ所、ヲデ、コと呼小芝居一ケ所、茶店八十有余軒、楊弓場十三軒、写真場十四ケ所、借馬一ケ所、写真眼鏡四ケ所、投扇興場一軒、新聞縦覧所一ケ所、観物小屋十八ケ所の内今般開扉に付開業さるは、女の曲馬、安本亀八の活人形、蝦夷人の力持、米国渡来の虎、シャムロより舶来の象等にて此外お持遊屋団子茶に上州祭文チョンガレ節諸雑店を惣体〆て五百軒余と申事にて探訪者にもチョックラとは調が届かぬと申ました[11]（『花の都女』明九・四・八）

寄席等の伝統的な店に混じって、写真場や写真眼鏡といった明治以降の新しい施設の進出が目立っているが、ここで注目されるのは「新聞縦覧所一ケ所」という箇所である。総数五〇〇軒余の中でわずか一ヵ所のみの新聞縦覧所の存在が特記されている。この浅草奥山の新聞縦覧所は明治五年という最も早い時期に設立されたもので、他の新聞等でもしばしば取り上げられ、よく知られた縦覧所のひとつであった。その内部の様子は次のようであった。

東京浅草寺ノ奥山茶店ヲ並ベタル中ニ新聞茶屋ナルアリ数間ノ茅屋中地上ニタ一フル二脚椅子十数脚ヲ排列シ架上ニ東京横浜ヲ初諸府県ノ新聞紙ヲ布陳シ外題ヲ垂レテ客ノ採択ヲ待ツ四十歳余ナル一婦人椅子ニ憑リ客至レバ茶ヲ供シ命ニ随テ新聞紙ヲ供ス新聞一冊見料

二厘ヨリ二厘半茶価五厘閑静ニシテ開化ヲ媒ス亦妙ナリ聞ク婦人ハ旧幕下ノ金槍師長尾某ノ未亡人一男児アリ年十八静岡ヨリ携ヘ来リ母子共英学教師秋山某ノ塾ニ入リ児ニハ勤学セシメ自ラ活計及塾費ヲ償ハンガ為此ニ開業セリト殊勝ナル婦人ト云ベシ（『愛知』三二号、明治五年一一月）

「新聞茶屋」と呼ばれているように、新聞の縦覧と喫茶のサービスとが組み合わされた仕組みであり、料金は合わせて七厘程度と安価であった。未亡人が生活費と子供の学費を稼ぐために始めたとあることからも、ある程度の利益が見込める商売だったと思われる。そして、実際にもこの新聞茶屋は明治一一年まで新聞記事等でその存続が確認されており、安定した経営状態を保っていたようである。[12]

2　東京の新聞縦覧所の分布

ところで、明治初期の東京では、この新聞茶屋以外にもさまざまな新聞縦覧所が相次いで設立されている。それらのすべてを跡づけることはもはや不可能であるが、新聞記事等からかなりの数の新聞縦覧所の存在を拾い出すことができる。明治五年から一七年までの間にその存在を何らかの形で知り得る新聞縦覧所の数は三三軒である（表5-3）。明治五年二軒、六年五軒、七年四軒、以下毎年数軒程度が設立されている。まず、それらを当時の東京の都

表5-3　東京の新聞縦覧所（年月順）

	区	町　名	名称，設置者	年月日	見　料	備　考
①	浅草区	浅草寺奥山	新聞茶屋	5年11月 6.10.23 7年8月 8.10.8 9.5.10等	1冊2厘 茶価5厘	東京横浜諸府県の新聞 婦人による茶のサービス（長尾某の未亡人）
②	日本橋区	同町 日本橋通	大観堂	5年11月	1時間 1銭	書肆の経営 木牌を使った時間制
③	浅草区	並木町	日新堂支局 文象舎	6年4月 広告	1ヵ月12銭 5厘	午前7時より午後5時まで開場 1時間～1日は見料3銭
④	神田区	小川町 1番地	報知社支局 文明堂	6.6.3広告	1銭5厘	午前8時より午後5時まで
⑤	神田区	第五大区四小区神田栄町23番地	博聞堂 （飯沼篰三）	6.7.14 許可	1日2銭 1ヵ月37銭 5厘茶代共	東京府知事の開設許可取得 新聞16紙備え付け
⑥	本郷区	壱岐殿坂上	並進舎	6年7月	1時間半銭	午前8時より午後8時まで，粗茶
⑦	浅草区	第五大区二小区浅草福富町24番地	成通社 （西村助右衛門）	6.11.27 許可	1人1銭	東京府知事の開設許可取得
⑧	下谷区	上野東黒門町10番地	新聞縦覧所 （渡辺興治）	7.2.4 7.5.10広告		各種新聞説教書籍等縦覧に加えて翻訳書，新刊書も取り揃える
⑨	京橋区	南伝馬町2丁目	開知軒岡野	7.3.14 広告		移転広告
⑩	芝　区	芝山内黒本尊前	三角園	7年7月 広告		午後10時まで新聞紙夜観場開設
⑪	神田区	久右衛門町通江川町12番地	知新堂	7.8.15 広告		開業広告，見料廉価
⑫	下谷区	山王山中央	偕楽亭	8.4.28	2銭	日報，報知，曙，日新真事誌，朝野，読売，横浜の諸新聞を縦覧
⑬	神田区	一橋通町4番地	有則軒	8.5.25 広告	1人 1銭5厘	猿楽町より移転，貸本と兼業

	区	町　名	名称，設置者	年月日	見　料	備　考
⑭	本所区	両国回向院境内	中山正次郎	8.7.31 8.9.4	無代	神田元久右衛門町２丁目に在住
⑮	下谷区	上野公園地大仏下	勝覧所	9.7.20	３銭	体重測定が２銭，寄合や席借兼業
⑯	神田区	第四大区一小区表神保町４番地	諸新聞縦覧場（巌井義恭開設）	9.7.21 9.7.27広告 9.8.3 9.8.23	無代	世間一般の代覧所のような私利のためではなく，人々の開明のために開設
⑰	神田区	第一大区十一小区神田柳町３番地（泉橋稲荷河岸）	府県諸新聞雑誌類縦覧場（六合社）	10.1.10 広告 10.1.13 広告		午前９時から午後９時まで開場
⑱	神田区	外神田花岡町鎮火社境内	新聞縦覧所	10.1.20 開業		種々の草木並びに諸新聞の縦覧所
⑲	深川区	高橋ぎわ観音地内	新聞縦覧所	10.1.23 開業		旧土州屋敷
⑳	芝　区	日蔭町 ２丁目	浜の屋ハナ	10.3.15		花屋敷と新聞縦覧所を設置予定
㉑	芝　区	西の久保	鞆絵学校内博覧所	10.3.30		学校内に博覧所を設置し，各社の新聞を備えて誰にでも読ませる
㉒	芝　区	日蔭１丁目 １番地	芸妓小浜	10.4.15 開業		武蔵屋の小浜が芸妓を廃業して開業したもの
㉓	麹町区	辰之口旧内務省附属邸	巡査本署内新聞縦覧所	10.5.1		有楽町旧備前邸から移転した臨時徴募の巡査本署内に設置
㉔	深川区	東元町 24番地	大澤源蔵	10.5.15 開業		風車の運動器械をも備える
㉕	芝　区	新幸町 ４番地	桜田学校内新聞縦覧所	10.9.1 開業		東京の諸新聞，教育関係書籍雑誌，午前８時より午後６時まで

	区	町　名	名称，設置者	年月日	見　料	備　　考
㉖	日本橋区	日本橋西中通上槙町４番地	諸新聞縦覧所良明堂	11.3.1 開業		新規開業広告 新聞雑誌売捌所の良明堂の経営
㉗	神田区	神田美土代町４丁目５番地	各新聞縦覧所旭昇堂	11.9.24 開店		新聞雑誌の縦覧と洋菓子・薬の販売を兼業
㉘	芝　区	愛宕下 ３丁目	温泉新栄楼内新聞じうらん所	11.10.6 広告		「温泉」マーク付き広告
㉙	神田区	表神保町 ９番地	各社新聞雑誌縦覧所	12.2.22 広告		「山田」名による広告 新聞雑誌を増加
㉚	芝　区	日蔭町通り柴井町	文明社	12.3.4		諸新聞売捌業の文明社が外国の横文字新聞の縦覧所を開設
㉛	麹町区	永楽町２丁目１番地	勧工場内新聞縦覧所	12.5.13 12.5.14		当該新聞縦覧所から「あきなひ新聞」を発行予定
㉜	芝　区	芝愛宕山麓通南桜橋際角	大日本新聞雑誌縦覧所	12.6.11 広告		愛宕町３丁目から移転，新聞雑誌200種，横文字新聞7，8種，縦覧時間不問
㉝	芝　区	日蔭町通り露月町	清涼亭	17.5.30 開業	無料	珈琲，氷水，洋酒のサービス

(１)年月日は新聞記事等の日付，もしくは開業日である．
(２)出典は巻末の注にあり．

市空間の中に位置づけてみよう。図25がその区別分布である。なお、東京の行政区画は、明治一一年を境に大区小区制から一五区制へと変化している。本来であれば、ここでも両方の区制で示すべきところであるが、大区小区制はその区画が不安定でかつ短期間しか続かなかったために我々の地理感覚にとって非常に馴染みにくいことも考慮して、ここでは一五区制を前倒しした地図で示することにする。

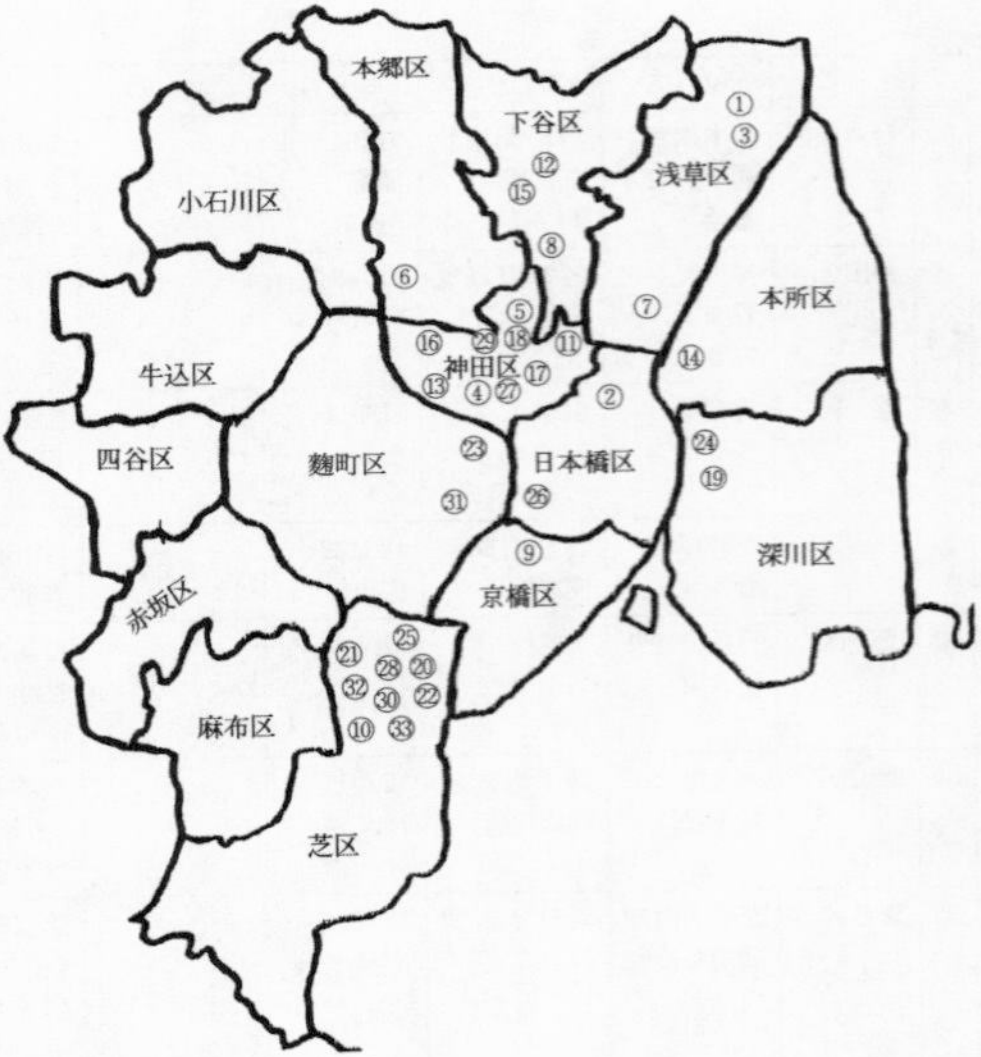

図25　東京の新聞縦覧所の分布図

さて、これら三三軒の多くは新聞紙上で盛んに広告活動を繰り広げていることからもわかるように（図26）、有料制の新聞縦覧所であり、無料のものはわずかである。したがって、

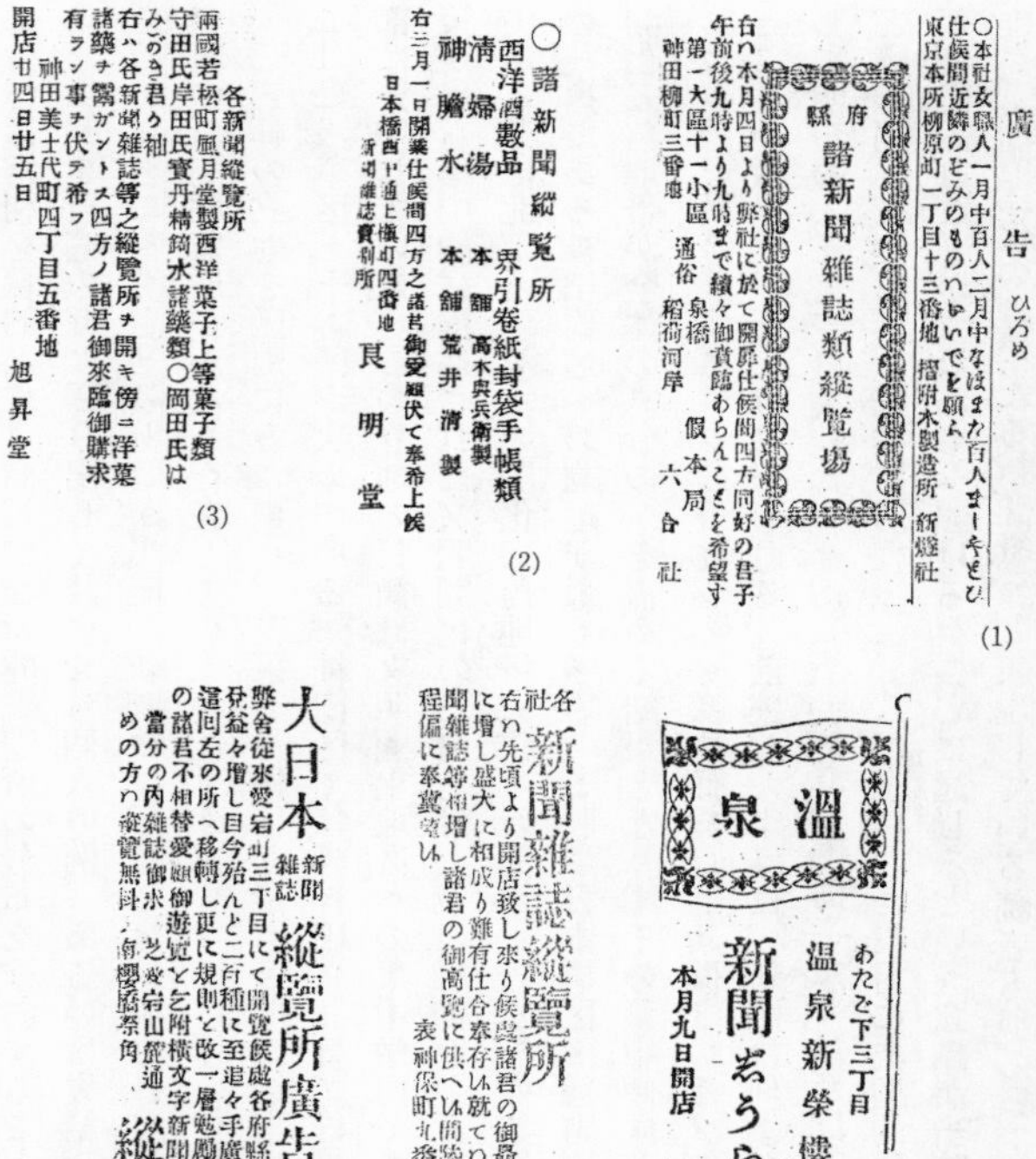

廣告　ひろめ
○本社女職人一月中百八二月中なほまた百人ましそとび仕候間近隣のぞみのものハおいでを願ふ
東京本所柳原町一丁目十三番地　摺附木製造所　新燧社
府縣　諸新聞雜誌類縱覽場
右ハ本月四日より弊社に於て開扉仕候間四方同好の君子午前後九時より九時まで續々御貴臨わらんことを希望す
第一大區十一小區　泉橋　假本局
神田柳町三番地　通俗　稲荷河岸　六合社

○諸新聞縱覽所
西洋酒數品　界引卷紙封袋手帳類
清婦湯　本舗　高木與兵衛製
神膽水　本舗　荒井清製
右三月一日開業仕候間四方之諸君御愛顧伏て奉希上候
日本橋西ト通上槇町四番地
新聞雜誌賣捌所　艮明堂

各新聞縱覽所
兩國若松町風月堂製西洋菓子上等菓子類
守田氏岸田氏寶丹精錡水諸藥類○岡田氏は
みごのき君ゥ袖
右ハ各新聞雜誌等之縱覽所ヲ開キ傍ニ洋菓諸藥ヲ鬻ガントス四方ノ諸君御來臨御購求有ランヿヲ伏テ希フ
神田美士代町四丁目五番地
開店廿四日廿五日　旭昇堂

温泉
あたご下三丁目
温泉新榮樓内
新聞おうらん所
本月九日開店

各社　新聞雜誌縱覽所
右ハ先頃より開店致し來り候處諸君の御最負を以て日に増し盛大に相成り難有仕合奉存候就てハ今般一層新聞雜誌等相増し諸君の御高覽に供へ候間陸續御來車の程偏に奉冀望候
表神保町九番地　山田

図26　新聞縦覧所の広告
表5-3の中に取り上げたものである．対応関係は次のとおり．
(1)-表の⑰，(2)-㉖，(3)-㉗，(4)-㉘，(5)-㉙，(6)-㉜

ここでは営利を目的とする商業的な新聞縦覧所の分布を検討することになる。ただ、読み終えた新聞を自宅の壁に張り出して読ませる個人の例、あるいは髪結床や湯屋の二階に諸新聞を置いて客に縦覧させる例等が当時の新聞にはしばしば紹介されているように、この他にも無料の新聞縦覧所がかなり存在していた可能性が高い。

三三軒の立地を区別にみた場合、芝区と神田区が最も多くこの二区で全体の半数を占め、これに浅草区と下谷区が次いでいる。神田区では外神田に三軒、内神田に六軒、芝区では北部に集中している。この立地の特徴は文明開化地区への集中傾向である。明治初年に開化政策が最も集中的に推進された文明開化の三角地帯（築地居留地―新橋―銀座煉瓦街）の一角である芝区北部と、第二の開化三角地帯（銀座新聞街―日本橋商業街―神田書店・学校街）の一角である神田周辺への立地が最も多い(13)。これに日本橋区・麴町区・京橋区を加えると、開化三角地帯が全体の三分の二を占める結果となり、その集中傾向が際立ってくる。

このような新聞縦覧所の開化地区への集中傾向は、新聞というメディア自体の特性によるところが大きかったように思われる。前述したように、新聞は何よりも文明開化の先導者として明治の人々に受け入れられていた。「伊豆の熱海あたりは新聞を読む人は至ッて少なくどうも開けません」（『読売』明九・二・八）といった投書に典型的に表われているように、新聞を読むことがすなわち「開ける」ことに通じるという意識が当時の人々に共有されていた。「文明開化の標準たる新聞紙」と表現している読者もいる（『かなよみ』明一〇・四・

七）。文明開化の標準たる新聞を縦覧させる施設は、必然的に開化地区に立地しなければならなかった。

しかし、新聞縦覧所の立地傾向をさらに個別に調べていくと、興味深い特徴が浮かび上がってくる。まず、最も多いのが寺社の境内及びその近辺である。その内訳は浅草寺とその近辺（①、③）、寛永寺とその近辺（⑧、⑫、⑮）、芝増上寺境内（⑩）、回向院境内（⑭）、鎮火社境内（⑱）となっている。浅草寺（浅草公園）・寛永寺（上野公園）・増上寺（芝公園）・富岡八幡社（深川公園）は明治六年に飛鳥山（飛鳥山公園）とともに五公園として指定され、その敷地の一部を貸地として茶店や割烹店に貸し付け、その借地料によって維持費を捻出する方法がとられた[14]。そうした敷地の一角に新聞縦覧所が進出して、参拝者や公園の園遊客を目当てに開業したものと思われる。寺社を改称したものではあったが、公園という明治以降に新しく登場した公共空間は文明開化の象徴的空間であり、新聞縦覧所と親和性が高かった。

寺社に次いで、商店街への立地が多い。日本橋通（②、㉖）、南伝馬通（⑨）、日蔭町（㉒、㉚、㉝）がそれである。これはやはり買物客等の人出の多さを当て込んでの立地であろう。なお、芝日蔭町付近は新橋駅の正面に位置しており、駅前への立地とみなすことも可能である。その他、小学校内（㉑、㉕）、巡査本署内（㉓）、勧工場内（㉛）といった文明開化政策によって誕生してきたさまざまな近代的な都市施設への立地も目立っている。また、新聞社や新聞雑誌売捌業者の設置する縦覧所の例もある（④、㉖、㉚）。

このように、明治初期の東京における新聞縦覧所の立地は、従来から庶民の集う場所であった寺社や商店街といった伝統的な空間への進出が多くみられる一方、学校・勧工場・公園・駅前といった文明開化の先端的施設への立地が特徴的である。

3　新聞縦覧所の情報空間

さて、新聞縦覧所の内部に目を注いでみると、その空間ではそれまでになかった新しい読書体験が生み出されつつあることに気がつく。まず第一にそこは、時間や一日という単位で情報・ニュースを有料で摂取する空間であった。

新聞縦覧所の料金制度は、浅草奥山の縦覧所（①）は新聞一冊につき二厘―二厘半、文明堂（④）は「終日にても或るは一二時間にても見料一銭五厘」等とさまざまであるが、注目されるのは時間単位の料金制をとっている縦覧所が存在していることである。並進舎（⑥）は一時間半銭、大観堂（②）は一時間一銭となっている。特に大観堂の料金制度は、「客至レハ幾字ト書シタル木牌ヲ付ス客読テ一字ニ満ツレバ又幾字ノ牌ヲ送ル簡便ニシテ最モ妙トスベシ」とあるように、木の札で時間の経過を知らせる方式をとっており、厳密に時間の測定が行なわれていた。

「一時間」という〈時間単位〉での行動は、明治以降に導入されたばかりの新しい習慣であった[15]。したがって、新聞縦覧所という空間は、新聞と時間という、ともに近代になって導入された新しい二つの事物の結合によって誕生した最も先端的な情報空間であったといえよう。新聞縦覧所での読書を通じて、人々は情報・ニュースが有料であること、そして〈時間単位〉で情報・ニュースの摂取を行なうことを自ら学ぶことになる。

第二に、新聞縦覧所はただ一種類の新聞を読むだけではなく、さまざまな新聞をほしいままに好きなだけ読むことが許された空間であった。東京の新聞縦覧所には、東京のみならず全国各地の新聞も取りそろえられていた。たとえば六合社（⑰）は「府県諸新聞雑誌類縦覧場」とうたっており、また、大日本新聞雑誌縦覧所（㉜）では新聞雑誌が二〇〇種に達し、横文字新聞七、八種も備え付けられていた。具体的に備え付け新聞名のわかるものとして、明治六年の博聞堂（⑤）の例でみると、備え付け新聞は次の一六紙であった。

郵便報知新聞	日新真事誌	東京新聞	東京日々新聞
京都新聞	新聞雑誌	内外日誌	大坂新聞
愛知新聞	筑摩新聞	翻訳新聞	日要新聞
ひらかな志んふん志	教義新聞	海外新聞	北湊新聞

東京・大阪・京都・愛知・長野・新潟の諸新聞がそろっている。博聞堂では、これらの新

聞を一日二銭で好きなだけ読むことができた。

さらに、複数の新聞を読み比べることを通して、ニュースの批判的摂取が可能になってくる。下谷に住む『東京絵入新聞』の読者は次のような投書を寄せている。

又鹿児島が騒がしいさうだと（記者の口真似ではないが）道路の風説がチラリと耳に這入たから新聞縦覧所へ朝がけに進入して第一の床几を陣営とお尻を据て片端から読でみると去四日から五日六日と漸次に鹿児島の景況《ありさま》の了解《わかり》ましたは諸新聞のお庇陰《かげ》で（後略）（『東京絵入』明一〇・九・八）

縦覧所の諸新聞を片端から読むことを通じて、この読者は西南戦争の全体像を自ら組み立てようとしている。西南戦争という国家的大事件の勃発に際して、近世的な風説や噂話ではなく複数の新聞報道に基づいて事件を客観的にとらえようとする読者の姿が見えてくる。新聞縦覧所はニュースをより深く多面的に、そして時系列的に把握することが可能な空間であった。そして、この時期にそのような空間は他には存在しなかったのである。

第三に、新聞縦覧所は娯楽と消閑の空間であった。しばしばお茶のサービスが付随しており、喫煙も可能であったことからも、縦覧所は茶屋的な系統に属している。「新聞茶屋」という別称からもそれは明らかである。人々は寺社への参詣や散策の途中に新聞縦覧所に立ち寄って暇つぶししたり、世間話にふけったりしていた。新聞の投書欄で縦覧所は次のように描かれている。

昨日浅草の観音へ参詣して奥山の新聞縦覧所で一吸煙やりながら諸新聞を見て居ましたら傍に居た二人の者が咄してゐるのを聞と（後略）（『東京絵入』明九・四・一七）

ア、能天気《いい》だと思つたら足がむづ〳〵して宅《うち》に居られず当はなけれど徒歩《ぶら》〳〵と出掛た先は浅草の観世音（出兵で人が減たかと思へば）イヤモウ人が出るは〳〵（中略）奥山の新聞縦覧所へ立寄て吸煙喫茶で気を紛らし（後略）（『東京絵入』明一〇・三・二三）

寺社の境内や繁華街は都市に住む人々の散策コースとなっており、その一角に立地した新聞縦覧所へ暇つぶしに立ち寄ってニュースを摂取する新しい習慣が、こうして東京に住む人々の間に芽生え始めていたのである。

さて、東京の新聞縦覧所に深入りしすぎたが、話を元に戻すことにしよう。新聞解話会や新聞縦覧所の設立によって、〈上から〉新聞読者の育成を図る官側の試みは、地方においてはそれほど大きな成功をおさめることなく、明治一〇年代以降衰退していった。〈新聞を読む国民〉の育成策は、短期間ではそれほど目立った成果を生み出すには至らず、新聞読者層はその後ある程度長い期間をかけて自生的に成長の道をたどっていくことになる。

政府の読書政策も明治一〇年代以降は沈滞化の方向をたどり、その後再び読書政策が活発化してくるのは、明治三〇年代に入ってからであった。しかし、この読書政策の谷間の時期にあって、注目されるのは自由民権運動における読書のあり方である。一言でいえば、それは民間において先駆的になされた〈下から〉の読書の有用性の発見であった。

五　自由民権運動の読書文化

自由民権運動の特徴は、その運動が読書を基盤とするさまざまな形の自己学習・相互学習活動に支えられている点である。欧米の政治社会思想を摂取する必要性、あるいは低い識字水準にある構成員を教育する必要性からも、民権運動においては翻訳書や新聞等の読書に基づく学習活動が重要な位置を占めていた。

民権運動の具体的な展開過程については民権史研究の膨大な蓄積に譲るとして、ここで読書史という視点から改めて見直してみるとき、民権運動は読書史上の重要な転回点に位置していることに気づかされる。それは端的に表現すれば、漢学的読書文化からの決定的な断絶である。しかも、それは自ら主体的に選び取られた漢学との決別であった。その具体的な様相を、新井勝紘が紹介している民権運動家の利光鶴松の手記に見ることができる[16]。

幕末に大分県で生まれた利光は地元の漢学塾で模範的な塾生生活を送り、「孔孟」を気取るほど漢学に打ち込んでいたが、明治一七年に上京し、奥多摩地方の五日市に移り住むと同時に、民権運動から決定的な感化を受ける。手記では次のように書かれている。

予ガ将来自由党トナリ　自由主義ヲ唱道シタルハ全ク　五日市ニ於テ受ケタル感化ニ外ナラズ　又　予ハ漢学塾ニ　孔孟ノ教ヲ受ケ　其読ム所ノ書ハ漢籍ニ限ラレタリ　五日市ニ於テハ漢籍ヲ放棄シ　ルーソー　スペンサー　ベンザム　ミル等ノ著書ノ翻訳ヲ耽読スルニ至レリ(17)

「漢籍ヲ放棄シ」「翻訳ヲ耽読スルニ至レリ」と明確に書かれているように、彼は五日市においてそれまでの漢学的読書文化と決別し、それに代わるものとして、西欧哲学や社会科学の翻訳書からなる新たな読書文化を選び取っている。彼はこのとき二一歳であった。すなわち、彼は漢学的教養によって自己形成を遂げた後、成人期に入ってから今度は全く別の異なった教養体系へと自己を投入していったことになる。変わらないのは、その読書に対する熱心さであった。

予ノ学問ニ対スル熱心ハ　毫モ衰ヘザルノミナラズ　益々其熱度ヲ加ヘタリ　昼ト云ハズ夜ト云ハズ　寸閑アレバ読書ヲ怠ラザリキ　前ニモ述ベシ通リ　其読ム所ノ書籍ハ　漢籍

ヨリ翻訳書ニ変ハレリ　政治、経済、哲学ニ関スル諸種ノ翻訳書ハ片端ヨリ大抵之ヲ読了シ　其要旨ハ悉ク抜粋シテ保存シタリ[18]

ことごとくノートを取るほど実に熱心に翻訳書の読書に取り組んでいる。こうして、漢学的世界から西欧社会科学的世界へと、利光の教養体系は大きな転換を遂げていく。このような読書世界の大きな変化は、ひとり利光のみが経験したことではなかった。他の多くの民権運動家のたどった読書遍歴も程度の差はあれ、この利光と同様のものであった。

そして、第二に、読むべき書籍が漢籍から翻訳書へと変わったことは、書籍の価値基準が古い伝統的知識から最も新しい知識へと百八十度転換したことを意味する。利光が寄寓した奥多摩の深沢家の蔵書の中心を占めていたのが、外国の憲法典や社会思想書等の明治一〇年前後に出版された新刊翻訳書であったように[19]、民権運動においては、漢学のような古い知識ではなく、新しく出版されたばかりの翻訳書や新聞といった新しい知識が最も重視された。しかも、彼等はそれらの新しい知識を共同学習の方法で実に熱心に摂取しようと努めている。成人層において、漢学的教養から西欧社会科学体系への移行がこれほどの社会的規模で、しかも全国的に試みられたのは、民権運動において初めてみられる現象である。

しかし、第三に、読むべき書籍が古い漢籍から新しい翻訳書へと変わったことによって、書籍の入手方法に関わる深刻な問題が引き起こされた。近世以前から連綿と受け継がれてきた漢学は長い間の蓄積によって、各地域において四書五経等の基礎的な書籍の集積が行なわれ、貸借・筆写等を通じてある程度の利用可能性が開けていた。これに対して、翻訳書は明治になって出版され始めたばかりの最も新しい書籍であり、地域における蓄積は皆無に近かった。東京から購入するにしても、出版情報の収集や価格の高さ、流通網の不備等で地方においてはその入手はきわめて困難であった。

このような書籍入手に関わる問題を解決するために民権運動において発達していったのは、〈共同的読書〉ともいうべき独特な読書のあり方であった。その原初的な形態は私蔵書の地域への開放である。経済的余裕のある者が新刊翻訳書を購入し、それを地域の人々の利用に供する方法が各地で広くみられた。前述した利光鶴松がさまざまな翻訳書に接することができたのも、深沢家の豊かな個人文庫を利用することによってであった。深沢家ではほとんどの新刊書を購入し、地域の民権運動家に閲覧・貸出を行なっていたという[20]。私蔵書の開放からさらに進んで、書籍の共同購入や書籍縦覧所の設立に進む例も全国各地で数多くみられた。

古い漢学文献と決別し、新しく出版されたばかりの西欧翻訳思想書や新聞を地域の読者たちが共同で購入し、共同で学習していく自由民権運動におけるこのような読書のあり方は、民間の政治運動によって先駆的になされた〈本を読む国民〉創出の試みであった。そして、そこにおいて、〈下から〉発見された読書の有用性は、その後明治三〇年代以降に、明治国家によって〈上から〉再発見されていくことになる。

六　明治三〇年代の図書館の発見

1　明治一〇―二〇年代の図書館の不振

明治初年代の新聞読者創出の試みが失敗に終わったあと、明治一〇―二〇年代を通じて、読書は国家にとって有用なものとは認識されない状態が長く続いた。二〇年代の読書に対する社会的認識を端的に表わすものとして、『読売新聞』の短い記事を取り上げてみよう。「我国は読書の国にあらず」と題された明治二三年のこの記事は、まず一人の田舎紳士が「国庫金を投じて大学校を置くの不可なる」論を説いたという話を紹介した後、続けて重野博士の談話として次のような一節を掲載している。

欧州諸国は勿論支那の如きも有名なる学者を出せり是れ畢竟其の国人が読書を嗜めるに原因するものにして国人が読書を嗜めば従ッて大学者も出るなり我国は古へより国民の風俗読書を嗜ず維新後文化の度大に進みたりと雖も猶ほ読書を嗜まざるもの多し我国に大学者の出でざる蓋し怪むに足らず何うしても日本は武国ぢやナと語られたり（『読売』明二三・一〇・一二）

この卓抜な指摘にあるように、富国強兵路線を邁進していた二〇年代の明治国家にとっては、学問や読書という文化的領域への関心はきわめて低かった。国民の間にも読書趣味の拡がりはみられず、「読書を嗜む」国民はまだ少数にすぎなかった。

むしろ、自由民権運動にみられたような共同読書的な自己学習運動の高まりは、明治国家にとっては好ましからざる反体制運動としてとらえられ、そこには国民的読者層の創出、すなわち初等教育の普及にともなって広範に形成されつつあった学齢期以降の成人層を自立した読書国民へと育成しようとする想像力はまだ生まれていなかった。そのことを象徴的に表わしているのが、読書の公的装置としての公立図書館の不振である。

二〇年代を特徴づけているのは公立図書館の相次ぐ廃館である。地方の読書界の中心的存在である府県立書籍館の少なからぬ部分が明治二〇年代に廃館に追い込まれている。公立書籍館数は明治一七年の一六館から明治二五年には七館にまで減少し、さらに明治二〇年代末にはわずか県立宮城書籍館一館のみとなる。[21] このように、公立書籍館が明治二〇年代に衰退の一途をたどった原因は、直接的には地方財政の窮迫によるものであった。例えば、明治九年に設置された大阪府書籍館は年間の利用者数が一万人以上に上り、ある程度の利用実績を上げていたにもかかわらず、明治二一年に財政難のためにあえなく廃止されてしまっている。[22] 財政難で簡単に廃止されてしまうほど、図書館という社会的装置に象徴される読書の有用性への認識はまだ人々に広く共有されていなかった。

また、国立図書館の地位もきわめて不安定であった。明治五年に文部省によって官立の書籍館が設立されるが、明治七年には閉鎖され、蔵書は浅草に移されて浅草文庫として内務省の所管となる。翌八年に文部省は改めて東京書籍館を開設するが、これも明治一〇年には財政難で閉館となり、所管を東京府に移して新たに東京府書籍館として発足する。しかし、明治一三年には再度文部省の所轄に復帰し、東京図書館と改称する。さらに、明治一八年には東京教育博物館と合併させられてしまう。このような目まぐるしい所管の変更は、国立図書館というものの有用性を、明治国家それ自身がまだ十分に理解していなかったことを雄弁に物語っている。

しかし、明治三〇年前後から、「読書」に対する社会的関心の急激な高まりが生じてくる。その重要な契機となったのは、日清戦後の一等国意識の昂揚であった。人々が一等国とその国民像として想像したイメージの中で最も重要な部分を占めていたのは、国民の知的水準に関わる項目であった。一等国の国民、それはまず何よりも教育によって形成された国民でなければならなかった。義務教育の普及による国民皆教育は当然のこととして、さらに中高等教育の拡充政策によって日清戦後中学校の設立が相次ぐ。読書への評価の高まりもその一環であった。

2　図書館の国家的認知

読書に対する政治的評価の高まりを端的に象徴しているのは、明治三〇年の帝国図書館の出現である。日清戦争終結後の明治二九年に、外山正一・重野安繹らの提出による帝国図書館設立の建議案が貴族院・衆議院両院で可決され、翌三〇年に帝国図書館官制が公布された。提案の趣旨を外山は次のように説明している。欧米においては国立図書館を持たない国はないにもかかわらず、日本においては上野の山の中に東京図書館があるのみで、その予算も微々たる額でしかない。現代は「知識と知識の競争」の時代であり、今後おおいに図書館の充実をはかり、地方図書館の設立をも奨励する必要があると。(23)

ところで、この時点では帝国図書館の新しい建物はまだ影も形もなく、新築の帝国図書館が落成開館するのは明治三九年まで待たねばならない。したがって、明治三〇年に公布された帝国図書館官制とは、それまで「東京図書館」と呼ばれていた図書館を改称したものにすぎなかった。東京図書館を拡張して帝国図書館とする具体案は、衆議院の建議案に盛り込まれている。そこには次のように説かれている。

(前略)本邦夙ニ東京図書館ノ設ケアリ其ノ公衆ヲ裨益スルコト浅少ナラズト雖モ其ノ設備未ダ完全ナラズ其ノ規模尚ホ狭小ニシテ国家ノ需用ニ充ツルニ足ラズ故ニ国立図書館ヲシテ其効用ヲ完カラシメムト欲セバ宜シク東京図書館ヲ中央便利ノ地ニ移シ之ヲ帝国図書

館ト称シ大ニ其ノ規模ヲ拡張シ其ノ設備ヲ完全ニスベシ(後略)(24)

日清戦後の一等国意識から見るとき、従来の東京図書館の設備はもはや「国家の需用」を満たすには貧弱なものとなってしまったので、東京図書館を拡充移転して欧米一等国並みの立派な帝国図書館を造ろうという建議である。首都の名を冠した東京図書館から、帝国の名を冠した帝国図書館へと、日清戦後にようやく図書館という制度は「帝国」というお墨付きをもらって、国家的認知を獲得し始めた。

さらに、明治三二年には「図書館令」が制定されている。図書館令はわずか八条からなる短い法令ではあるが、それまで学校教育関係法規の中に散在していた図書館に関する事項をひとつにまとめた単独法の登場として画期的なものであった。図書館令の成立が意味しているのは、従来教育界という限られた人々の関心事でしかなかった図書館という存在が、はじめて教育界から自立し、広く国民的関心事へと成長する契機となったことである。

3　図書館の社会的認知

読書とその装置としての図書館の必要性への認識が、社会一般にも広く共有され始めたことを、例えば明治三二年の雑誌『太陽』の記事は次のように表現している。

図書館の業は近時漸く社会の注意する所となり、帝国図書館の新築も漸く其緒に就けり……（閲覧人・貸付図書の――引用者注）増加は、社会一般が読書の必要を認め来りたる結果として見るべきを以て、国家の為に最も喜ばしき現象なりと謂ふべし(25)

図書館に対する社会一般の認識の高まりを示すひとつの現象として、図書館へのフィランスロピー活動の活発化をあげることができる。明治三〇年代以降、富豪や企業家の寄付による公共図書館の設立が相次ぐ。代表的な例は、博文館の大橋左平・新太郎父子による大橋図書館の設立（明治三五年）と、住友家による大阪府立図書館の設立（明治三七年）である。設立資金として一〇万円から二〇万円近くを費やして設立されたこの二つの例は、いまや図書館という事業がフィランスロピーの価値ある対象として社会的にも高く評価され始めたことを示している。当時の文芸雑誌の記事につぎのような一節がある。

平沼専蔵は、ともかくも貧民学校を設立した。大倉喜八郎は、商業学校を建てた。住友は、図書館を設けた。博文館も、図書館を開いた。岩崎も漸くのことで、マクスミュラーの文庫を買ひ取つて、之を帝国大学に寄付したげな。然し、三井一家は如何。鴻池は如何。古河市兵衛は如何。渋沢栄一は如何。安田一家は如何(26)。

学校の設立と同格のものとして、図書館の設立が財閥や富豪家の社会的義務として説かれている。

このように、明治三〇年代に、読書の装置としての図書館は急速にその社会的位置を高めていった。いまや読書に関わる事項は帝国とその法令によって「国家の需用」に必須のものとして承認されたのみならず、財閥による社会貢献の重要な対象としてその存在価値をますます評価されるようになった。

4　図書館数の急増

以上のような社会的評価の高まりを受けて、全国各地の新聞紙上や地方議会においても公共図書館設立の必要性が強く説かれるようになる。図書館を欠いていることがその地方の文化的レベルの低さを象徴するものととらえられ、早急に図書館を設立する必要性が各地の言論界において主張され始める。

ひとつの例として、明治三六年の『函館毎日新聞』に掲載された「図書館の必要」と題する記事をみてみよう。この記事のなかで論者は、「現に我函館の如く十万の人口を以て北海に誇るの大市にして、而かも一箇独立の図書館を具へざるものあるを見る」と慨嘆し、次のように主張している。

四千有余万の人口を有して、僅かに三十八箇の図書館を有するのみなる我国は是れ果して文明を誇るの権利あるべき乎。就中我北海道に至りては、三十二年の調査に於て私立の図書館唯一箇ある耳。其和漢洋の書籍を蔵すること僅かに四千十九冊に過ぎず。北海全道地広くして人口多からずと雖、而かも百有余万の人民あり。而して其図書館は斯の如く、有れども殆んど無きにも等し。斯の如くにして全道の文明進歩、事業発達に妨げなしと云ふことを得る乎。殊に我が函館の如き、文明的の設備に於て全道に冠たることを誇らんとする所にして、而かも一箇の完備せる図書館なきは何ぞや。(『函館毎日』明三六・四・八)

図27　函館図書館と閲覧室
『函館図書館第壱年報』(明治43年)　函館図書館は明治42年に設立されている.

ここには、文明的なものの象徴としての図書館の持つ意味が簡明に説かれている。ただ、それはあくまで象徴的存在としてであって、図書館の実際的機能や利用者にとっての必

表5-4　全国の図書館数と蔵書数の推移

（単位：館，冊）

年　度	図書館数	全蔵書数	年　度	図書館数	全蔵書数
明治14	21	41,904	明治30	30	346,342
15	17	48,313	31	32	348,425
16	21	65,228	32	37	358,352
17	22	58,383	33	42	326,548
18	23	71,894	34	49	407,570
19	19	63,107	35	66	604,578
20	14	55,380	36	85	770,266
21	18	61,179	37	99	861,348
22	15	63,539	38	100	1,035,676
23	18	74,440	39	126	1,197,162
24	18	72,261	40	150	1,355,630
25	23	190,147	41	199	1,747,354
26	24	189,719	42	280	1,992,890
27	24	268,806	43	373	2,357,970
28	24	289,247	44	444	2,454,561
29	26	336,094	45	540	2,749,355

（1）各年度の『文部省年報』による．
（2）帝国図書館系列および帝国大学図書館は除く．

要性等に関しての視点が、この論説には欠落している（図27）。

とはいえ、以上のような官・民・地方での図書館設置熱の高まりによって、明治三〇年代以降図書館数は急速に増えていく。全国の府県所管になる公私立図書館数の年次推移をみてみると（表5-4）、明治一〇―二〇年代の長い停滞状況を経て、図書館数の飛躍的な増加が始まるのは明治三〇年代である。明治三〇年に三〇館だった図書館数は、明治四〇年には一五〇館と五倍の伸びを示すようになる。四〇年代以降もこの傾向は続き、明治四五年には五〇〇館に達している。すなわち、図書館数でみる限り、日本における公共図書館の発展が順調な軌道に乗り始めるのは明治三〇年代からである。

七　〈本を読む国民〉の創出

しかし、実は図書館数がさらに飛躍的に伸びていくのは、大正に入ってからであった。大正五年には一〇〇〇館、大正一〇年に二〇〇〇館、大正一五年に四〇〇〇館と五年毎に倍増する勢いで図書館数の伸びが続いていく。このような驚異的な図書館数の増加の原因となったのは、日露戦後から内務省の主導で全国的に展開されていった地方改良運動であった。地方改良運動は、日露戦後の新たな帝国体制を支える基盤となる町村の強化再編を意図したもので、町村是の制定や町村基本財産の形成等と並んで重視された大きな柱が教育であった。[27]小学校教育の拡充や、社会教育の具体的方策の一環として補習教育・夜学会とともに、図書館の設置が進められていった。

地方改良運動において、読書が重要な政策のひとつとして位置づけられるようになったのは、大量の不読者層の発見によるものであった。国民の大多数を占める「田舎青年」達は、小学校卒業以後は制度的教育の枠外に放置されていたために、その読み書き能力の低下には著しいものがあった。日清・日露戦争後に広く共有され始めた一等国＝文明国という新たな規準からみるとき、これらの初等教育しか受けなかった青年層・成人層への何らかの教育政策の必要性に人々は気づき始めた。一部エリート層の育成ではなく、国民全体の知的水準の

図28 『日本家庭百科事彙』の広告
『東京パック』 3巻12号（明治４年５月）「一等国民として全世界に闊歩すべき日本人の家庭には百科事彙無かるべからず」とうたわれている．

向上という新たな問題系の存在がようやく認識されるようになった（図28）。

　では、教育制度の枠外に置かれた国民大多数の知的水準を高めるためには、どのような方法があるのか。ここで浮上してきたのが「読書」であった。小学校卒業以降の急速な学力低下を防ぐ最も効果的な方法は、彼等に読書の習慣を身につけさせ、読書趣味を涵養し、ふさわしい読物を継続的に提供していくことであった。ここに〈本を読む国民〉＝読書国民の創出が国家の課題として浮上してきたのである。

1　井上友一の図書館思想

地方改良運動の中心人物となったのは内務官僚井上友一であった。彼は明治の社会事業、とりわけ救済行政に大きな影響を与えた人物で、主著『救済制度要義』『自治要義』において、「庶民的教化事業中世人か其最重要なるを認識せるもの蓋し公共図書館制度に若くはなし」[28]と述べて、社会教育のなかでも特に図書館を重視した。これまで一般的には井上の図書館思想は、民衆教化的色彩の強いものとして否定的にしか取り上げられてこなかった。しかし、英米独仏等の具体的な例に即して書かれた『救済制度要義』の次のようなフレーズを読むとき、民衆教化という目的の実現のために、図書館の徹底した民衆化が指向されていることに気づかされる。

古代に於ける図書館の理想は蔵積に在り近世に於ける図書館の理想は利用に在り。前者は人の需要に応するを以て足れりと為し後者は併せて人の趣味を興すを以て主眼と為す。古代の図書館に在りては其利益を享くる者は学芸に従事する専門の人士を多しとす近世の図書館に依りて裨益を得へき者は其範囲頗る汎博にして更に際涯あること莫し、都鄙貴賤の別なく老若男女の別なく社会を通して各般の階級は其求むる所の図書に就て均しく無限の恵に頼ることを得さるへからす[29]

このフレーズは実は米国議会図書館長のパットナムの言葉であるが、これを引用しながら、井上は「此の如きは是れ庶民的教化の目的を有する公共図書館制度か其応さに向ふべき最善の理想たり」と賛同を表明している。

このように、井上の図書館思想の第一の特徴は徹底して利用を重視している点である。『自治要義』においても、井上はパットナムの「図書集積の主義を尚ばずして図書利用の主義を旨とせり。単に学者の渉猟と研究とに応ずるの旧思想を一変して広く公衆の趣味を導き其実用を主と為す」という言葉を引用して、(30) 蔵書数を誇る学者知識人のための図書館ではなく、一般庶民のための実用的な図書館の必要性を主張している。

第二に、井上の考える図書館は特定の階級のためのものではなく、国民全体を利用対象として想定していた。日本の従来の図書館が都市部の教員・学生生徒を主たる利用対象としていたのに対し、井上はむしろ町村部の一般庶民層を重視した。

そして、第三に最も重要なことは、この井上の考える図書館像が実際に、地方改良運動を通じて全国的な規模で実体化されていったことである。一内務官僚が欧米の事例から学んだにすぎない図書館思想が、時代の要請を受ける形で実現されていったことは、その現実的影響力という点で計りしれない意味を持つものであった。

2　小図書館の必要性

さて、井上に代表される内務省の強い主導のもとで、こうして膨大な数の図書館が明治末から大正にかけて設立されていった。「通俗図書館」と呼ばれるこれらの図書館の設立主体となったのは、地方行政・青年会・篤志家・名望家・教員・教育会等さまざまであり、その多くは蔵書数一〇〇〇冊に満たない小規模な図書館であった。また、小学校に付設された形態の町村図書館が多く、設立の主たる目的が地域の民衆教化にあったことも事実である。(31)

しかし、人々の読書生活史という視点からみるとき、地方改良運動によって設立されたこれら何千という数の小図書館は実は非常に重要な意味を持っている。それは、これらの図書館が町村に初めて生まれた唯一の読書装置であったという点である。第二章でみたように、この時期の町村部の読書環境はきわめて貧しく、書店や貸本屋はおろか新聞取次店すら存在しない町村が大部分を占めていた。このような地域社会の読書基盤を考えるとき、たとえ古本を集めてできた一〇〇〇冊未満の図書館であっても、その持つ意味はきわめて大きかった。また、これらの図書館が人々の身近な生活圏内に設置されたという点も重要である。そのことがどのような意味を持っていたかを、同時代において、例えば千葉の一読者は新聞紙上で「小図書館の必要」と題して次のように述べている。

世の中の多くの人は大概大図書館の必要を認めて小図書館の必要を認めない（中略）僕が云ふ小図書館とは一町一村譬へば如何なる山間若くば海岸でも、凡そ小学校のある所には必ず図書館を置く、是を小図書館と名称るのである。千葉県にも千葉教育会図書館と云ふのがある、けれども其れは千葉町近傍を限ツての図書館で、三里以上離隔した土地の在住人は殆んど其の恩沢に預かる事が出来ぬ、即ち木更津から毎日千葉まで図書を見に行く事は如何なる篤学者と雖ども出来ないのだ、して見ると図書館は譬へ其の規模は小さくとも其の蔵書は少なくとも各地に無ければならない。(『新総房』明四〇・一・二三)

鉄道網もまだ未発達で自動車も自転車も普及していない時代に、遠方にいくら立派で規模も大きい、専任の職員がいる図書館があっても、それを利用できるのはその周辺地域の居住者のみである。「木更津から毎日千葉まで図書を見に行く事は」とてもできることではなく、「図書館は譬へ其の規模は小さくとも其の蔵書は少なくとも各地に無ければならない」というこの一読者の主張は、読書過疎地に住む多くの者にとって切実なものであったはずである。地方改良運動によって実現されたものとは、まさにこの木更津の読者の主張にあるように、各町村にくまなく小図書館を設立し、どのような地域に住むどんな人でも図書館を利用できるようにしようとしたものに他ならなかったのである。

3 社会的蔵書ストックの形成

第二に、これらの小図書館網は、社会的な蔵書ストックの形成という点においても少なからぬ意義を有している。蔵書形成という点からみた場合、これらの小図書館の蔵書は、地方篤志家や名望家による私蔵書の提供と新刊図書の購入によって形成された。私蔵書の提供の多くは古典籍や古書であり、一般読者の興味を喚起する魅力に乏しかったことはたしかである。しかし、私蔵書の提供の持つ意味は、それまで私的に蓄積されてきた各個人の蔵書を地域社会の公共物、住民が自由に利用できるものへと転化する作用にあった。しかも、このような私蔵書の提供が全国規模できわめて広範に行なわれたことは注目される。

私蔵書の提供と並んで、新刊図書の購入も多くの図書館において実行された。図書館の設立時に新刊図書を購入したり、設立後に年間維持費の中から一定額の新刊図書の購入が継続的に行なわれていった。例えば内務省地方局編の『地方改良実例』をみると、埼玉県比企郡において小学校教員の設立した図書館では、建築費六〇〇円の他に図書購入費として一八〇円が計上されている。また、愛知県の肥料商岩瀬弥助の設立による岩瀬文庫では、年間二五〇〇円が図書購入予算に当てられている。(32)

図書館で新刊図書を購入する、このこと自体は何の変哲もないありふれた事柄である。しかし、ここで注意すべきは図書館の数である。明治三〇年の全国の図書館数三〇館が、明治四〇年には一五〇館に増え、明治四五年には五〇〇館、大正五年に一〇〇〇館を越えている。わずか三〇の図書館で図書を購入することと、五〇〇や一〇〇〇の図書館で一斉に図書を購入することとでは、その社会的影響力は大きく異なってくる。すなわち、この全国にわたる小図書館網は、新刊図書の巨大な購入装置としての意味を持つものであった。全国の図書館の全蔵書数の推移をみると、明治三〇年にはわずか三五万冊弱にすぎない。しかし、明治三五年には六〇万冊、四〇年には一三五万冊、四五年には二七五万冊と、五年毎に倍増する勢いで蔵書数の増加が続いている（表5-4、二五〇頁）。これらの増加図書の少なからぬ部分は新刊図書の購入によるものであった。

そして、第一章で確認したように、明治三〇年代を通じて活字メディアの中央集中体制が全国的に形成されていったことを想起するとき、この小図書館網の持つ意味は、活字メディアの流通が及ばない末端の町村部への中央活字メディアの全国的な流通装置としての機能をはたしたことにある。中央活字メディアの全国流通網の形成と平行する形で、政府主導による全国的な小図書館網の形成が進行していった。

4　読書による国民形成

地方改良運動において図書館に求められた役割とはいうまでもなく、民衆教化であった。しかし、ここで強調すべきは、それが「読書による」民衆教化であったという点である。風俗を矯正し、民衆を教化し、国民の意識を善導していくために、読書こそが有効であるという認識、読書を通じての国民統合という方向性、このような事態は読書に対する社会的意識の展開において従来にない新たな段階への飛躍であった。

このように、地方改良運動は国家と読書との関係史において重要な転回点をなしている。それは一言でいうならば、国民の統合にとって読書の持つ潜在的な力に国家がはじめて気づき始めた点である。読書を通じての国民教化、それは言い換えれば、「読書によって形成された国民」の創出と同義である。ここに明治以降においてはじめて、読書という要素が国民の不可欠の構成要素として国家社会によって公認されたのである。

しかし、ここで誕生してきたのは正確にいえば、理念としての読書国民であった。すなわち、地方改良運動による図書館の普及によって、現実に民衆層までが一挙に読書国民となったわけではない。次章でみるように、明治期の図書館の主たる利用者となり得たのは、中産知識人層とその子弟たる学生生徒であった。国民諸階層の読書国民化が達成されるのは、大衆層の読者層への参入と、大衆化メディアの普及が進む大正・昭和期以降のことに属する。

第六章　図書館利用者公衆の誕生

一　図書館利用者「公衆」概念の形成

明治五年八月一日に開館した最初の官立図書館である書籍館には、開館初日から早くも「借覧人」が集まり、(1)年を追う毎に借覧人は増加の一途をたどる。図書館という読書の新しい公的装置の導入は必然的にその利用者層を生み出したが、当初これらの図書館利用者に対する名称は一定しておらず、「借覧人」「看読者」「観覧人」「来観者」等さまざまな名称が用いられた。また、より包括的な名称として「衆人」「衆庶」「内外人」「諸人」等の語も使用されている。

草創期のこれらの多様な用語がある一定の概念へと収斂されていくのは、明治十二、三年頃からである。すなわち、この頃から図書館サービスの理念的対象として「公衆」という概念が登場し、その後数年のうちに「公衆ノ閲覧」を図書館の設立目的としてうたうことが一般化してくる。この間の推移は、例えば次のような図書館規則の変遷からもその一端をうかがうことができる。[2]

明治五年　「**借覧人**ハ貴賤ヲ論セス毎日朝八字ヨリ夕四字迄ヲ限リ候事但半袂闊袖等ノ見苦敷風体ノ者ハ不許入館候事」（書籍館書冊借覧規則）

明治一〇年　「**内外人**ヲ論セス此規則ヲ遵守スル者ハ本館所有ノ書籍ヲ閲覧スルヲ許ス」（東京府書籍館規則）

明治一三年　「書籍館ハ教育ニ従事スル者ノ便ヲ主トシ兼テ**公衆**ノ来観ニ供シ世益ヲ謀ランカ為メニ設立スル所ナリ」（府立大阪書籍館規則）

明治一九年　「本会書籍館ハ教育及学術ニ関スル通俗ノ図書、雑誌、報告書等ヲ蒐蔵シ広ク**公衆ノ閲覧**ニ供セントスルニアリ」（大日本教育会書籍館規則）

「借覧人」「内外人」の混沌の中から「公衆」が図書館サービスの理念的対象として現われてきている。この一連の動きを法令上で最終的に集約したものが、明治三二年公布の「図書館令」の第一条であった。

北海道府県郡市町村（北海道及沖縄県ノ区含ム）ニ於テハ図書ヲ蒐集シ**公衆ノ閲覧**ニ供セムカ為図書館ヲ設置スルコトヲ得[3]

二　図書館利用者公衆の形成

ところで、以上のような明治一〇年代の図書館における公衆理念の形成の背景にあるのは、図書館利用者の量的増加であった。明治八年以降の『文部省年報』によって、「閲覧人員」（明治二二年までは「来観人員」）の全国統計を年度別にまとめてみた（表6-1）。この統計からは民間の小規模な図書館のいくつかは漏れており、また閲覧人員のかなりの部分は常連的利用者によって占められていたが、それでも、総体としての利用動向の指標として一定程度役立ち得ると思われる。表6-1の閲覧者数の伸びに着目するとき、明治期をおおよそ三期に区分できる。すなわち、明治初期から一七年までの最初の増加期（第一期）に続いて、一八年から二〇年代を通じてのかなり長い停滞期（第二期）があり、その後明治三〇年代以降、特に三十五、六年以降の急増期（第三期）がこれに続く。第二期の停滞の原因は前章でみたように、図書館自体の不振状況を反映したものであるが、ここで注目されるのは、明治一〇年代にある程度の量的厚みをもって図書館利用者層が形成されてきている点である。この現象に呼応して、これらの利用者層をとらえる名称として新しく「公衆」という概念が図書館界にも登場してきたものと思われる。

ところで、地域的にみた場合、この図書館利用者公衆は全国的にあまねく均等に形成されてきたわけではなく、その大部分はほとんど東京に一極集中していた。再び表6-1によれば、地方図書館のデータも比較的出そろう明治一一年以降の東京と東京以外の地方の閲覧者数を比較するとき、東京の閲覧者数は明治三〇年代まで全国の閲覧者総数の六割以上を占め続け、時にはそれは全国の実に八割近くにも達していた。初めて過半数を割るのは明治三五年である。すなわち、図書館利用者公衆は明治一〇—二〇年代から三〇年代前半までほとんど東京一都市に局地的に限定された形で形成されてきた。地方における利用者公衆の形成が本格的に始まるのはようやく明治三〇年代半ば以降のことである。これは、いうまでもなく

表6-1　全国「閲覧人員」総数の推移
（単位：人）

年度	全国	東京	地方	東京の比率
明治8	不明	5,386	不明	
9	不明	24,468	不明	
10	不明	14,889	不明	
11	32,694	28,708	3,986	87.8％
12	88,616	52,826	35,790	59.6
13	84,057	56,247	27,810	66.9
14	107,801	64,594	43,207	59.9
15	138,572	84,765	53,807	61.2
16	155,599	95,403	60,196	61.3
17	184,774	122,151	62,623	66.1
18	117,539	73,771	43,768	62.8
22	80,129	53,958	26,171	67.3
23	79,971	55,519	24,452	69.4
24	101,303	85,908	15,395	84.8
25	125,810	100,274	25,536	79.7
26	116,681	92,715	23,966	79.5
27	119,238	98,474	20,764	82.6
28	113,749	93,126	20,623	81.9
29	119,002	98,238	20,764	82.6
30	136,229	111,138	25,091	81.6
31	148,036	120,243	27,793	81.2
32	163,308	129,565	33,743	79.3
33	196,310	131,352	64,958	66.9
34	241,593	148,447	93,146	61.4
35	324,445	155,152	169,293	47.8
36	564,591	228,068	336,523	40.4
37	703,602	217,840	485,762	31.0
38	704,516	211,547	492,969	30.0
39	949,798	279,432	670,336	29.4
40	1,030,648	300,866	729,782	29.2
41	1,375,455	391,494	983,961	28.5
42	2,048,125	575,986	1,472,139	28.1
43	2,445,719	707,394	1,738,325	28.9
44	2,950,377	852,957	2,097,420	28.9
45	3,954,148	1,252,201	2,701,947	31.7

（1）帝国大学図書館の閲覧者数は除く．（2）明治8年度は8ヵ月分のデータである．（3）明治14，18年度は統計表がなく，本文中のデータによった．（4）明治18年度の東京は東京図書館のみのデータである．（5）明治19～21年度は統計データが欠けている．（6）なお，東京のうち東京図書館分に関しては明治15年度以降は「館外帯出者」数が含まれている．

表6-2　東京の「閲覧人員」総数に占める「帝国図書館」系列

(単位：人)

年度	東京全体	帝国図書館系列	比率(%)	年度	東京全体	帝国図書館系列	比率(%)
明治 8	5,386	5,386	100.0	明治29	98,238	74,034	75.4
9	24,468	24,468	100.0	30	111,138	89,986	81.0
10	14,889	14,575	97.9	31	120,243	101,174	84.1
11	28,708	27,594	96.1	32	129,565	111,630	86.2
12	52,826	51,836	98.1	33	131,352	113,573	86.5
13	56,247	54,355	96.6	34	148,447	133,803	90.1
14	64,594	62,477	96.7	35	155,152	135,369	87.2
15	84,765	80,850	95.4	36	228,068	144,526	63.4
16	95,403	90,293	94.6	37	217,840	137,364	63.1
17	122,151	115,986	95.0	38	211,547	126,424	59.8
22	53,958	41,215	76.4	39	279,432	195,344	69.9
23	55,519	36,113	65.0	40	300,866	206,061	68.5
24	85,908	59,717	69.5	41	391,494	226,254	57.8
25	100,274	68,056	67.9	42	575,986	230,040	39.9
26	92,715	71,190	76.8	43	707,394	228,470	32.3
27	98,474	70,758	71.9	44	852,957	217,217	25.5
28	93,126	69,913	75.1	大正 1	1,252,201	226,918	18.1

(1)帝国大学図書館の閲覧者数は除く.

(2)明治18～21年度は統計データが欠けている.

(3)なお,「帝国図書館」は正式には明治8～9年度は「東京書籍館」,10～12年度は「東京府書籍館」,13～29年度は「東京図書館」,30年度以降は「帝国図書館」である.

明治前期においては図書館制度がまず東京において発達し、地方においては図書館の設置自体が遅れたことによるものである。また、三〇年代半ば以降の地方における利用者公衆の急速な形成は、前章でみたように、明治三二年の「図書館令」の公布以降の地方図書館の増加によるところが大きかった。

ところで、このように東京は図書館利用者公衆が全国に先駆けて最初に形成された都市であったが、さらに詳細に東京の閲覧者統計を検討すると、東京の閲覧者数の圧倒的大部分は文部省書籍館に端を発する東京図書館・帝国図書館系列によって占められていた（**表6-2**）。たしかに、他にも明治二〇年から大日本教育会書籍館（後に帝国教育会書籍館と改称）が、三五年から大橋図書館が公共的な図書館サービスの提供を始める。しかし、表6-2から明らかなように、東京の閲覧者数の七、八割は明治三〇年代の終わりまで依然として帝国図書館によって占め続けられており、他の二館は従的な役割をはたしているにすぎない。帝国図書館の役割が後退し、背後に退くのはようやく明治四一年以降の日比谷図書館をはじめとする東京市立図書館網の登場によってであった。

さて、次に問われるべきは、以上のように東京を中心として形成されてきたこの利用者公衆の内的構造である。明治社会にようやく普及し始めてきた図書館という読書の新しい公的装置が生み出したのは、どのような利用者公衆だったのであろうか。

三　図書館利用者公衆の内的構造

明治期の図書館利用者の職業や階層構成に関する全国規模の統計データは存在しない。個々の図書館の利用統計でも、職業別データが現われてくるのは明治三〇年代以降である。帝国図書館の例でも、「閲覧人ノ種類ハ館内ノ分ハ従来其調査ヲ欠キタリシカ本年度ヨリ詳細之ヲ調査セリ」[4]として、館内閲覧者の職業別統計が公表され始めるのはようやく明治四〇年度からである。このように、利用者公衆の職業別構成をある程度知り得るのは明治三〇年代以降のことに属するが、ただ、明治二〇年代に関しては、例外的に大日本教育会書籍館においてかなり詳しい職業別調査がなされている。この調査が知られる限りでは図書館利用者の最も初期の職業別統計である。

1　学生

この明治二〇年代の大日本教育会書籍館において、最も多い閲覧者の種類は「学生」であった。例えば、明治二二年八月分の閲覧統計を取り上げてみると、開館日数三〇日間に一〇八三人の閲覧者が来館しているが、その内訳は学生八五一人、庶業一四六人、農一五人、工一三人、商五八人と、閲覧者数の約八割を占めていたのは学生であった[5]。この傾向は決して一時的な現象ではなく、その後も恒常的に続いていく。元来この教育会書籍館は、参考図書館を標榜する東京図書館に対して、通俗・日用をモットーに出発し、夜間開館をも行なって商工層を主たる利用者として想定していた。しかし、商工層の利用はきわめて少なく、学生のみが突出する結果となった。

明治二〇年代の大日本教育会書籍館にみられるこのような閲覧者構成は、実はその後の日本の公共図書館の進路を象徴するものであった。すなわち、明治期のみならず戦前を通じて日本の公共図書館の利用者の圧倒的大部分を占めていくのは、この学生層（ここでは小中学校生徒から大学生までを含む）に他ならなかった。図書館の規模の大小、地域、年代を問わず、全国各地のどの図書館においても、「学生」という利用者ジャンルは常に利用者全体の過半数、時には八、九割を占め続けることになる。

例えば南秋田郡図書館の明治三六年六月の閲覧者数は二五一九人で、そのうち七割近く（一七二九人）は学生であった。東京の大橋図書館の明治三七年八月の閲覧者五八四八人のうち、学生は三四四〇人と六割近くを占めていた[6]（図29）。帝国図書館の明治四〇年度統計でも学生が六四％を占めており、「館内閲覧人ハ学生其多数ヲ占ムルハ前年ノ趨勢ト異ナラサレトモ」と解説されているように[7]、この傾向が恒常的に続いていた（図30）。さらに、「無職」「その他」に分類されている者の中にも、実際には苦学生や受験生をはじめとする相当数の学生的存在が含まれていたから[8]、学生の実際の比重はさらに大きかったはずである。帝

図29　大橋図書館閲覧室　『大橋図書館第九年報　自明治四十三年七月至明治四十四年六月』明治44年.
(上) 大橋図書館雑誌閲覧室
(下) 大橋図書館図書閲覧室

図30　帝国図書館尋常閲覧室
『風俗画報』218号（明治33年10月）.

国図書館の明治四〇年一〇月の統計でも、学生が六〇％、過年度卒業の受験生が二一％で、実際の学生層は合計八一％に達していた。(9)

ところで、この学生層の構成をさらに細かくみていくと、まず地方都市においては中等学校レベルの者がその大部分を占め、それに次いで小学生以下が続いていた。各図書館の事例をあげると、「閲覧者の多くは中学農学師範学校等の学生にて」（盛岡図書館、明治三五年）、「開館以来之に足を運ぶものゝ多数は、固より彼の中学、師範、農学、及び商業の諸学校学生にして小学児童の数亦頗る多しと聞く」（茨城県立図書館、明治三七年）、「閲覧者の重なるものは中学校の生徒で」[10]（成田図書館、明治四〇年）という状況であった。次いで、高等学校・大学の設置された地方大都市や東京においては、高等学校レベル以上の学生が図書館の重要な利用者として登場してくる。東京の帝国図書館における明治三八年八月二日の学生利用者の内訳は次のようであった。

中に帝国大学生が八人、高商四、高師範四、之が官立学校で一番多い方、次に私立大学で明治二六、早稲田一七、日本大学七、慶応と法政各々五、中学では郁文館の一二が第一、次は錦城の八、英語では正則が一七、国民英学が六、医学校では日本医学が一六、医学校が一一[11]

学生層による公共図書館の占拠ぶりは、明治四一年開設の東京市立図書館においても例外ではなかった。元来、市民一般をサービス対象に想定して出発した日比谷図書館においても、利用者の過半数は学生によって占められる結果となり、この事態は図書館長をして「上野大橋各図書館と同様当館も矢張り学生の占有する処に御座候」と嘆かしめるほどであった[12]（図31）。

また、明治後期に相次いで開始された各地の巡回文庫においても、学生利用者の占める比重は同様に大きかった。新潟県の積善組合巡回文庫の明治四一年七、八月の利用統計では、

図31　日比谷図書館閲覧室
『東京市立日比谷図書館一覧　自明治四十二年至同四十三年』

閲覧者総数七六七〇人の七割（五五三二人）は学生によって占められている。[13]

2　受験生と図書館

ところで、このように形成期公共図書館の最大の顧客として登場してきたのは学生達であったわけだが、彼等は公共図書館をどのように利用していたのであろうか。

まず明治前期の一〇―二〇年代においては、公共図書館はまだ未発達であった学校図書館、大学図書館の補完的機能を果たしていた。例えば後に教育出版の分野で活躍する山縣悌三郎は明治九年に東京師範学校に入学後、「暇あれば乃ち本校の図書室に入り、又は本校に隣接せる東京書籍館に通ひて」と、東京書籍館に足繁く通って動物学や鉱物学を中心に読書三昧の日々をおくっていた[14]。

しかし、このような純粋に学究的な利用に代わって、明治三〇年代以降顕著になる現象は上級学校「受験」のための図書館利用であった。明治三〇年代以降中学卒業生数の激増によって高等学校・官立専門学校の入学競争が激化し、大量の受験浪人が生み出され受験文化が出現してくる[15]。現役学生や過年度卒業生も含めてこれらの受験生が格好の勉強場所としたのが図書館に他ならなかった。この傾向は中央・地方を問わず共通して観察される。明治三九年の鹿児島県教育会附属図書館では、「中学卒業生にして高等学校入学準備の為に毎日弁当携帯にて登館する者も少なからず」という状態であった[16]。帝国図書館においても浪人中の受験生の割合は三割近くにも達したという[17]。明治四〇年頃の東京の読書界を分析した新聞記事によれば、「尤も熱心に図書館通ひをやる」のはこれらの受験生であり、彼等こそ「実に羨むべき図書館の寵児」であるとしている[18]。地方の受験生や苦学生のために数多く出版された「東京遊学案内」「苦学案内」の類においても、図書館の利用方法が詳細に紹介されている。明治四二年出版の『独立自活東京苦学の栞』では、「独学勉強の機関」として図書館は次のように紹介されている。

さすがは学府の東京丈あつて独学勉強の機関は完全に備はつて居るのである、茲に記るす図書館の如きは日々此独学苦学生で充満され、其熱心なるは驚く程である、中には年中さ

ながら自家の如く終日一意専心に勉強し居る者がある[19]

以上のような上級学校受験生に加えて、さらに高等文官・医師開業・判検事・弁護士・中等教員・薬剤師等の検定試験の受験者もまた図書館に集まってきた。この動きはすでに明治二〇年代後半から指摘されているが[20]、その原因のひとつとして例えば医師の試験の場合、医学書の価格が高すぎて学生の購入能力を越えていた点があげられている[21]。これらの検定試験の直前になると図書館は大混雑をきわめることになり、多くの受験者が帝国図書館に入るためにつくる長い行列はしばしば新聞紙上でも紹介され、すっかり東京の風物詩となるほどであった。明治三〇年の「上野図書館大混雑、弁護士試験加重」と題する新聞記事によれば、判検事並びに弁護士試験科目が数科目増加したために、

受験者の書生連は大騒ぎにて、昨今は朝早くより上野公園内の図書館に押懸くる者共日々数百人に及べり（中略）書籍に限りあればわれこそ先に借入れんとの血気の壮年輩は、毎朝同館の開門を待懸け、往々腕力沙汰に及ぶより、門衛は屢々生傷を負ふ大騒ぎなりといふ[22]

というようなありさまであった。

図書館を学校のようにみなして毎日通ってくる、あたかも「寄席の定連」のごとき存在と批評される(23)、このような多くの熱心な受験生の充満した図書館の閲覧室は、受験生特有の焦燥と苦悩と禁欲のエートスによって支配される空間となり、その結果それ以外の例えば小説や文学を読もうとする本来の利用者は逆に少数の異分子として、「不勉強」「不真面目」という烙印をもって排斥されるほどであった。明治三九年に小説を読みに帝国図書館に登館した一利用者は、受験生の熱気に圧倒されて早々に退散せざるを得なかったという。

数千の読書子閲する所の書、大部分は法律医術の書にして其然らざるものと雖も検定試験準備的或は特殊職業的の専門学術に関する書籍を孜々として閲読する者其状悶々として或は時期に後るゝの不安、或は理解完からざるの苦悩、歴々として其額に現はる。(中略)余の傍に座せる二三の焦熱子は申し合はせたるが如く余の顔をギロ〳〵と眺め、恰も余を以て不勉強となして侮る如き状を示すにあらずや(24)。

このように、公共図書館利用者の大多数を占めたのは、あるいは勉学のため上級学校入学のため、あるいは検定試験のために図書館に集まった学生達であった。これらの学生達の大群に圧倒されて、それ以外の利用者の存在は相対的に小さなものに映らざるを得なかったが、しかし、成人有職者の間にも図書館利用者は着実に増えつつあった。

3　成人有職者

成人有職者の大部分を占めたのは中産知識人層であった。閲覧統計に現われる職業名として学生に次いで多いのは「官吏」「教員」「軍人」であり、それに次いで「実業家」「新聞記者」「弁護士」「医師」「僧侶」「牧師」「技術家」「著述家」「会社員」等がしばしばあげられている。

例えば、秋田県立図書館の明治三八年二月の閲覧者数は合計八八五人で、その内訳は、学生五三八人、無職二〇五人、官公吏五〇人、農工商三四人、教員二四人、軍人二〇人、僧侶一二人、医師一人、画工一人となっている。帝国図書館の明治四〇年三月の学生以外の閲覧者は、官吏会社員一三五七人、軍人六五〇人、教育者二九五人、著作家二七七人、商人一〇八人、其他二〇八三人となっている。明治四〇年八月の京都府立図書館においても、「閲覧人の職業別をいへば最も多きは学生次は教育家実業家官公吏美術家文学家等の順序」であった。[25] これらの閲覧統計に列挙されている職業名は、いわばこの時期の中産知識人層の代表的職業類型である。「農」「工」「商」に分類されている者も、ある程度生活に余裕のある地主・商店主等の中産層が多かったと思われる。なお、軍人の図書館利用に関しては、官報に掲載される論功行賞をみることが主な目的となっていたらしい。[26]

このように、明治期の公共図書館の主要な利用者公衆を形成していたのは第一に学生、第

図32　日比谷図書館閲覧室
『東京市立日比谷図書館一覧　自明治四十四年至同四十五年』

二に中産知識人層であった（図32）。もっとも、当時中等学校以上への進学率は一％程度にすぎず、これらの学生層も大部分は中産家庭の子弟であったから、明治期の図書館利用者公衆は中産知識人層とその子弟であったと結論することができよう。

4　性的制約

女性の公共図書館利用者は戦前を通じて一貫してきわめて少数に留まった。それは女学校卒業レベルの層が比較的厚い東京においても例外ではなかった。東京図書館・帝国図書館における女性閲覧者数は、明治二〇年が年間二八人だったが、二五年二八二人、三〇年四七八人と着実な伸びを示してはいるものの、年間

図33　大橋図書館婦人閲覧室
『大橋図書館第九年報　自明治四十三年七月至同四十四年六月』明治44年.

開館日数三百余日で除するとき、それはわずかに一日当たり二人にも満たない数である[27]。大橋図書館でも同様に明治三六年二月の女性閲覧者は一日当たり四人弱である[28]（**図33**）。地方においてはさらに少なく、鹿児島県教育会附属図書館の明治三七年八月の女性閲覧者はわずか七人、秋田県立図書館の明治三八年一〇月の女性閲覧者も計七人にすぎない[29]。大正に入っても、例えば東京の京橋図書館では女性閲覧者は一ヵ月間で一一人である[30]（大正二年八月）。

女性の図書館利用が何故かくも不振をきわめたか、それは決して女性の読書意欲の低さのためではなく、むしろ女性を取り巻く社会的条件の未整備によるものであった。すなわち、近代日本の公共図書館は基本的に男性利用者を中心とするシステムであり、女性利用者は一般的にはそこから排除された異分子的な存在であった。女性に特徴的な図書館利用として、個人での利用よりもむしろ友人同士誘い合わせてのグループ的な利用が目立つのもこのことに起因している。例えば樋口一葉の明治二四、二五年頃の日記には頻繁に友人と誘い合わせて東京図書館に通う姿が描かれている(31)。この点に関して明治二七年の婦人雑誌は女性の図書館利用の低調さを嘆いて、

女子は男子と異にして家事の繁累も多く殊に妙齢の処女たちなどは下婢を伴ふか朋友を誘ふかの必要ありて到底男子の如く自由に同館へ往きて閲覧するの便宜なきにも依るべけれど左りとて余りに其数の少に過ぎるにはあらずや(32)

と述べている。女性が一人で図書館を思いのままに利用できるような社会的条件がまだ整っていなかった。女性達は「婦人閲覧室」という名の特別な一室に囲い込まれ、空間的に男性利用者から隔離されることによってかろうじて読書に没頭することができたのである(33)。

5 距離的制約

以上のような階層的・性的制約に加えて、図書館利用者公衆の形成にさらに大きな制約となっていたのは図書館からの物理的な距離の問題であった。東京の例でみると帝国図書館、

大日本教育会書籍館、大橋図書館のいずれにおいても、その利用者の大半は図書館所在区もしくは隣接区の住民によって占められていた。すなわち、坪谷善四郎の表現を借りれば、

其閲覧者の住所を見れば、帝国図書館は上野に在るが故に、本郷、下谷、神田各区の住民最も多く、教育会図書館は、神田区に在るが故に、神田区住民最も多く、大橋図書館は麴町区に在るが故に、麴町牛込両区の住民最も多き

という状態であった。(34) 統計上で帝国図書館の例をみてみると、明治三七年一二月一五日の閲覧者四二〇人の居所別分布は、本郷区一三八人、下谷区九二人、神田区四五人、浅草区二七人、小石川区二六人、本所区一九人、牛込区一六人、麴町区一二人、日本橋区一一人(以下略)と、本郷、下谷、神田三区で全体の六五%を占めている。(35) この要因としては、発展途上にあった電車等の交通網や交通料金の問題等が考えられるが、ここで注目されるのは、図書館の利用が距離によって制約されているという事実の認識が明治三〇年代後半から広く社会的にも共有され始めた点である。このことが都市部においては分館システムの構築へ、地方においても町村部の図書館設置運動へとつながっていくことになる。

四　図書館利用者公衆の拡大へ

以上のように、明治一〇年代から形成され始めた初期の図書館利用者公衆は、階層的には中産知識人層とその子弟たる学生、性的には男性中心の、また距離的にも図書館所在地区の住民を中心とするかなり限定された層からなっていた。

しかしながら、明治三〇年代後半からこの図書館利用者公衆の拡大が始まる。すでに表6−1でみたように、明治三五年頃から全国閲覧者数の爆発的な伸びが観察されるが、この原因としてあげられるのは、まず第一に図書館がすでに設置されている都市部において利用者層がより下層へと拡大したこと、第二に地方において図書館数が急激に増加し、それにともなって地方郡部での利用者数が増大した点である。

まず、都市下層への図書館利用の拡大は端的には商工徒弟・職工層の増加として現われてくる。この現象は明治三〇年代後半から四〇年代にかけて、特に東京をはじめとする大都市部の図書館においてほぼ共通して観察されており、当時の諸新聞も新しい動きとして注目するところとなった。「同館近来の現象として見るべきは職工体商人体の閲覧者増加せし事にして同月中に於ても二〇〇名余来館者ありたり」（大橋図書館、明治三八年）、「近来は縞の羽織に前垂掛の番頭連又は小僧をも見受るに至れり」「前だれ掛したり、油くさき股引はいたものを近頃は多く見かけるやうになつた」[36]（帝国図書館、明治三九年）。閲覧統計でも「職工」という職業分類の登場がみられ、例えば帝国図書館の明治三九年八月のある一日間の閲覧統計には八名の職工があげられている。[37]この傾向に拍車を掛けたのが東京市立図書館網の登場であった。特に深川図書館はその象徴的存在であり、荷上人足船頭車夫、工夫、理髪師等さまざまな職種の人々が仕事着のまま来館する様子が新聞の注目を浴びている。[38]事実大正期には深川図書館の閲覧者の六、七割は労働者によって占められるまでになっている。[39]また、日比谷図書館に設置された児童閲覧室も、児童に対する本格的なサービスの開始として非常な歓迎を受け、殺到した児童達で大混雑をきわめるほどであった。その意味では、東京市立図書館網の登場は、従来からの学生・中産知識人層を主体とする狭い図書館利用者「公衆」から、労働者・都市下層・児童をも包含する、より広範な図書館利用者「大衆」の形成へという新たな発展段階への起動力となったといえよう。

他方、前章でみたように、日露戦後期に上からの主導で強力に推し進められた地方改良運動の一環としての図書館設立ブームによって、地方においても図書館数の大幅な伸びがみられた。こうして設立された図書館が内実をともなわない形式的なものに堕しやすかったことはよく指摘されることではあるが、しかし、それを割り引くとしても、表6-1にみられる閲覧者数の増加ペースは一定程度評価されてよいのではなかろうか。すなわち、ここにはじめて全国的規模において図書館利用者公衆が形成されてきたといえる。

五　近代的読書習慣の獲得

明治一〇年代から「公衆」という名で呼ばれ始めた図書館利用者層は、明治四〇年までに延べ数にして年間一〇〇万人規模に達し、明治末年までにその数は三〇〇万人を越えるまでに至っている。ここで、次に問われるべきことは、これら明治期の図書館利用者にとって、図書館での読書体験はどのような意味を持っていたかという問題である。

その持つ意味は、各利用者毎にそれぞれ異なっていることはいうまでもない。高等学校や大学の受験生にとっての図書館と、職工や丁稚小僧にとっての図書館とを同列に論じることはできない。しかしながら、立場は異なってもどの利用者にもほぼ共通して指摘されるのは、図書館での読書体験が近代的な読書習慣獲得の訓練を意味していたという点である。

西洋からの輸入制度である明治期の図書館の読書空間は、明治社会のただ中に人為的に創出された「近代読書」のモデル空間であった。その特徴を分析すると、まず第一に、図書館は書物の「多読的」な読書空間であった。明治前期の社会にあっては書物の普及がまだ弱く個人で利用できる書物はきわめて少なかったために、人々は特定の限られた書物を繰り返し熟読する「読書百遍」的精読法が支配的であった。これに対し、図書館では冊数制限こそ設けられていたものの、利用者は各自の読書興味に応じてあらゆるジャンルの多様な書物を好きなだけ読むことが可能であった。内外の古典や漢籍のみならず、日々出版される新作の小説・専門書・参考書・洋書から、さらには新聞雑誌まで古今東西のあらゆる出版物を望むままに読むことができた。前述した山縣悌三郎が東京図書館で「縦《ほしいまゝ》に群書を渉猟し」「書籍館で読んだ書物の数は幾百千巻の多きに達した」と書くとき(40)、彼は少数のテクストの読書百遍的世界から、数多くのテクストの多読的読書世界への移行を経験したのである。このような多読的な読み方は、精読的価値観に立つ当時の識者にとっては甚だ不真面目な態度に映った。

東京図書館に出入するものにして或るは物理書を繙き或るは地理書を閲し或るは植物書を見或るは歴史を読み或るは小説を仮り或るは心理書を求むるなと僅々四五時の間にして数十部の書を借覧するものありて未だ一定の見識なく慰み半分に図書館に入るか若きもの少なからすとかや(41)

しかしながら、第二に、図書館は規律によって律せられた読書空間であった。その典型的な例を帝国図書館にみることができる。まず、厳めしい鉄柵で囲われた帝国図書館の入口は、人々に監獄の入口を連想させた(42)。館内では、閲覧者の守るべき心得として入館年齢・閲覧券・閲覧冊数・静粛保持等を内容とする閲覧人心得が、閲覧室の壁に張られてその厳守が励行されていた。

此館の閲読者に対する掲示の多いには驚く、曰くインキを持て入る事を禁ずる、曰く階段を静に昇降す可し、曰く此辺りで談話をするな、曰くカードの抽出開閉に音をさすな、曰く引出の金具を弄ぶ可らず、曰く何、曰く何と全く応接に遑無い程到る所に雑多の掲示がある。(43)

さらに秩序維持のために任命された監視人・看守が絶えず館内を巡回して、閲覧者の挙動を監視していた。明治三八年の帝国図書館の監視状態は次のようであった。

次に不快に感ずるのは閲覧室はじめ館内隅々隈々を看守が巡覧することである。則ち図書館は図書館の光景でなくて監獄の光景である。則ち図書館の看守人は恰も監獄の看守人の如く、閲覧者は恰も監獄の囚徒の如き関係を持て居るのである。(44)

そして、この看守人は書物の盗難や切り取り・書込汚損等好ましからざる行動をとった閲覧者を摘発し、掲示板にその氏名を掲げて入館禁止の制裁を科すこともあった。

X区X町学生X某。館内にて不徳義なる行為をなしたるにつき、向Xケ月間登館を拒絶す。[45]

ここで目指されているのは、利用者一人一人の身体を通じての「公徳」の貫徹、あえて言えば「公共心」の喚起であった。この規律空間内で人々は、居眠りした場合には看守人に呼び起こされながら、公徳を守りひたすら読書に励むことを求められた。私生活でのまったく自由な読書から、規律にしたがって禁欲的な読書空間で訓練されることによって、人々は読書の領域における自己規律の習慣を学ぶようになる。[46]

第三に、図書館は「黙読」の支配する空間であった。[47] 明治社会は漢文素読的伝統の根強さのために依然として音読的読書慣行が支配的であり、個人で読書する際にも声に出して音読する傾向が強かった。これに対し、図書館の空間は音読が厳しく禁止された完全な黙読が支配する空間であり、その中で読者は朗誦的で美文的な読書ではなく、自己と対話しながら内面的な読書を行なうように促されていった。

第四に、黙読の貫徹の結果として、図書館は「孤独」の空間となった。明治前期の社会においては読書は現在のように個人で読むよりも、むしろ家族や友人間あるいは地域の「共同体」を通じて読まれる傾向が強かった。例えば新聞もひとりで読むよりも家庭内において読み聞かせを通じて共同体的に享受されることが多かった。これに対し、図書館内では読者は相互に全く無関係の個人であり、孤独の中でひとりで読書していた。明治末の帝国図書館を舞台にした短篇小説中で、主人公の青年は閲覧室で「此室に居ると、具体的に絶対孤独の感がある」と感じている[48]。図書館は共同体から離れてひとりで孤独の中で黙読する空間であった。

第五に、図書館は「平等」の空間であった。閲覧室においては士族・平民の区別はおろか、子供・学生・大人の別なく、人々は一閲覧者として全く平等の立場であった。特別閲覧室にしても、それは少し高めの閲覧料金を出せばより多くの冊数が閲覧できるという程度にすぎなかった。明治三六年の大橋図書館の見学記事には次のような一節がある。

あどけない子供の傍には、いかめしき美髯を蓄へた紳士が居る、短い袴長い袴、蓬髪のうるさゝうなの、カスメチツクのハイカラ先生、何れも同じ椅子で同じ机に対して書籍と首ッ引だ[49]（図34）

年齢制限が設けられているケースがあったとしても、あどけない子供といかめしい紳士とがまったく同じ立場で同じ椅子同じ机で読書している光景は、図書館でのみ見られる光景であった。

もちろん、以上の諸点にはさまざまな留保がともなうのはいうまでもないが、このよう

図34　大橋図書館雑誌閲覧室
『大橋図書館第十一年報　自明治四十五年至大正二年』大正２年.

に、図書館での読書体験を通じて人々が学んだのは近代的な読書習慣の獲得であった。すなわち、図書館での読書体験は、利用者を家庭や地域共同体といった音読的共同体的な読書への埋没から解き放ち、規律にしたがって自らの個性的興味に応じた個人的読書へと進むための訓練となった。このことは決して一部の利用者にのみ合致することではなく、図書館利用者の大多数を占めた学生にもいえることである。当時の雑誌記事によれば、学生は一回の請求冊数三冊のうち一冊は必ず小説等の文学書を借りる傾向が強かった。その原因は勉強に疲れた時に小説で息抜きするためであったという。[50]すなわち、彼等は勉強の合間にそれぞれ好みの小説を読むことを通じて、中央出版資本の受容者層として形成されていくことになる。明治三八年一二月の大橋

図書館において最も多く閲覧された図書は小説であり、当時の批評子は、

多数の閲覧者は学生にして、又最も多く読まるゝ書は小説とすれば、如何に学生が小説熱に浮され居るかを知るに足るべし[51]

と学生の小説熱を嘆いているほどである。

六　読書国民の中核としての利用者公衆

以上のように、明治期の図書館利用者公衆の大多数を占めたのは、中産知識人層とその子弟たる学生層（生徒も含む）であった。このことは、明治期の図書館が中産知識人読者の再生産装置として機能していたことを意味している。

読書史的にみた場合、学生を取り巻く家庭や生活圏はまだ近世以来の共同体的な読書文化の影響が根強く残っていた。かつて前著において詳述したように、明治期の中学校や高等学校の学寮規則には「黙読時間」という制度が設けられ、黙読の励行が行なわれていたが、学生生徒の通常の読書習慣は依然として音読的方法が支配的であった[52]。しかし、図書館という読書の新しい公的装置で訓練されることを通じて、彼等は家庭や地域共同体の読書文化から

引き離され、黙読を基礎とする近代的読書習慣を身につけ、中央活字メディアの受容者層として形成されていった。

全国各地の無数の図書館の閲覧室で、黙読と孤独と規律の中で同じ参考書、同じ小説、同じ雑誌を読むことによって、彼等は同じ中央活字メディアの読者として一種の仲間意識、連帯感を育んでいく。彼等はその後地域ブロックの学校を経て、さらに一部の者は大都市の上級学校へと進み、卒業後は官界や教育界や実業の世界で中産層を形成していく。読書の世界においても、彼等は全国にわたる中産知識人読者層を形成し、何年かの後には、今度は彼等の子弟が図書館で読書の訓練を始めるようになる。こうして、図書館という読書装置は、中産知識人読者層の世代を越えた再生産装置として機能した。そして、この中産知識人読者が形成途上の読書国民の中核となり、その後大正期以降の大衆的読者層成長を促す先駆けとなった。

東京師範学校に入学後、隣接する東京書籍館で読書三昧の生活を送った山縣悌三郎が次のように述べるとき、彼は図書館の効用を身を以て体験し、図書館での読書によってひとりの読書人へと成長できたことの感謝を、後続する世代の学生達に還元しようとしている。

書籍館で読んだ書物の数は幾百千巻の多きに達した。フードの大博物書やペルリの日本往訪記などといふ大部の書籍をも、此時皆通読してしまつた。私は図書館に出入する青年諸君に対し深き同情を有つてゐるのは、右に陳べた自分の境遇から起つたのである。故に私が日比谷公園の市立図書館を初め其他各地の図書館へ、これまで毎月少なからざる書籍を寄附し来つたのも、全く右の次第からである。(53)

このように、図書館での読書体験を通じて訓練された利用者公衆は、図書館を離れても活字の世界を自らの力で享受できる自立した読者へと成長し、さらに、今度は後続する世代を新たな読者として育成していった。近代日本の図書館が生み出してきたのは、このような読書国民の中核となる図書館利用者公衆に他ならなかった。

注

まえがき

（1）ベネディクト・アンダーソン著、白石さや・白石隆訳『増補 想像の共同体――ナショナリズムの起源と流行』NTT出版、一九九七年、六二、一〇九頁。

（2）代表的な研究として、大和博幸の広域流通論と、横田冬彦の「益軒本」の読者論があげられる。大和博幸「広域出版流通の進展と本屋（書物屋）仲間の変容」『図書館文化史研究』一八号、二〇〇一年。同「江戸時代広域出版流通の形成と発展――基礎的考察」『国学院雑誌』一〇二巻二号、平成一三年二月。横田冬彦「近世民衆社会における知的読書の成立――益軒本を読む時代」『江戸の思想』五、一九九六年。同「三都と地方城下町の文化的関係――書物の流通を素材に」『国立歴史民俗博物館研究報告』一〇三号、平成一五年三月。

（3）この時期の出版流通の構造変化については、すでに小田光雄によって、出版社・取次・書店からなる近代出版流通システムの誕生という形で取り上げられている。小田光雄「近代文学と近代出版流通システム（講演）」『日本近代文学』六五集、二〇〇一年一〇月。同「出版流通システムを確立した博文館」『彷書月刊』一九九九年一一月号。また、加藤秀俊はナショナリズムの基礎としての「コミュニケイション市場」が明治二〇年代に成立してくると説いている。加藤秀俊「明治二〇年代ナショナリズムとコミュニケイション」坂田吉雄編『明治前半期のナショナリズム』未来社、一九五八年。

（4）内田魯庵「家庭の読書室」『書斎文化』桑名文星堂、昭和一七年、一四二頁。この随筆の初出は『台湾愛国婦人』大正元年一二月である。なお、同書所収の「読書に就て」（初出は大正一三年の講演）においても、「読書国民」という語がしばしば用いられている。ちなみに、筆者がこの「家庭の読書室」を知ったのは、インターネットの電子図書館・青空文庫においてであった。

第一章

(1) 取り上げられている都市名を順に列挙すると、大阪、松本、柏原（兵庫県）、近江水口（滋賀県）、斐太（飛驒）、神戸、大垣、肥後、熊本、大阪、出石（兵庫県）、一関（岩手県）、野辺地（青森県）、大阪、東濃付知（岐阜県）、熊本、長崎、熊本、富山、秋田、杉戸（埼玉県）、七尾（石川県）、姫路、京都、福岡（岩手県）、高梁（岡山県）、麻布（東京都）、高岡、松阪、松本、高知、飛驒高山、岡山、和歌山、浜田（島根県）、琉球、長府（山口県、現在の下関市の一部）、福岡、津山（岡山県）、大阪、彦根、長府、馬関（山口県、現在の下関市）、長崎、中津（大分県）、大牟田、横川（群馬県、現在の安中市の一部）、羽前である。大阪、熊本等は数回取り上げられている。なお、「地方の読書界」というシリーズ名が付されるようになるのは、神戸の時からである。

(2) 山本武利『近代日本の新聞読者層』（法政大学出版局、一九八一年）がその代表的なものであり、特に東京紙・大阪紙の地方進出に関して詳細な分析がなされている。

(3) 『文庫』一四巻六号、明治三三年五月、一二巻四号、明治三二年六月。

(4) 『文庫』一〇巻五号、明治三一年一〇月。

(5) 前掲注（2）、第三部第一章第一節、および山本武利「新聞産業の形成過程——明治後期の新聞の発展」『東京大学新聞研究所紀要』一九号、一九七〇年参照。

(6) 『文庫』一二巻三号、明治三二年六月、一三巻二号、明治三二年一〇月、一三巻六号、明治三三年一月。

(7) 『文庫』一一巻六号、明治三二年三月、一二巻四号、明治三二年六月。

(8) 『文庫』一三巻六号、明治三三年一月、一三巻四号、明治三二年一一月、一四巻六号、明治三三年五月、一三巻二号、明治三二年一〇月。

(9) 橋本求『日本出版販売史』講談社、昭和三九年、八六—八八頁。

(10)『文庫』一四巻三号、明治三三年三月。
(11)『北隆館五十年を語る』北隆館、昭和一五年、三三四頁。
(12)『文庫』一三巻二号、明治三三年一〇月、一四巻六号、明治三三年五月、一三巻六号、明治三三年一月。
(13)『文庫』一三巻一号、明治三二年九月、一三巻二号、明治三二年一〇月。
(14)『文庫』一一巻六号、明治三二年三月、一二巻六号、明治三二年八月、一四巻一号、明治三三年二月、一三巻六号、明治三三年一月。なお、津山からの投稿に関して、前掲注(11)に次のような談話がある、「地方の小売屋さんでは、私等が近県を回つた当時、何処の物と指定をして買ひに来るお客は少なくて習字本をください、算盤の本をくださいと云ふ、そこでその本を見せると、これで宜いと買つて行く」(三九四頁)。
(15)前掲注(11)、三八五頁。
(16)『文庫』一二巻四号、明治三二年六月、一四巻一号、明治三三年二月、一四巻三号、明治三三年三月。
(17)『文庫』一〇巻四号、明治三一年九月、一三巻二号、明治三二年一〇月。
(18)『文庫』一三巻四号、明治三三年一二月、一三巻六号、明治三三年一月、一〇巻五号、明治三一年一〇月。
(19)「京阪文学」『早稲田文学』三九号、明治三〇年八月。
(20)講義録に関しては、『近代化過程における遠隔教育の初期的形態に関する研究』(放送教育開発センター、一九九四年)が詳しい。
(21)『文庫』一二巻四号、明治三二年六月、一四巻六号、明治三三年五月。
(22)日本新聞販売協会『新聞販売百年史』昭和四四年、三七五頁。
(23)前掲注(11)、一頁。
(24)『文庫』一三巻一号、明治三二年九月。

(25) 川上正三『山梨県新聞販売史』川上家弘発行、平成六年、九九頁以下。
(26)『岡谷市史』中巻、昭和五一年、八五八頁。
(27)『南海の潮』一号、明治二三年三月。
(28)『東京堂百年の歩み』東京堂、平成二年、七四頁。
(29)『日本新聞百年史』昭和三六年、六五三―六六五頁。『大阪朝日』と『大阪毎日』の販売競争については、奥武則『大衆新聞と国民国家――人気投票・慈善・スキャンダル』平凡社、二〇〇〇年参照。
(30)『中央公論』明治三六年一月。
(31) 例えば『国民之友』一六三号（明治二五年八月）の「雑誌売捌拡張」と題する広告。同様の広告は東京堂の『諸新聞雑誌図書目録』（明治二五年一〇月一日改正）等にもみられる。
(32) 前掲注（28）、七二―七三頁。前掲注（11）によると、実際に他店に顧客を奪われるケースもあったという、「同一地方に雑誌を配給するに、甲取次店のものは乙取次店よりも何時間速かつた為めに其の売行に大関係を及ぼし、従つて取次関係を変更すると云ふ向さへも出た」（三二六頁）。
(33) 郵便史に関しては多くの研究が出されているが、本書の問題関心では次の文献が参考になった。杉山伸也「情報革命」西川俊作・山本有造編『産業化の時代（下）』（日本経済史五）所収、岩波書店、一九九〇年。石井寛治「近代郵便史研究の課題」『郵便史研究』九号、二〇〇〇年。田原啓祐「明治前期における地方郵便ネットワークおよび集配サービスの拡大」『交通史研究』四五号、二〇〇〇年四月。同「明治後期における郵便事業の成長と鉄道逓送」『日本史研究』四九〇号、二〇〇三年。片山七三雄「通信省の交通通信行政――『鉄道』をどのように『郵便』に利用したか」『交通史研究』四五号、二〇〇〇年四月。
(34) 前掲注（25）、三二頁。
(35) 前掲注（2）、二八〇頁参照。本山彦一に代表される『大阪毎日』の販売政策に関しては、川上富蔵『毎日新聞販売史――戦前・大阪編』毎日新聞大阪開発、昭和五四年参照。また、市村芳香は『大阪毎日』

の地方進出方法を次のように説明している。「『大阪毎日』の地方進出には各地方に橋頭堡を作り、これを拡大強化して自社系の有力販売店に育て上げる方法をとつた。則ち、一地方に少数でも読者があれば、直ちにその地方の有力者とか、名望家というものに交渉して、新聞を発送しこれを中心に読者の開拓拡張を計つた。郵送は最大限に利用して郵送料は全部本社負担で、山間僻地まで苟も郵便の配達されるところは四軒、五軒の読者でも次の足がゝりとして慎重に狙いをつけファンとして育成した。鉄道がその地方に開通すると、真先に販売店を開拓するのは、先ず『毎日新聞』であった」(『新聞販売史――明治篇』新聞情報社、昭和二五年、一七七頁)。

(36) 前掲注(25)、六七頁。

(37) 『長野県史』近代史料編第一〇巻(二)、平成二年、一七八―一七九頁。

(38) 有山輝雄「ある地域社会における新聞雑誌購読――福島県梁川町・明治期の事例」『メディア史研究』一五号、二〇〇三年。

(39) 清水文吉『本は流れる――出版流通機構の成立史』日本エディタースクール出版部、一九九一年、八一―九頁。

(40) 『中学新誌』一巻五号、明治三〇年六月。なお、『英字新聞研究録』は『中外英字新聞研究録』のことと思われる。

(41) 『文庫』一二巻一号、明治三二年四月。

(42) 『文庫』一一巻五号、明治三二年二月、一二巻六号、明治三二年八月。

(43) 『文章世界』二巻五号、明治四〇年四月、二巻七号、明治四〇年六月。

第二章

(1) 山縣悌三郎『児孫の為めに余の生涯を語る――山縣悌三郎自伝』弘隆社、一九八七年、一三八頁。自伝では、「山縣貸出図書館」の創設は明治二九年となっているが、ここでは、雑誌の広告等から判断して明治三一年とする。同様の理由から、その名称も「山縣図書館」としておく。

(2) 「山縣悌三郎氏」『文庫』九巻一号、明治三一年三月、七四頁。

(3) 『文庫』九巻二号、明治三一年四月、前付頁。

(4) 『文庫』九巻二号、明治三一年四月、九巻四号、明治三一年五月、前付頁。

(5) 『東京独立雑誌』一七号、明治三一年一二月、巻末。

(6) 前掲注(1)、一三八頁。

(7) 『婦女新聞』を読む会編『『婦女新聞』と女性の近代』不二出版、一九九七年、一二四頁。

(8) 拙著『雑誌と読者の近代』日本エディタースクール出版部、一九九七年、第五章参照。

(9) 杉村楚人冠「タイムス書籍倶楽部」『読書の友』二巻一一号、大正二年一一月。

(10) タイムス・ブック・クラブに関しては、*The History of the Times*, v.3, 1947 参照。

(11) 『東日七十年史』東京日日新聞社、昭和一六年、一三八―一三九頁。

(12) ただし、大正四年頃の広告に、読書の顧問部編纂になる『新刊月報』の案内がある。この月報は、広告によれば読書に関する評論と新刊目録から成ると紹介されている(『東日』大四・三・一四)から、機関誌的機能を持っていた可能性もある。この『新刊月報』は第四号まで広告欄で確認される。

(13) 前掲、第一章の注(2)、一〇五―一〇九頁。

(14) なお、『読書世界』六巻一〇号(大正四年一二月)の談話室に、長野の会員からの投稿として、「貸出図書館の甲種と乙種の荷造料がチト高いと思ひますが、少し安くならないものですか」という一節がある。これに対する編集部からの回答は、「図書を大切にする為め荷造を堅固にしますから随分費用が掛ります」というものであった。このことから、読売新聞社から離れた後の読書会が、再び郵送による図書の貸出サービスを営んでいた可能性は高い。

（15）講義録全般および大日本国民中学会の詳細に関しては、前掲、第一章の注（20）参照。
（16）なお、山口勝巳「明治・大正期の県内巡回文庫」『神奈川県図書館学会誌』一〇号、一九六〇年に簡単な言及がある。
（17）『報知新聞小史』大正一一年、『報知七十年』昭和一六年等。
（18）古厩忠夫『裏日本――近代日本を問いなおす』岩波新書、一九九七年。

第三章

（1）『漱石全集』第五巻、岩波書店、一九九四年、二八二―二八五頁。
（2）澤壽次、瀬沼茂樹共著『旅行１００年――駕籠から新幹線まで』日本交通公社、昭和四三年、三一頁。
（3）W・シヴェルブシュ、加藤二郎訳『鉄道旅行の歴史――19世紀における空間と時間の工業化』法政大学出版局、一九八二年、八六―八七頁。
（4）齋藤俊彦『くるまたちの社会史――人力車から自動車まで』中公新書、一九九七年、四六―四七頁。『読売』明二六・六・二九。
（5）同上、四八頁。
（6）同上、五二―五七頁。
（7）沢和哉『日本の鉄道こぼれ話』築地書館、一九九八年、一三五頁。『面白半分』三号、昭和四年八月。
（8）「なんでも函」『旅』七号、明治三六年六月。
（9）『風俗画報』臨時増刊二三九号「乗客案内郵船図会」明治三四年一〇月二五日。
（10）客車の変遷については、青木栄一「わが国の鉄道における初期の客車の変遷について」『都留文科大学研究紀要』三集、一九六六年を参照。
（11）『鉄道時報』四〇四号、明治四〇年六月一五日。

(12)『鉄道時報』二九八号、明治三八年六月三日。
(13)沢和哉『日本の鉄道ことはじめ』築地書館、一九九六年、八七—八九頁。
(14)新聞のこのような特性については、前掲、「まえがき」の注(1)、第二章参照。
(15)吉野孝雄『過激にして愛嬌あり——「滑稽新聞」と宮武外骨』筑摩書房、一九八三年、三〇、八六頁。
(16)無聊生「旅行中の読物」『躬行会叢誌』三四号、明治四〇年八月。
(17)『覆刻東京パック』第八巻「解説」(清水勲)、龍渓書舎、平成一二年。
(18)清水勲『大阪漫画史——漫画文化発信都市の300年』ニュートンプレス、一九九八年、七五頁。
(19)退屈生「旅行中の読物」『躬行会叢誌』四七号、明治四二年一〇月。
(20)藤田叙子「紀行文の時代(一)——田山花袋と柳田国男」『三田国文』三号、昭和六〇年三月。
(21)伊藤銀月『旅行者宝鑑』博文館、明治四一年、一五六—一五七頁。
(22)旅行案内や時刻表に関しては、三宅俊彦『時刻表百年のあゆみ』成山堂書店、平成八年、二五頁参照。
(23)小川功「私鉄『沿線案内』変遷史(一)」『鉄道ジャーナル』一九八号、一九八三年八月。
(24)『でたらめ』大阪毎日新聞社、明治三二年。
(25)ヒュー・コータッツィ、中須賀哲朗訳『維新の港の英人たち』中央公論社、昭和六三年、三九五頁。
(26)香堂著「短編小説淡雪」『日域新誌』二号、明治三一年二月。
(27)『鉄道時報』一九号、明治三二年七月一五日。
(28)横田章『読書力の養成』広文堂書店、明治四二年、一頁。
(29)辻新次「日本人の読書力」『帝国教育』再興二九号、明治四四年七月。

第四章

(1)『日本国有鉄道百年史』第一巻、昭和四四年、五四〇頁。

(2) 鉄道省『鉄道一瞥』大正一〇年、五四頁。
(3) 日本鉄道構内営業中央会『五〇年のあゆみ』平成八年、二七七―二九一、四三七頁。
(4) 『鎌倉市史』近代史料編第二、平成二年、二四三頁。
(5) 前掲、第三章の注(22)、二五頁。
(6) 「各駅の売声」『鉄道時報』一二三号、明治三五年一月一八日、一二四号、明治三五年二月一日。これは『時事新報』に掲載された記事の転載である。なお、雪廼舎閑人『汽車弁文化史』信濃路、昭和五三年、一一三―一一八頁にその全文が再録されている。
(7) 大和田建樹『おちこち――紀行文集』地球堂、明治四〇年、八六頁。
(8) 初谷新聞縦覧所の広告は、『毛州』一―六号(明治二六年一二月―二七年四月)、『館林実業雑誌』一号(明治二七年九月)、『広報雑誌』一号(明治二九年六月)等にみることができる。
(9) イザベラ・バード、高梨健吉訳『日本奥地紀行』平凡社、一九七三年、一三頁。
(10) C・モンブラン他著、森本英夫訳『モンブランの日本見聞記――フランス人の幕末明治観』新人物往来社、昭和六二年、一五一頁。
(11) アドルフ・フィッシャー、金森誠也・安藤勉訳『明治日本印象記――オーストリア人の見た百年前の日本』講談社学術文庫、二〇〇一年、二二〇頁。
(12) 『鉄道時報』三二号、明治三二年一一月二五日。
(13) 請求記号四〇―五一〇。菊判で、時刻表四頁＋貸本取扱所リスト二頁＋本文八九頁＋後付広告頁一六頁という構成である。なお、奥付によると、明治三〇年四月二九日発行で、発行者は奥田悌、発行所は鉄道旅客貸本合資会社、定価金一五銭となっている。
(14) 吉見俊哉「グローバル化と脱‐配置される空間」『思想』九三三号、二〇〇二年一月。
(15) 時期は若干前後するが、明治二〇年頃の東京の共益貸本社の平均見料は約五銭、明治三四―三五年頃の栃木県烏山町の貸本屋の見料は約三銭であった。浅岡邦雄「明治期『新式貸本屋』と読者たち——共益貸本社を中心に」『日本出版史料』六、二〇〇一年四月。同「明治期貸本台帳のなかの読者たち——烏山町越雲巳之次『貸本人名帳』をめぐって」『日本出版史料』四、一九九九年三月。
(16) 例えば『鉄道時報』創刊号、明治三二年一月一五日、三九七号、明治四〇年四月二七日。
(17) 『大阪朝日』明四四・六・二三、『報知』明四四・六・二三、『読売』明四四・六・二五、『万朝報』明四四・六・二三。
(18) 二見和彦「ホンの話　コルポオ叢書と版画十連聚列車備付用の本」『日本古書通信』六九一号、昭和六二年二月。
(19) 鈴木徳三「明治期における文庫本考（一）（二）」『大妻女子大学文学部紀要』一一号、昭和五四年三月、一三号、五六年三月。
(20) 「旅客と読書」『読売』明四四・六・二六。
(21) 深甫「鉄道列車内の図書館に就て」『東洋経済新報』五六五号、明治四四年七月五日。
(22) 前掲、第三章の注（13）、九一—九四頁。
(23) 『国鉄興隆時代』日本交通協会、一九五七年、一六七頁。
(24) 「展望車に備へてある本」『読書の友』二巻七号、大正二年七月。
(25) 「玉造日記」『鏡花全集』巻二七、岩波書店、昭和一七年、六一五—六一六頁。
(26) 『旅』八号、明治三六年七月。
(27) 前掲注（7）、二四九頁。
(28) 『鉄道時報』四二三号、明治四〇年一〇月二六日。
(29) ホテル図書室の歴史に関しては、勝木祐仁が「ホテルの共用部」研究の一環として言及している。勝木祐仁「明治・大正・昭和初期の都市におけるホテルの共用部の室構成の実態——都市施設としてみた日本のホテルの史的研究その3」『日本建築学会計画系論文集』五五九号、二〇〇二年九月。
（30） Samuel Mossman, *New Japan, the land of the rising sun*, John Murray: 1873, 350p.
（31） ヨセフ・コジェンスキー、鈴木文彦訳『明治のジャポンスコ――ボヘミア教育総監の日本観察記』サイマル出版会、一九八五年、一〇頁。
（32） 同上、六―七頁。
（33） 大熊喜邦「築地ホテル館考（一）（二）（補正）」『建築雑誌』三二九号、大正三年五月、三三〇号、大正三年六月、三五一号、大正五年三月。
（34） 外国人居留地比較研究グループ「鹿鳴館についての一考察――『文明開化の象徴』をめぐって（一）」Hotel review 五二六号、一九九四年三月。
（35） 「東京ホテルの開業式」『東京経済雑誌』一七三号、明治二〇年六月。
（36） 『帝国ホテル百年史――一八九〇―一九九〇』平成二年、六四頁。
（37） 『都ホテル１００年史』昭和六四年、一〇頁。
（38） 同上、二六頁。
（39） 同上、三〇―三一頁。
（40） 堀田暁生「写真が語る自由亭ホテルと大阪ホテル」『大阪春秋』五一号、昭和六二年一一月。
（41） 『鉄道時報』四二六号、明治四〇年一一月一六日、四二七号、明治四〇年一一月二三日。
（42） 『大阪朝日』京都附録、明四二・三・二―三・九。この新聞記事は、前掲注（37）に再録されている。
（43） 富田昭次『ホテルと日本近代』青弓社、二〇〇三年、二二三頁。
（44） 『ホテル建築図集』清水組発行、昭和一一年、一〇頁。
（45） 明石信道『旧帝国ホテルの実証的研究』東光堂書店、昭和四七年、二三六頁。
（46） 前掲注（36）、一八二頁。

(47) 角南隆「ホテル論（其六）」『建築世界』一六巻六号、大正一三年六月。なお、角南隆のホテル論に関しては、前掲注（29）も参照。
(48) 筆者所蔵。
(49) 前掲注（44）、二七、一〇四頁。『名古屋観光ホテル五十年史』昭和六一年、八二頁。「新大阪ホテル」『建築雑誌』四九集五九九号、昭和一〇年五月。『京都ホテル100年ものがたり』一九八八年、二四一頁。前掲注（36）、三二五頁。
(50) 同上の「新大阪ホテル」。
(51) 筆者所蔵。時期は不明。
(52) 『旅館要書』春秋堂書房、明治三五年、九頁。
(53) 同上、五〇頁。
(54) ここでは、新人物往来社による復刻版『明治・大正の時刻表』を利用した。ただし、②は『旅』七号、明治三六年六月による。
(55) 『婦人之友』大正九年八月。
(56) 新築落成を記念する玉久旅館発行の「熱海温泉御案内」と題するパンフレット（筆者蔵）。
(57) 賀陽生「伊香保風俗其四」『風俗画報』三六四号、明治四〇年六月一〇日。
(58) 前掲注（52）、七一―七二頁。
(59) 十代田朗「近代日本における『避暑』思想の受容と普及に関する研究」『ランドスケープ研究』五九巻五号、一九九六年。
(60) 長友千代治『近世の読書』（日本書誌学体系五二）、青裳堂書店、昭和六二年、九頁。また、同『近世貸本屋の研究』（東京堂出版、昭和五七年）には城ノ崎温泉の貸本屋の例が紹介されている。
(61) 小口千明「日本における海水浴の受容と明治期の海水浴」『人文地理』三七巻三号、一九八五年。同

「療養から行楽型海水浴への変容と各地の海水浴場」『地方史研究』二七五号、一九九八年一〇月。
(62) 妹尾勇吉編『最新避暑案内』探勝会、明治三三年、五頁。
(63) 『大磯町史』三・資料編・近現代一、ぎょうせい、平成一〇年、四二一―四二三頁。
(64) 尾崎俊介『紙表紙の誘惑――アメリカン・ペーパーバック・ラビリンス』研究社、二〇〇二年、六八頁。
(65) 『東京パック』三巻二四号、明治四〇年九月。

第五章

(1) 伝統的な読書装置である書店と貸本屋も、その性格と業態は明治二〇年代から三〇年代にかけて大きく変化する。書店業においては、出版・卸・小売りが未分化な近世的な本屋から小売り専業の近代的な書店への脱皮が起こり、また、貸本屋の業態においても、背中に貸本を背負って得意先を巡回して廻る江戸時代の御用聞き方式に代わって、店舗を構えて来客を待ったり出前方式で配達する「新式貸本屋」と呼ばれる新たな貸本屋が登場してくる。また、従来から庶民に親しまれてきた錦絵等のビジュアルな刷り物を売る絵草紙店が衰退していくのも、ちょうどこの時期からである。前掲、第四章の注(15)。小田光雄『書店の近代――本が輝いていた時代』平凡社新書、二〇〇三年。山本笑月『明治世相百話』中公文庫、昭和五八年。
(2) 「明治六年八月新聞紙購読奨励につき筑摩県達」「明治六年一二月海外新聞抄訳紙購読奨励につき筑摩県達」『長野県史』近代史料編第一〇巻(二)、平成二年、一四二―一四三頁。「新聞紙購読奨励」「茨城新報購読奨励の件達」「東京報知新聞購求の件達」『茨城県史料』近代政治社会編一、昭和四九年、一七三、一七七頁。「新聞等の順回の件」「新聞・雑誌配達につき回文」『都城市史』史料編近現代一、平成一二年、一一六、二九四頁。「東京日日新聞・報知新聞の購入につき大区へ指示」『山口県史』史料編近代一、平成一二年、一〇八九―一〇九〇頁。

(3)『静岡県史』資料編一六・近現代一、平成元年、一二一二頁。
(4)新聞解話会については、山本武利「新聞解話会のてんまつ」『日本古書通信』七一七号、一九八九年四月参照。
(5)『山梨県史』資料編一四・近現代一、平成八年、五二—五三頁。
(6)『前田愛著作集』第二巻、筑摩書房、一九八九年、一一〇頁。
(7)新聞縦覧所に関しては、広庭基介「新聞縦覧所小論（一）（二）」『図書館界』二五巻三—四号、一九七三年、奥泉和久「明治10年代前半における新聞縦覧所の設立について」『図書館史研究』六号、一九八九年が代表的な研究である。
(8)『茨城県史料』近代政治社会編一、昭和四九年、一七二—一七三頁。
(9)前掲注（3）、一二二四頁。
(10)同上、一二二六頁。
(11)『東京市史稿』の「浅草公園地内扱方」（明治七年）によれば、これらの店舗は二五〇軒となっている。「第五大区八小区浅草寺元境内公園地之内三千三坪余之場所、諸店、見世物、楊弓、寄セ場或は水茶屋等出稼之もの、現今二百五拾軒有之」
(12)なお、高瀬紫峯の『全国新聞雑誌評判記』（明治一六年）には、「奥山の縦覧所に地方新聞の腕くらべ」と題する一節があり、「縦覧所も多いが此の奥山に限るヨ今日は地方新聞を一閲してやろう」という趣向で、全国各地の地方新聞の批評が行なわれている。この縦覧所が未亡人のそれと同一であるかどうかは不明であるが、同一であった場合、約一〇年間にわたって存続していたことになる。
(13)文明開化の三角地帯については、石塚裕道・成田龍一『東京都の百年』山川出版社、一九八六年、二七—三〇頁。
(14)『東京市史稿』遊園篇第四、昭和七年、四八九頁。小野良平『公園の誕生』吉川弘文館、二〇〇三年、一一―一二頁。
(15) 橋本毅彦・栗山茂久編著『遅刻の誕生――近代日本における時間意識の形成』三元社、二〇〇一年。
(16) 新井勝紘「自由民権運動と図書館――五日市憲法と深沢文庫」『図書館史研究』四号、一九八七年。
(17) 『利光鶴松翁手記』小田急電鉄、昭和三二年、一〇八頁。
(18) 同上、一一五頁。
(19) 前掲注(16)、一三―一五頁。
(20) 同上、六―七頁。
(21) 永末十四雄『日本公共図書館の形成』日本図書館協会、一九八四年、四六、七二頁。また、岩猿敏生は、明治二〇年代までは「書籍館」と称する図書館が圧倒的に多かったことと、蔵書の内容が江戸時代からの継承にすぎなかったことから、明治一〇―二〇年代を「書籍館時代」と呼ぶことを提唱している。岩猿敏生「日本図書館史の時代区分の問題――歴史における断絶と連続」『図書館文化史研究』二〇号、二〇〇三年。
(22) 『新修大阪市史』第五巻、平成三年、八六二頁。
(23) 「帝国図書館を設立するの建議案」『教育時論』三九一号、明治二九年二月二五日。
(24) 「両院に於ける三建議案」『教育時論』三九五号、明治二九年四月五日。
(25) 「帝国図書館の現況一班」『太陽』五巻一七号、明治三二年八月。
(26) 「竹頭木屑」『文庫』一九巻一号、明治三四年一一月。
(27) 宮地正人『日露戦後政治史の研究』東京大学出版会、一九七三年。
(28) 井上友一『救済制度要義』博文館、明治四二年、四五一頁。
(29) 同上、四五九―四六〇頁。
(30) 井上友一『自治要義』博文館、明治四二年、一〇四頁。

(31) 地方改良運動期の図書館の性格については、小川剛と石井敦の研究がある。小川剛「明治末期の通俗図書館の発展——地方改良運動との関連で」『みんなの図書館』九四号、一九八五年三月。石井敦「地方改良運動と図書館——千葉県を中心として」同誌。

(32) 内務省地方局『地方改良実例』明治四五年、九五—九六、三五一—三五二頁。

(表5-3の出典)

①『愛知』三二号（明治五年一一月）、『郵便報知』明六・一〇・二三、『新聞雑誌』二九〇号（明治七年八月）、『朝野』明八・一〇・八、『東京絵入』明九・四・一七、『読売』明九・五・一〇、『読売』明九・六・二三、『読売』明九・七・一、『東京絵入』明一一・三・一三。

②『愛知』三二号（明治五年一一月）。

③『新聞雑誌』九二号（明治六年四月）広告。

④『郵便報知』明六・六・三広告。

⑤『東京市史稿』市外編第五五、昭和三九年、四四—四五頁。

⑥朝倉治彦、稲村徹元編『明治世相編年辞典』東京堂出版、昭和四〇年、九六頁。

⑦『東京市史稿』市外編第五五、昭和三九年、四六—四七頁。

⑧『東日』明七・二・四付録、『郵便報知』明七・五・一〇広告。

⑨『郵便報知』明七・三・一四広告。

⑩『新聞雑誌』二八三号（明治七年七月）広告。

⑪『郵便報知』明七・八・一五広告。

⑫『読売』明八・四・二八。

⑬『東京日日』明八・五・二五広告。

⑭『読売』明八・七・三一、九・四。

⑮『読売』明九・七・二〇。
⑯『読売』明九・七・二一、『東京曙』明九・七・二七広告、『東日』明九・八・三、『読売』明九・八・二三。
⑰『東京絵入』明一〇・一・一〇広告、『読売』明一〇・一・一三広告。
⑱『仮名読』明一〇・一・一八。
⑲『読売』明一〇・一・二三。
⑳『朝野』明一〇・三・一五。
㉑『読売』明一〇・三・三〇。
㉒『かなよみ』明一〇・四・一、『読売』明一〇・四・一六。
㉓『朝野』明一〇・五・一。
㉔『読売』明一〇・五・一四。
㉕『朝野』明一〇・八・二九、『読売』明一〇・八・三〇、『東京さきがけ』明一〇・八・三〇。
㉖『かなよみ』明一一・三・一三広告、三・二六広告。
㉗『朝野』明一一・九・二四広告、『東日』明一一・九・二六広告。
㉘『読売』明一一・一〇・六広告。
㉙『読売』明一二・二・二三広告。
㉚『かなよみ』明一二・三・四。
㉛『安都満』明一二・五・一三、『東京新聞』明一二・五・一四。
㉜『読売』明一二・六・一一広告。
㉝『自由燈』明一七・五・二九。

第六章

（1）角家文雄編著『日本近代図書館史』学陽書房、一九七七年、三五頁。
（2）同上、三三、七九頁。『文部省第八年報』明治一三年（復刻版、宣文堂書店、昭和四一年）、六頁。『大日本教育会雑誌』四五号、明治一九年一二月、五九頁。
（3）石井敦編『図書館史』（『図書館学教育資料集成』第四巻）白石書店、一九七八年、六三頁。
（4）国立国会図書館支部上野図書館編『帝国図書館年報』国立国会図書館、昭和四九年、二三〇頁。
（5）「書籍館報告」『大日本教育会雑誌』九〇号、明治二二年九月、七一一—七一三頁。
（6）「南秋田郡図書館」『秋田日日』明三六・七・七。「八月中の大橋図書館」『東日』明三七・九・一二（石井敦監修『新聞集成図書館』大空社、一九九二年（以下『新聞集成』と略記）一巻、一四六、一七一頁）。
（7）前掲注（4）、一三一頁。
（8）「此内学生とせるは明かに学籍にあるものゝみにして高等学校又は判検事弁護士医師試験準備の為め閲覧するものは無職の内に含まるゝものなり」「帝国図書館の近況」『東京朝日』明四〇・八・五（『新聞集成』二巻、七二頁）。
（9）「現今の学生如何なる書を読むか（下）」『中央』明四〇・一一・二六（『新聞集成』二巻、八九頁）。
（10）「盛岡図書館の近況」『三陸』明治三五年七月九日。「学校生活者と図書館」『いはらき』明三七・一二・二五。「成田の図書館」『読売』明四〇・六・一三（『新聞集成』一巻、一一一、一八七頁、二巻、五四頁）。
（11）「よもやま」『日本』明三八・一〇・六（『新聞集成』一巻、二四四頁）。
（12）「晩秋の東京日比谷図書館」『東洋新報』明四二・一一・一八（『新聞集成』二巻、二五八頁）。
（13）「積善組合巡回文庫第一回目閲覧統計に就いて」『越佐教育雑誌』一九一号、明治四一年一一月、二四—二七頁。
（14）前掲、第二章の注（1）、七〇頁。

(15) 竹内洋『立志・苦学・出世――受験生の社会史』講談社現代新書、一九九一年参照。
(16)「図書館と七高生」『鹿児島』明三九・七・五(『新聞集成』一巻、三二八頁)。
(17) 前掲注(9)。
(18)「読書家研究」『毎日電報』明四二・五・一〇(『新聞集成』二巻、二二七―二二八頁)。
(19) 山岡商会発行、五〇頁。
(20) 坪谷水哉「東京図書館」『少年世界』二巻三号、明治二九年二月、二九二―二九四頁。
(21)「図書館より」『やまと』明四三・八・四(『新聞集成』二巻、三二五頁)。
(22)『報知』明三〇・九・一四。
(23) 前掲注(20)。
(24)「図書館と小説」『東亜の光』一巻一号、明治三九年五月、一二九―一三〇頁。
(25)「秋田図書館統計」『秋田魁』明三八・三・七。「図書館の昨今」『やまと』明四〇・四・三。「八月中の図書館統計」『京都新聞』明四〇・九・三(『新聞集成』一巻、二二四頁、二巻、三五、七八頁)。
(26)「福岡図書館を観る」『福岡日日』明三九・八・一。「図書館の官報」『京都日出』明三九・八・三一(『新聞集成』一巻、三三九、三四七頁)。
(27) 前掲注(4)の各年度から。
(28)「大橋図書館を観る」『教育学術界』七巻二号、明治三六年四月、四五―四八頁。
(29)「図書閲覧人」『鹿児島』明三六・九。「十月中の秋田図書館」『秋田魁』明三八・一一・四(『新聞集成』一巻、一四一、二四七頁)。
(30)「通俗教育の繁昌――昨月中の京橋図書館」『読売』大二・九・一一。
(31) 樋口一葉『一葉青春日記』角川文庫、平成元年。
(32)「読書の婦人」『花の園生』四二号、明治二七年七月、三五頁。

(33) 婦人閲覧室については、宮崎真紀子「戦前期の図書館における婦人室について――読書する女性を図書館はどう迎えたか」『図書館界』五三巻四号、二〇〇一年一一月参照。
(34) 「東京市立図書館論」『図書世界』三巻五号、明治三五年一一月、五―一一頁。
(35) 「都府の花なる図書館（六）」『東京二六』明三八・一一・一六。
(36) 「大橋図書館」『日本』明三八・八・二。「上野図書館の昨今」『東京朝日』明三九・六・八。「図書館を設立せんとする人に告ぐ」『読売』明三九・九・二三（『新聞集成』一巻、二三八、三二〇、三六二頁）。
(37) 「晩秋の図書館」『中央』明三九・一一・六（『新聞集成』一巻、三七五頁）。
(38) 「変つた閲覧者――深川図書館の昨今」『東京朝日』明四三・一・三〇。「深川図書館――熊公八公の読書力」『読売』明四三・六・二二（『新聞集成』二巻、二六六、二九六頁）。
(39) 「緑蔭読書」『都』大四・五・三一（『新聞集成』三巻、六九頁）。
(40) 前掲、第二章の注（1）、六七頁。山縣悌三郎「学校の授業を欠席して図書館計りに通ふた」『新公論』二四巻三号、明治四二年三月、八頁。
(41) 「図書館」『教育報知』七八号、明治二〇年八月、六―七頁。
(42) 「帝国図書館雑感」『教育界』二巻七号、明治三六年五月、一〇頁。『出版界』一号、明治三六年二月、八頁。「帝国図書館」『日本』大一・九・五（『新聞集成』三巻、三頁）。
(43) 「帝都図書館めぐり（1）」『読書世界』五巻一号、大正三年一〇月、四三―五〇頁。
(44) 「都府の花なる図書館（五）」『東京二六』明三八・一一・一五（『新聞集成』一巻、二〇二頁）。大橋図書館においても、看守による監視がなされていた。「大橋図書館を観る」『教育学術界』七巻二号、明治三六年四月。
(45) 「図書館の人々」『文章世界』六巻四号、明治四四年三月、一〇〇―一〇五頁。
(46) 高梨章「俯瞰する出納台（帝国図書館論）」『現代の図書館』三三巻四号、一九九四年参照。

(47) 前掲、第二章の注(8)、第一章参照。
(48) 前掲注(45)、一〇〇―一〇五頁。
(49) 前掲注(28)。
(50) 「一時に三部かりぬ人はいと少なく三部借りる人のは一部は小説または益もなき遊戯文学の類なるが多し」「東京図書館に遊ぶ」『早稲田文学』二号、明治二四年一〇月、四四頁。
(51) 「学生と小説」『女鑑』一六巻三号、明治三九年三月、一五五頁。
(52) 前掲、第二章の注(8)参照。
(53) 前掲注(40)、八頁。

参考文献

注で引用した文献以外にも、直接間接に示唆を受けた文献は多い。以下はその一部である。


有山輝雄「ある地域社会における新聞雑誌購読——福島県梁川町・明治期の事例」『メディア史研究』一五号、二〇〇三年。

飯野洋一「埼玉県の巡回文庫」『図書館史研究』八号、一九九一年。

石井敦・前川恒雄『図書館の発見——市民の新しい権利』NHKブックス、一九七三年。

石井敦『日本近代公共図書館史の研究』日本図書館協会、一九七二年。

石井寛治『情報・通信の社会史——近代日本の情報化と市場化』有斐閣、一九九四年。

稲田雅洋『自由民権の文化史——新しい政治文化の誕生』筑摩書房、二〇〇〇年。

裏田武夫・小川剛「明治・大正期公共図書館研究序説」『東京大学教育学部紀要』八巻、一九六五年。

大沼宜規「明治期における和装・洋装本の比率調査——帝国図書館蔵書を中心に」『日本出版史料』八、日本エディタースクール出版部、二〇〇三年。

小川直人「世間の視線と配慮の政治——自由民権期奥信濃の生活世界と放課後の政治家たち」『メディア史研究』一五号、二〇〇三年。

金子明雄・高橋修・吉田司雄編『ディスクールの帝国——明治三〇年代の文化研究』新曜社、二〇〇〇年。

木村吾郎『日本のホテル産業史』近代文芸社、一九九四年。

五井信「書を持て、旅に出よう――明治30年代の旅と〈ガイドブック〉〈紀行文〉」『日本近代文学』六三集、二〇〇〇年一〇月。

紅野謙介『投機としての文学――活字・懸賞・メディア』新曜社、二〇〇三年。

小林信也『江戸の民衆世界と近代化』山川出版社、二〇〇二年。

小林弘忠『ニュース記事にみる日本語の近代』日本エディタースクール出版部、二〇〇二年。

小森陽一・紅野謙介・高橋修編『メディア・表象・イデオロギー――明治三十年代の文化研究』小沢書店、一九九七年。

小森陽一「近代読者論――近代国民国家と活字を読む者」『文学と芸術の社会学』（現代社会学八）、岩波書店、一九九六年。

斎藤俊彦『人力車』産業技術センター、一九七九年。

佐藤政孝『東京の図書館百年の歩み』泰流社、一九九六年。

清水一嘉『イギリスの貸本文化』図書出版社、一九九四年。

鈴木淳『新技術の社会誌』（日本の近代一五）、中央公論新社、一九九九年。

関肇「文学青年の勢力圏――『文庫』における読むことと書くこと」『光華女子大学研究紀要』三七号、一九九九年一二月。

竹内誠『江戸の盛り場・考――浅草・両国の聖と俗』（江戸東京ライブラリー）、教育出版、二〇〇〇年。

谷藤康弘・井上芳保「国民創出装置としての日清戦争」『社会情報』（札幌学院大学）八巻二号、一九九九年三月。

土屋礼子『大衆紙の源流――明治期小新聞の研究』世界思想社、二〇〇二年。

富山英彦「読書空間論――意味の生産現場としての図書館」『マス・コミュニケーション研究』五四号、一九九九年一月。

鳥海靖『動きだした近代日本――外国人の開化見聞』（江戸東京ライブラリー）、教育出版、二〇〇二年。

中川浩一『旅の文化誌――ガイドブックと時刻表と旅行者たち』伝統と現代社、一九七九年。

永末十四雄『日本公共図書館の形成』日本図書館協会、一九八四年。

長友千代治『江戸時代の図書流通』思文閣出版、二〇〇二年。

成田龍一「『少年世界』と読書する少年たち――1900年前後、都市空間のなかの共同性と差異」『思想』八四五号、一九九四年一一月（のちに同『近代都市空間の文化経験』岩波書店、二〇〇三年に収録）。

西川長夫・松宮秀治編『幕末・明治期の国民国家形成と文化変容』新曜社、一九九五年。

根本彰『情報基盤としての図書館』勁草書房、二〇〇二年。

原克「鉄道旅行と旅行文庫の誕生――テキストの大量消費時代」『言語』三一巻一号、二〇〇二年一月。

原口隆行『時刻表でたどる特急・急行史』ＪＴＢ、二〇〇一年。

平田由美「《議論する公衆》の登場――大衆的公共圏としての小新聞メディア」『近代知の成立』（近代日本の文化史(三)）、岩波書店、二〇〇二年。

牧原憲夫「私にとっての国民国家論」『人民の歴史学』一三九号、一九九九年三月。

丸山宏『近代日本公園史の研究』思文閣出版、一九九四年。

水林章『公衆の誕生、文学の出現――ルソー的経験と現代』みすず書房、二〇〇三年。

御手洗陽「黙読する身体の自明化――雑誌『成功』の読書法にみる自己了解」『マス・コミュニケーション研究』五四号、一九九九年一月。

宮地正人『日露戦後政治史の研究』東京大学出版会、一九七三年。

村岡實『日本のホテル小史』中公新書、一九八一年。

屋名池誠『横書き登場――日本語表記の近代』岩波新書、二〇〇三年。

山田俊治『大衆新聞がつくる明治の〈日本〉』（ＮＨＫブックス）、日本放送出版協会、二〇〇二年。

＊図版1・2・3・4・5・6・7・8・9・10・11・12・13・14・15・16・17・18・20・21・24・26・30は東京大学法学部附属近代日本法政史料センター明治新聞雑誌文庫所蔵。
＊図版19・22・27・28・29・31・32・33・34は国立国会図書館所蔵。

あとがき

前近代史料に囲まれた図書室（東京大学史料編纂所図書室）のカウンターに座るようになってから四年目になる。この図書室には、実にさまざまな研究テーマを持った方々が全国各地から毎日来室される。大学所属の研究者や学生のみならず、地方史編纂や出版・放映の申請、文書館・博物館からの出陳申請、さらには家系調査をはじめとする在野の日本史研究家の閲覧者も多い。なかには、ここの史料を使って、従来の通説を書き換えるような研究をされている市民研究家も少なくない。

このような熱心な閲覧者の方々と接しているとき、常に痛感させられるのは、東京と地方との情報資源の格差の問題である。日本史の分野に限っても、東京という一都市に集積された図書・史料の膨大さは計りしれないものがある。近年、国立国会図書館の近代デジタルライブラリーをはじめとするネット上の図書・史料の公開によって、この状況にも若干の変化が生まれつつあるものの、地方の研究者や読者の置かれた状況は、「不自由のない都」東京に住む人間には本当にはわかっていないのかもしれない。

そういう私自身、高校を卒業するまで、鹿児島の大変な草深い片田舎の山間部で育った。

そこは新聞も郵送で来るような僻地で、もちろん夕刊はない。書店も、学習参考書や雑誌を置いた小さな書店があるきりだ。中学・高校時代は農作業や牛の飼育の手伝いで遊ぶ時間などあまりなかったが、多感な文学少年で、学校図書室や小さな市立図書館から明治の文学や欧米の小説を借りて愛読していた。また、俳句や短歌、詩を作っては新聞雑誌に盛んに投稿したりしていた。その頃ちょうど寺山修司が受験雑誌で俳句の選者をやっていて、あるとき特選に選ばれたことがあった。そのときの句は、「花びらを拾おうとすれば瀕死の蛾なり」という稚拙なものであったが、これに対する寺山の批評を今でも覚えている。「美しい花びらと醜くあがいて死にゆく蛾とを対比して見つめていく眼の鋭さ」。その寺山が亡くなってからもう二〇年経つ。青春時代の懐かしい思い出となってしまった。

こう書いてくると、まるで本書で引用した「地方の読書界」の投稿めいてくるが、そういう意味では、私の育った田舎の読書環境は明治時代とほとんど変わっていないようである。明治の投稿少年たちと地続きの同じ地平に、私も立っていた。

その後、大学で福岡、次いで東京に出てきて、恵まれた都市の読書環境に感激したのを覚えている。現在の私の読書環境は、昼休みには大学生協書籍部で専門書を探し、通勤の帰りには駅のスタンドで夕刊タブロイド紙を買って通勤電車の中で読み、ターミナル駅の大きな書店で新刊の人文書を品定めする。土日には国会図書館や都立中央図書館で資料調査に精を出す。ともすればこのような読書環境のありがたさをつい忘れてしまいがちであるが、たまに山奥の田舎に帰ると東京の生活がはるか遠い世界の夢のようで、特に夕方駅で買って読むオレンジ色のタブロイド紙がたまらなく懐かしく思えたりする。その意味で、前著『モダン都市の読書空間』は、読書の首都東京に対する地方出身者のオマージュであった。これに対して、今回は出版の首都東京の誕生期である明治三〇年代を、私もその一員であった地方の読者の側から逆照射した「明治国家の読書空間」とでもいった内容である。

前著刊行後、「次のテーマは戦中期ですか」と聞かれることが多かった。予想に反して、今回このような形で明治期に戻った原因としては、戦中期は「国民読書運動」と「図書群」という大きな悲劇が待っているために、あまり気が進まなかったこともあるが、それ以上に、現在の図書室で前近代史料と日常的に接するうちに、読書史における近世から近代への移行、近代の読書文化の独自性といったものを改めて考えさせられるようになったからである。また、近世読書史研究の目覚ましい発展に刺激されたことも大きい。

このように、逆説的ではあるが、本書の着想は、図書業務を通じたさまざまな前近代史料と前近代史研究者との日常的な接触の中から生まれてきた。その意味で、本書の謝辞はまず第一に史料編纂所の図書室と、そこで働く図書部スタッフ、そして常に民主的で真摯な編纂所の先生方に捧げたい。また、同じ学内にあっていろいろな機会に拙著に過分な評価を下さった先生方、とりわけ吉見俊哉、佐藤健二、根本彰、広田照幸の諸先生には改めて感謝いたします。自分なりの研究を続ける上でこのうえない励ましとなりました。植田康夫、有山輝雄の両先生をはじめとする日本出版学会とメディア史研究会の会員各位にはいつも教えられることが多く、改めてお礼を申し上げます。アメリカ在住の曽根昭夫氏にはメールでの質問にお答えいただき、ありがとうございました。日本エディタースクール出版部には厳しい出版状況の中で、三冊目の単著を出していただいて感謝するばかりです。編集の長井治氏には、今回もお世話になりました。校正の樋口節子氏には重要な間違いを指摘していただき、ありがとうございました。なお、図版掲載に際しては、東京大学法学部附属近代日本法政史料センター明治新聞雑誌文庫と国立国会図書館の貴重な資料を使わせていただきました。記して感謝いたします。

本書は、すでに学会誌に発表した論文を大幅に改稿し、新たに数章を書き加えて出来上がったものである。各章の初出は、次の通りである。


第一章　書き下ろし。

第二章「新聞社・出版社による図書館活動の展開――地方読者への『非来館型サービス』提供の試み」『図書館界』五一巻四号、一九九九年一一月。

第三、四章「〈車中読書文化〉の誕生」『出版研究』三三号、二〇〇三年三月。

第五章　書き下ろし。

第六章「明治期の公共図書館と利用者――図書館利用者公衆の形成過程」『図書館界』四

九巻五号、一九九八年一月。

なお、第三章と四章は、初出の論文を大幅に拡充し、二つの章に分けたものである。また、第三章の一部に、「明治三十年代の読書変容」（『學鐙』九七巻一号、二〇〇〇年一月）の一節を利用した。

本書の基本モチーフは、七年前の拙著『雑誌と読者の近代』と重なる部分が少なくない。そこで、若干の補足を加えると、まず前著において「読書社会」の成立として論じたことを、本書では「全国読書圏」の誕生として発展させた。また、版本から活版本への変化とそれにともなう読書視覚と読書習慣の変化については、前著においてすでに論じたところなので本書では言及しなかった。公共空間の音読に関しても、前著で図書館を〈黙読空間の制度化〉として、新聞縦覧所を音読空間として対比的に取り上げている。読書階層の具体的な実像に関しては、前著において、地方の小学校教員読者あるいは『太陽』の読者層としての中産知識人読者層について論じているので、本書では省略した。このように、前著においてすでに言及した部分については、本書ではあえて省略した箇所が多いので、前著と併せてお読みいただくと、本書の意図する全体像がより明確になると思われる。

ところで、近代の活字メディアと読書を考える際に重要な準拠枠となるのは、いうまでもなく『想像の共同体』である。通勤電車の車中で『想像の共同体』を読んでいると、時として一種奇妙な昂揚感を感じるときがある。それは例えば植民地バタヴィアのヒエラルキー化された学校制度の中から、「インドネシア人」という華麗な蝶が生まれてくる箇所である。「思春期の感じやすい巡礼者たちは、広大な植民地のいたるところから――しかし、決してその外からではなく――中心へ、上へと旅をしていった」というような一節を読むとき、草深い田舎から九州の大学を経て、現在首都郊外の通勤電車に乗っている私自身の巡礼の旅と、バタヴィアの少年の巡礼の旅とがどこかで通底していることを感じる。植民地バタヴィアの少年と帝国明治の投稿少年と高度成長期の田舎の中学生だった私自身と。時代背景の大きな差異を越えて、彼等を巡礼の旅へと駆り立てた近代社会の見えざる力となったもの、それは教育による識字と活字メディアと読書であったわけだが、明治以降の国民国家の形成を活字メディアと読書という視点からとらえる研究は近年ようやく活発化しつつある。

しかし、国民国家の形成において活字メディアのはたした役割を、ただ単に「出版資本主義」の作用の重要性として抽象的にとらえるのではなく、その作用の具体的なメカニズムの解明が求められているように思う。アンダーソンはとりわけ新聞と小説に注目したが、日本においてはさらに雑誌というメディアのはたした役割が重要である。また、これまでの研究は新聞、雑誌、出版、文学、図書館、ジャーナリズムといった個別領域に細分化された形で進められてきたため、それらを総体としてとらえる視点が稀薄であった。個別領域の壁を乗り越える形で、「活字メディア―読書装置―国民国家の形成」という視点からその全体像を巨視的にとらえる努力も必要ではないだろうか。本書がそのためのささやかな問題提起となれば幸いである。

最後に、フランスの特異な歴史家ミシェル・ド・セルトーの著書の一節を引いて、結びとしたい。

十八世紀に啓蒙主義思想が望んだのは、書物によって社会を改革〔再成型〕しようということであり、学校教育をとおして書物を普及させ、風俗や生活習慣を変えようということであった。こうしてエリートたちがその生産物をあまねく国中に伝えれば、エリートは国民全体を改造する力をもつだろうと期待されたのである。(『日常的実践のポイエティーク』)

二〇〇四年一月

永嶺重敏

学術文庫版へのあとがき

本書は二〇〇四年三月に日本エディタースクール出版部から刊行された『〈読書国民〉の誕生――明治30年代の活字メディアと読書文化』を文庫化したものである。文庫化にあたっては、サブタイトルを若干変更し、また、本文に関して若干の語句の修正を行った。

本書の元になった原本を書くようになった経緯を簡単に説明すると、大学図書館に奉職し始めてから出版や読書、図書館の歴史に興味を持つようになったことがきっかけであった。なかでも、メディアや政治社会の一大変動期であった明治という時代に強く惹きつけられた。まず取り組んだのが、明治になって新しく登場してきた雑誌という活字メディアの受容構造の解明である。雑誌がどのような読者に、どのように読まれたかという問題に興味を持ち、日本出版学会や図書館関係の研究会等で雑誌の読者層、雑誌の読まれ方といったテーマについて報告した。それらの一連の研究をまとめたものが、一作目の『雑誌と読者の近代』(日本エディタースクール出版部、一九九七年)である。

次に取り組んだのが、都市空間の中の読者というテーマであった。読書のインフラが高度に発達した都市空間、具体的にはモダニズム文化で特徴づけられる大正から昭和初期のモダン都市・東京をフィールドに選び、円本や雑誌メディアがサラリーマンや労働者といった都市の諸階層にどのように読まれたかを探った。その際に、活字メディアと読者を媒介する書店や図書館、駅売店、雑誌回読会といった「読書装置」の重要性に注目した。これらの研究は二作目の『モダン都市の読書空間』（日本エディタースクール出版部、二〇〇一年）としてまとめることができた。

それに続いて、フィールドを東京の都市空間から日本という国全体に拡げて、活字メディアと読者の関係性の構築過程を捉え直そうと試みたのが、本書の元になった『〈読書国民〉の誕生——明治30年代の活字メディアと読書文化』である。この三作目においては、明治二〇—三〇年代の鉄道幹線網の拡大によって姿を現わしてきた中央活字メディアの全国流通網の形成に注目した。そして、そこから「全国読書圏」と呼ぶべき新たな読書文化が出現し、中央活字メディアの受け手としての「読書国民」が誕生してくる過程を描き出そうとした。この本は二〇一〇年に韓国語版が出版されている。

原本の出版された二〇〇四年からほぼ二〇年が経過しているが、この間の近代日本の活字メディアと読者の歴史に関する研究はさらなる拡大と深化を続けてきている。筆者はこれまで主に読書調査等の統計資料を活用してきたが、このような定量的・階層的アプローチに加えて、近年では日記や自伝といった個人作成の資料を使って、活字メディアが実際に読まれる生活環境の現場に直接斬り込む定性的・質的なアプローチの活用も盛んになっている。

また、地域社会のさまざまな流通史料の発掘や現地調査を通じて、地域社会内部におけるメディアの受容状況や階層性に具体的に迫っていく研究も現われるようになった。さらに、読書実践の領域においても、愛読者団体や誌友交際論、戦場での読書といった問題が取り上げられるようになり、オーラル・ヒストリーの手法の導入も試みられている。

しかし、このような読者研究の隆盛とは対照的に、現在の日本社会においては電子化とネット化の急速な進行によって、「紙の本」の存在基盤が揺らぎ始めるという事態が起きている。さらに、スマートフォンが人々の日常生活に深く浸透し、電車内でも乗客はみなスマホを見るようになり、その結果、最近では電車内で紙の本や新聞・雑誌を読む乗客はほとんど見かけなくなった。本書で取り上げたような車中読書の光景はいつの間にか消え去ってしまっているのが現状である。

このように、現在の私たちはメディアと読書の大きな変動の渦中にあるが、明治以降の活字メディアと読書の歴史そのものが絶えざる変動の歴史であった。明治期の読書国民の誕生から大正・昭和初期の大衆読者の登場、さらには戦時下の「国民読書運動」といった国策による読書指導に至るまで、近代日本の読書文化は社会や政治の動きとともに大きく変動してきている。現在進行中の電子化とネット化、さらにはＡＩ化の波が私たちの読書生活をどのように変えていくのか、そのゆくえを今後とも見守っていきたい。

最後に、図書職員として定年まで三五年間お世話になった東京大学の先生方と同僚諸氏に、この場を借りて改めてお礼申し上げます。

文庫化に際しては、講談社学術文庫担当の栗原一樹氏に大変お世話になりました。記して感謝申し上げます。

二〇二三年八月八日

永嶺重敏

KODANSHA

本書の原本『〈読書国民〉の誕生——明治30年代の活字メディアと読書文化』は、二〇〇四年に日本エディタースクール出版部より刊行されました。

永嶺重敏（ながみね　しげとし）

1955年，鹿児島県生まれ。九州大学文学部卒業。元東京大学図書職員。出版文化・大衆文化研究家。著書に『雑誌と読者の近代』『モダン都市の読書空間』『東大生はどんな本を読んできたか』『歌う大衆と関東大震災』『歌う民衆と放歌高吟の近代』などがある。

講談社学術文庫

定価はカバーに表示してあります。

読書国民《どくしょこくみん》の誕生《たんじょう》
近代日本《きんだいにほん》の活字《かつじ》メディアと読書文化《どくしょぶんか》
永嶺重敏《ながみねしげとし》

2023年12月７日　第１刷発行

発行者　髙橋明男
発行所　株式会社講談社
東京都文京区音羽 2-12-21 〒112-8001
電話　編集（03）5395-3512
販売（03）5395-5817
業務（03）5395-3615
装　幀　蟹江征治
印　刷　株式会社広済堂ネクスト
製　本　株式会社国宝社
本文データ制作　講談社デジタル製作

ISBN978-4-06-534025-7

「講談社学術文庫」の刊行に当たって

これは、学術をポケットに入れることをモットーとして生まれた文庫である。学術は少年の心を養い、成年の心を満たす。その学術がポケットにはいる形で、万人のものになることは、生涯教育をうたう現代の理想である。

こうした考え方は、学術を巨大な城のように見る世間の常識に反するかもしれない。また、一部の人たちからは、学術の権威をおとすものと非難されるかもしれない。しかし、それはいずれも学術の新しい在り方を解しないものといわざるをえない。

学術は、まず魔術への挑戦から始まった。やがて、いわゆる常識をつぎつぎに改めていった。学術の権威は、幾百年、幾千年にわたる、苦しい戦いの成果である。こうしてきずきあげられた城が、一見して近づきがたいものにうつるのは、そのためである。しかし、学術の権威を、その形の上だけで判断してはならない。その生成のあとをかえりみれば、その根は常に人々の生活の中にあった。学術が大きな力たりうるのはそのためであって、生活をはなれた学術は、どこにもない。

開かれた社会といわれる現代にとって、これはまったく自明である。生活と学術との間に、もし距離があるとすれば、何をおいてもこれを埋めねばならない。もしこの距離が形の上の迷信からきているとすれば、その迷信をうち破らねばならぬ。

学術文庫は、内外の迷信を打破し、学術のために新しい天地をひらく意図をもって生まれた。文庫という小さい形と、学術という壮大な城とが、完全に両立するためには、なおいくらかの時を必要とするであろう。しかし、学術をポケットにした社会が、人間の生活にとってより豊かな社会であることは、たしかである。そうした社会の実現のために、文庫の世界に新しいジャンルを加えることができれば幸いである。

一九七六年六月　　野間省一

2486
藤田　覚著
天皇の歴史6
江戸時代の天皇

無力の天皇が君主の実権を握ったのはなぜか。学問で権威を高め、飢饉で幕府に救い米を出させた光格天皇。幕府からも反幕府勢力からも担がれて、高い政治的権威を得た孝明天皇。一五人の天皇の屈辱と抵抗。

2487
西川　誠著
天皇の歴史7
明治天皇の大日本帝国

明治天皇は薩長の「操り人形」だったのか？　幕末の混乱の中で一六歳で皇位に就き、復古と欧化を決断した帝は、ついに国民の前に姿を現す。国家とともに成長し「建国の父祖」の一員となった大帝の実像。

2488
加藤陽子著
天皇の歴史8
昭和天皇と戦争の世紀

一九〇一年、明治天皇の初皇孫として生まれた迪宮裕仁は、生涯に三度、焦土に立つ運命にあった。昭和の戦争は、平成の天皇に何を残したのか――。戦後昭和から平成までの「象徴天皇の時代」を大幅加筆！

2489
小倉慈司／山口輝臣著
天皇の歴史9
天皇と宗教

天皇とは、神か、祭祀王か、仏教者か。伊勢神宮と大嘗祭の起源、神祇制度の変遷など、知られざる側面を探究。古代の祭りから、仏教に染まった中近世、現代の宮中祭祀まで。皇族に信教の自由はあるのか？

2490
渡部泰明／阿部泰郎／鈴木健一／松澤克行著
天皇の歴史10
天皇と芸能

天皇家の権威の源泉は、武力でも財力でもなく、「芸能」にあった。和歌・管絃を極め、茶の湯や立花に励み、和漢の学問と文化の力で一五〇〇年を生き延びてきた天皇の歴史から、日本文化の深層が見えてくる。

2494
石井寛治著
明治維新史　自力工業化の奇跡

倒幕を果たした維新の志士と産業の近代化に歩みだした豪商農を支えた「独立の精神」。黒船来航から西南戦争まで、新しい国のかたちを模索した時代を政治、社会、経済、産業と立体的な視点から活写する。

文化人類学・民俗学

1830
小松和彦著
日本妖怪異聞録
妖怪は山ではなく、人間の心の中に棲息している。滅ぼされた民と神が、鬼になった。酒呑童子、妖狐、天狗、魔王・崇徳上皇、鬼女、大嶽丸、つくも神……。日本文化史の裏で蠢いた魔物たちに託された闇とは？ 電

1887
吉野裕子著
山の神　易・五行と日本の原始蛇信仰
蛇と猪。なぜ山の神はふたつの異なる神格を持つのか？ 神島の「ゲーターサイ」、熊野・八木山の「笑い祭り」などの祭りや習俗を渉猟し、山の神にこめられた意味と様々な要素が絡み合う日本の精神風土を読み解く。 電P

1957
波平恵美子著
ケガレ
日本人の民間信仰に深く浸透していた「不浄」の観念とは？ 死＝黒不浄、出産・月経＝赤不浄、罪や病等、さまざまな民俗事例に現れたケガレ観念の諸相を丹念に追い、信仰行為の背後にあるものを解明する。 電

1985
B・マリノフスキ著／増田義郎訳（解説・中沢新一）
西太平洋の遠洋航海者　メラネシアのニュー・ギニア諸島における、住民たちの事業と冒険の報告
物々交換とはまったく異なる原理でうごく未開社会のクラ交易。それは魔術であり、芸術であり、人生の冒険である。原始経済の意味を問い直し、「贈与する人」の知恵を探求する人類学の記念碑的名著！ 電P

2047・2048
J・G・フレーザー著／吉岡晶子訳／M・ダグラス監修／S・マコーマック編集
図説　金枝篇（上）（下）
イタリアのネミ村の「祭司殺し」と「聖なる樹」の謎を解明すべく四十年を費して著された全十三巻のエッセンス。民族学の必読書であり、難解さでも知られるこの書を、二人の人類学者が編集した［図説・簡約版］。

2123
岡田　哲著
明治洋食事始め　とんかつの誕生
明治維新は「料理維新」！　牛鍋、あんパン、ライスカレー、コロッケ、そして、とんかつはいかにして生まれたのか？　日本が欧米の食文化を受容し、「洋食」が成立するまでの近代食卓六〇年の疾風怒濤を活写。 電P

外国人の日本旅行記

1673
絵で見る幕末日本
A・アンベール著／茂森唯士訳

スイス商人が描く幕末の江戸や長崎の姿。鋭敏な観察力、才能豊かな筆の運び。日本各地、特に、幕末江戸の町を自分の足で歩き、床屋・魚屋・本屋等庶民の生活の様子を生き生きと描く。細密な挿画百四十点掲載。

1710
英国人写真家の見た明治日本　この世の楽園・日本
H・G・ポンティング著／長岡祥三訳

明治を愛した写真家の見聞録。写真百枚掲載。日本の美しい風景、精巧な工芸品、優雅な女性への愛情こもる叙述。浅間山噴火や富士登山の迫力満点の描写。スコット南極探検隊の様子を撮影した写真家の日本賛歌。

1771
続・絵で見る幕末日本
A・アンベール著／高橋邦太郎訳

該博な知識、卓越した識見、また人間味豊かなスイス人の目に、幕末の日本はどのように映ったか。大君の居城、江戸の正月、浅草の祭り、江戸の町と生活などなど。好評を博した見聞記の続編。挿画も多数掲載。

1794
ビゴーが見た明治ニッポン
清水　勲著

西欧文化の流入により急激に変化する社会、時代の波にもまれる人びとの生活を、フランス人画家ビゴーは愛情と諷刺を込めて赤裸々に描いた。百点の作品を通して、近代化する日本の活況を明らかにする。
電P

1871・1872
イザベラ・バードの日本紀行（上）（下）
イザベラ・バード著／時岡敬子訳

一八七八年に行われた欧米人未踏の内陸ルートによる東京―函館間の旅の見聞録。大旅行家の冷徹な眼を通じ、維新後間もない北海道・東北の文化・自然等を活写。関西方面への旅も収載した、原典初版本の完訳。
電P

1933
ビゴーが見た明治職業事情
清水　勲著

激動の明治期、人々はどんな仕事をして生活していたのか。洋服屋、鹿鳴館職員など西洋化により登場した職業を始め、超富裕層から庶民まで、仏人画家ビゴーが描いた百点超の作品を紹介、その背景を解説する。
電P

2623
坂本太郎著（解説・五味文彦）
日本の修史と史学　歴史書の歴史
『古事記』、『日本書紀』から明治政府の編纂事業に至るまで、歴史書の特色を明快に紹介しつつ、一三〇〇年の歴史叙述変遷の軌跡を描き出す。戦後日本史学の礎を築いた著者による、第一級の史学入門！

電P

2626
臼井勝美著
満州事変　戦争と外交と
「満州国」成立直前——流血の大地で何が起こっていたのか。排華暴動、日本商品ボイコットなど緊迫する大陸の様相を丹念に追い、泥沼の十五年戦争の端緒を克明に描き出す。日中外交史の古典的名著。

電P

2629
堀越正雄著
江戸・東京水道史
膨張を続ける街は常に水不足と闘っていた。家康入城から淀橋浄水場が役目を終える昭和まで、治水を通して技術の進化と市民生活の変貌を描く。東京都水道局で実務に携わった著者渾身の「水道の文化史」。

電P

2631
原　武史著（解説・鹿島　茂）
「民都」大阪対「帝都」東京　思想としての関西私鉄
小林一三は、「政治中心」の東京に対して、大阪を「民衆の大都会」と呼んだ。帝都を凌駕する「民衆の都」はいかにして創出されたか？　関西私鉄を媒介として日本近代思想史を見事に描ききった著者代表作。

電P

2632
榎本　渉著
僧侶と海商たちの東シナ海
利を求め危険を顧みずに海を闊歩する海商たち、その助力を得て最新知見を求めて大陸へ渡った僧侶たち。列島を「外」と繋いだ彼らの足跡から海域交流の実相に迫り、歴史世界としての東シナ海を描き出す！

電P

2643
藤田　覚著
〈名奉行〉の力量　江戸世相史話
与力が語った意外な「名奉行」の力量とは？　将軍吉宗の肉声から年利一二〇〇％の超高利金融の実態まで、第一人者が知られざる江戸のリアルを描く。読めばもっと江戸が好きになる珠玉の掌編の数々！

電P